高等学校小学教育专业卓越教师培养系

小学教师语言概论

主 编 霍生玉

南京大学出版社

图书在版编目(CIP)数据

小学教师语言概论 / 霍生玉主编. —— 南京：南京大学出版社，2017.8
高等学校小学教育专业卓越教师培养系列教材
ISBN 978-7-305-19004-9

Ⅰ. ①小… Ⅱ. ①霍… Ⅲ. ①小学教师－语言艺术－高等学校－教材 Ⅳ. ①G625.1

中国版本图书馆 CIP 数据核字(2017)第 166095 号

出版发行	南京大学出版社
社　　址	南京市汉口路 22 号　邮　编　210093
出 版 人	金鑫荣
丛 书 名	高等学校小学教育专业卓越教师培养系列教材
书　　名	小学教师语言概论
主　　编	霍生玉
责任编辑	丁　群　钱梦菊　　编辑热线　025-83596923
照　　排	南京南琳图文制作有限公司
印　　刷	南京玉河印刷厂
开　　本	787×1092　1/16　印张 13.5　字数 290 千
版　　次	2017 年 8 月第 1 版　2017 年 8 月第 1 次印刷
ISBN 978-7-305-19004-9	
定　　价	35.00 元

网址：http://www.njupco.com
官方微博：http://weibo.com/njupco
官方微信号：njupress
销售咨询热线：(025) 83594756

* 版权所有，侵权必究
* 凡购买南大版图书，如有印装质量问题，请与所购图书销售部门联系调换

前　言

教育部在2010年启动了卓越人才培养计划，"卓越教师培养计划"是其中的重要一项。"卓越小学教师培养计划"因"卓越教师培养计划"应运而生。"卓越小学教师"应当具备博厚的专业知识和扎实的教师职业技能，其中，语言运用能力是小学教师重要的职业技能之一。因而，对小学教育专业师范生进行教师语言技能的训练是高等师范院校教师教育课程的重要内容。也正因为此，关于小学教师语言课程的教材建设就显得格外迫切。本教材正是为了适应这一需求而倾力编写。

目前关于教师语言课程的教材不少，但专门针对小学教师语言的教材尚不多见。本教材题名为《小学教师语言概论》，主要是希望在现有相关教材和论文成果的基础上，力求在以下四个方面有所进步和提升：

第一，体现小学教师职业的特殊性。小学教师的工作对象是处于语言学习和养成阶段且认知水平处于发展阶段的儿童，所以，小学教师的语言表达具有和其他教育阶段的教师不同的特点和要求。因此，本教材无论是在理论知识的阐述还是在教学实践的引导上，都注意紧扣小学教师工作的特殊性来进行编写，力求突出"小学教师"这一职业特点。

第二，实践案例与理论知识的渗透融合。卓越小学教师应该是理论和实践并重发展的教师，所以，学习小学教师语言课程，既要让小学教育师范生全面掌握教师语言知识，又要培养他们从事小学教育教学实践的能力。因此，为了打通所学理论与教育教学实践二者之间的联系，帮助师范生更好地将理论用于实践，本教材精选了大量小学教育教学的实际案例，几乎每一个知识点都配备了一个相关的案例。并且，案例与理论交错出现，二者相互依托，渗透融合。

第三，加入了小学教师书面语言的内容。教师除了采用口头语言作为主要表达形式外，还时常会用到书面语言，比如课后的作业批改语、课堂教学中的板书以及学期末或毕业时的小学生操行鉴定语等。其中,作业批改语和教学板书,在小学教师工作中几乎天天要用到,在小学教师的教育教学活动中具有举足轻重的作用。现有的教师语言教材鲜有将教师书面语言纳入的,本教材专辟"小学教师书面语言"一章予以详细阐述,这对教师语言教材的编写无疑是一种丰富和开拓。

第四,关注小学教师语言暴力现象。时下,校园频发教师语言暴力事件,教师在教育过程中对学生的语言伤害,已成为社会各界倍加关注的问题,在基础教育领域,这个问题尤为突出。因此,本教材对"小学教师语言暴力"这一议题给予了特别关注,有一节内容专门进行阐述,体现出时代发展对教师语言的要求。

此外,本书在目录部分配置了教师服务与学生服务二维码入口,微信扫一扫即可获得丰富的数字学习资源,主要包括普通话水平测试拓展阅读、普通话语音规范、《朗读者》片断节选等,教师还可在线申请教学资源,从而使得教材更加立体化且具有互动性。

由于能力和学识有限,本教材还存在不少疏漏。我们真诚地希望教材的使用者提出宝贵意见和建议,以便在修订时进一步完善。

本教材参阅了不少前辈时贤的专著、教材和论文,从中采纳和吸取了丰富的营养,在此衷心感谢!教材在编写过程中,李文芝、王亚、俞梦雅三位同志为教材编写搜集资料和教学实际案例,亦一并致谢!教材的出版,得到了南京大学出版社钱梦菊、丁群两位编辑的大力支持,在此表示最诚挚的谢意!

编　者
2017 年 7 月

目 录

第一章　小学教师语言概述 ... 1
- 第一节　教师语言的定义及其类型 ... 2
- 第二节　小学教师语言的特殊性 ... 4
- 第三节　小学教师语言的作用 ... 7

第二章　小学教师语言特点 ... 10
- 第一节　小学教师语言的规范性 ... 11
- 第二节　小学教师语言的通俗性 ... 13
- 第三节　小学教师语言的启发性 ... 16
- 第四节　小学教师语言的情感性 ... 18

第三章　小学教师语言风格 ... 24
- 第一节　小学教师语言风格概说 ... 25
- 第二节　小学教师语言风格的类型 ... 29
- 第三节　小学教师语言风格对教育教学的影响 ... 43

第四章　小学教师语言修养 ... 55
- 第一节　小学教师语言修养存在的问题 ... 56
- 第二节　小学教师语言修养的要求 ... 68
- 第三节　提高小学教师语言修养的途径 ... 70

第五章　小学教师语言能力的训练 ... 75
- 第一节　小学教师科学发声训练概述 ... 76

第二节　小学教师科学发声的技巧训练……………………………84
　　第三节　小学教师语言表达的技巧训练……………………………89

第六章　小学教师口头语言………………………………………………94
　　第一节　小学教师口头语言概述……………………………………95
　　第二节　小学教师教学口语…………………………………………98
　　第三节　小学教师教育口语…………………………………………133
　　第四节　小学教师交际口语…………………………………………151

第七章　小学教师书面语言………………………………………………165
　　第一节　小学教师作业批改语的撰写………………………………166
　　第二节　小学教师教学板书的设计…………………………………175
　　第三节　小学生操行评语的撰写……………………………………179

第八章　小学教师体势语言………………………………………………184
　　第一节　小学教师体势语言概说……………………………………186
　　第二节　小学教师体势语言的种类及表现…………………………191
　　第三节　小学教师体势语言的运用要求……………………………201

参考文献……………………………………………………………………206

微信扫一扫

✓ 课件申请
✓ 教学资源

教师服务入口

✓ 普通话水平测试拓展阅读
✓ 普通话语音规范
✓ 《朗读者》片段节选
✓ 加入教师资格考试圈

学生服务入口

第一章
小学教师语言概述

※ 章首语：

> 语言是人们传达信息和情感交流的主要工具。语言架起了"教"与"学"之间的桥梁。教师主要是运用语言向学生传道、授业、解惑。教师的语言表达是教学艺术和魅力最重要的组成部分，它直接影响着教育教学的效果和学生的成长。教师优美的语言给学生最美的教育享受。

※ 情境导入：

> 特级教师于漪讲朱自清的《春》时，用了这样一段开场白："我们一提到春啊，眼前就仿佛展现出阳光明媚、东风浩荡、绿满天下的美丽景色！一提到春，我们就会感到有无限的生机，有无穷的力量！所以，古往今来，很多诗人都曾经用彩笔来描绘春天美丽的景色。"[1]于漪老师的这段话，绘声绘色，有景有情，可谓精彩。

语言，是人类最重要的交际工具，是人们进行沟通交流的主要表达方式。语言，有狭义和广义之分。就广义而言，语言是一套共同采用的沟通符号、表达方式与处理规则，语言的符号会以视觉、声音或者触觉的方式来传递。广义的语言是有声语言与无声语言的总和。而语言学意义上的语言，是指以语音为物质外壳，由词汇和语法所构成，并能表达人类思想的符号系统。这是一种狭义的语言观，它把语言仅仅理解为语音、词汇、语法的综合。

---

[1] 谢文举.教师语言艺术手册[M].济南:山东大学出版社,2006.

第一节　教师语言的定义及其类型

教师语言不同于语言学意义上的狭义"语言"观。语言是一种交际工具，是为了满足人们交往的需要而产生的，因此，凡是能发挥交际作用的，不管是有声语言，还是无声语言，都只是语言范畴中的不同表现形式而已，都应该视为语言。教师在育人过程中，会采用多种多样的语言类型，可以是有声语言，也可以是无声语言，这些语言在教师的教育教学活动中，都发挥着重要作用。因此，教师语言应该是建立在这种认识基础上的一种广义的语言形式。

一、教师语言的定义

教师语言有别于一般意义上所说的"语言"。认识教师语言还必须和教师的职业特点联系起来。《中华人民共和国教师法》第3条规定："教师是履行教育教学职责的专业人员，教师承担着教书育人，培养社会主义事业建设者和接班人、提高民族素质的使命。"教师职业的特点决定了教师语言与一般语言的差异。教师语言是一种职业语言，是一般语言在教师行业中的变化形式。教师语言具备一般语言的一切特点并遵循一般语言的所有规律，但由于教师职业的特殊性，使得教师语言又有着自身的独特性：

第一，教书育人的目的性。教师语言以传授知识、增强教学效果为目的，以培养学生良好的道德情操为目的。也就是说，教师语言的运用是为教学服务，为教育活动服务的。离开了这个目的，教师语言的运用就成为空谈，毫无价值。

第二，内容的教育性。教师必须向学生传授科学文化知识和培养学生良好道德情操，这决定了教师语言的运用必须与相关的教育、教学内容联系起来。所以，教师语言必须表达与教育、教学相关的内容，与之无关的内容则不属于教师语言的范畴。

第三，对象的专属性。教师工作的主要对象是学生，离开了学生，教师的工作也就失去了意义；教师语言也离不开学生，离开了学生，教师语言也无从谈起。因此，教师语言的工作对象是专属于学生的。

第四，表达主体的专职性。教师语言表达的主体是教师。教师是受过专门教育和训练，并在教育（学校）中担任教育、教学工作的人员，所以，教师与一般人员是不同的，一般人员的语言可能也会以学生为对象，以传授知识技能为目的，但其表达主体不是教师，不能归入教师语言的范畴。

因此，根据对广义语言范畴和教师职业特点的认识，我们把教师语言界定为：教师语言是教师职业的语言，是指教师在教书育人过程中所使用的语言的总称，它既包括有声的语言，也包括无声的语言。

二、教师语言的类型

教师在育人过程中,会采用多种多样的语言类型,可以是有声语言,也可以是无声的语言。有声语言是教师在教书育人及其相关工作中所使用的口头语言,教师工作中的大部分活动基本上都要依靠有声语言来进行。无声语言是指教师在教书育人及其相关工作中所使用的书面语言和体势语言。因此,根据教师语言的表达方式,可以把教师语言分为口头语言、书面语言和体势语言。口头语言是教师工作中所采用的最主要的语言形式,书面语言和体势语言则是教师语言的重要辅助。书面语言是指教师在教书育人及其相关工作中用文字写下来的语言,主要包括课上的板书和课后的作业批改语以及学期末的学生操行鉴定语等。教师的体势语言主要是指教师在育人过程中所表现出来的眼神、手势、姿态、表情、服饰等体势语言。这种体势语言,对教师的育人活动同样有着重要作用,小学教师在工作中恰当运用体势语言,可以使教学更加形象生动,提升教学效果。综上所述,教师语言是以口头语言为主要形式,以书面语言、体势语言为辅的语言的总和。

(一) 口头语言

教师的工作,无论是课堂的知识教学,还是课后的思想教育,抑或是为了促进学生的教育而与家长的交流,以及在校与同事的教研交流,都必须要用声音表达出来,因而口头语言是教师语言最主要的语言类型。根据教育教学活动的性质,教师所使用的口头语言,可以分为传授学科知识的教学口语和对学生进行思想品德教育所使用的教育口语,以及工作中与家长、领导、同事等交流时所使用的交际口语三种类型。需要说明的是,教师在知识教学活动中也会适时穿插对学生的思想教育,在思想教育中也会偶尔涉及知识的教学,所以教学口语和教育口语二者常常交错进行,其实并不能做截然划分。本书为了叙述方便,还是分为教学口语和教育口语两类来阐述。并且,本书所阐述的教学口语主要是就教师在课堂上传授科学文化知识所使用的语言而言,教育口语则主要是针对教师在课堂外对学生进行思想品德教育所使用的语言而展开讨论的。

(二) 书面语言

教师除了主要采用口头语言作为主要表达形式外,还时常会用到书面语言,比如课上的板书和课后的作业批改语以及学期末的学生操行鉴定语等。这些书面语言也是教师育人过程中必须使用的语言形式,对教育教学活动有着不可替代的作用。教师课上一次精心的板书设计,将教学内容化繁为简,使学生对本课的内容一目了然。教师一次详尽的作业批改,表现为几句热情洋溢的作业批改语,比起一个简单的分数,更能起到激励学生努力学习、奋发向上的作用。教师学期末给学生认真地写几句客观中肯、苦口婆心的话语,认可、赞扬、鼓励、暗示,或提醒,都让学生鼓舞振奋,铭记在心。

(三) 体势语言

体势语也是教师从事教育教学工作中不可缺少的组成部分,它与口头语言、书面语言一起成为课堂教学中师生进行人际交往、人际沟通的信息媒体。所谓体势语言,是指人在交际过程中,用来传递信息、表达感情、表示态度的非言语的特定身体态势。这里的"交际"是广义的交际,它包括交流、沟通、传播等多种含义。这种特定的身体态势既可以支持、修饰或者否定言语行为,又可以部分地代替言语行为,发挥独立的表达功能,同时又能表达言语行为难以表达的感情和态度。具体说来,体势语言就是指人们借身体动作来传递信息、交流感情、表示某种意义的信息系统。它主要包括头语、脸语、眼语、手语、身姿动作等几个方面。例如,用力挥手表示肯定、坚决,点头微笑表示赞赏,眉头紧皱表示问题严重,以及愉快时的微笑、羞愧时的脸红、欢乐时的手舞足蹈,愤怒时的捶胸顿足。在课堂教学中,教师的体势语言应包括两大方面:一方面是指那些动态的有形的体势语言,即头语、脸语、眼语、手语、身姿等,它在传递信息、影响学生方面具有非常重要的意义。另一方面,教师的体势语言还应包括那些静态的、无形的体势语言,如教师的仪表风度等。教师的仪表风度是教师崇高的思想感情、气质性格、审美情趣、文化素养的外在表现,是一个人德、才、学、识、体等各种素质在社会交往中的综合体现;它直接参与教师的劳动过程,作用于学生的心灵,影响着教育效果,促进着师生之间的感情交流。

教师在课堂教学中,恰当而有效地运用体势语言,对增进师生交流、确保信息传输、提高教学质量大有裨益。教师工作的交际对象主要是学生,教师在工作日每天都必须面对学生,因此,其个人形象和在与学生交际过程中所表现出来的眼神、表情、手势、姿态等体势语言,对教育学生有着重要的辅助作用。人的体态是人类的无声语言,负载着大量的信息,是人们书面语言和口头语言的重要补充。出于教学的需要,教师在教学过程中充分发挥体势语言的作用,通过适度的动作、姿势、体态、造型等,配合自己的有声语言,就能达到一种更加完美的境界。教师一个鼓励的眼神、一个爱抚的动作,都会让学生感受到爱、支持和信任,所以教师应利用一切机会,有效运用体势语言,增强教育教学活动的效果。教师的一举手、一投足、一个眼神、一个微笑,都应自然而然,否则就将陷入画蛇添足的尴尬局面。

第二节 小学教师语言的特殊性

小学教师语言是指小学教师在从事教书育人及其相关工作中所使用的语言,跟所有教师语言一样,小学教师语言也包括口头语言、书面语言和体势语言,但由于小学教师面对交际对象的特殊性,小学教师语言又有着和一般教师语言不同的特点。

小学生是小学教师语言的主要交际对象,全面了解其认知水平和学习特点,对于小学教师顺利实施教育教学活动、提升教育教学效果具有非常重要的作用。

由于受年龄和认知水平发展等因素的限制和影响,小学生在认知方面主要表现出以下一些特点:

1. 小学生的观察力

小学生在观察活动中,易受外来刺激的干扰,常常在受到新异刺激影响时,会从观察的对象上游离。同时,观察易受自身的生理状况和个人兴趣等因素的制约,观察的目的性较差。但随着年龄的增长,在教育的作用下,观察的目的性将不断提高。观察缺乏精确性,往往只注意事物的主要特征或活动的主要过程,对细节部分缺乏观察。观察缺乏顺序性,观察时往往只注意事物较突出的特征,导致观察结果缺乏全面性和完整性。观察缺乏深刻性,以感性经验为主,只看到事物的表面现象和特征,难以抓住事物的本质,观察趋于肤浅。他们感知的是具体事物的外表,喜欢观察具体的、突出的、鲜明的东西。

2. 小学生的记忆

小学生的记忆从无意记忆占主导地位发展到有意记忆占主导地位,但仍需要靠无意记忆来积累知识;从机械记忆占主导地位发展到理解记忆占主导地位。短时记忆能力很强,理解记忆迅速发展,同时,在对自己记忆过程的理解、认识和监控,即元认知方面,发展很快,但水平有限。

3. 小学生的思维

小学阶段尚处于皮亚杰所说的具体运算思维阶段[①],在整个小学时期,儿童的思维由以形象思维为主逐步过渡到以抽象逻辑思维为主要形式,这个过渡随着年龄增大、年级增高,思维的具体形象成分逐渐减小,而逻辑思维的成分日益增多。这个时期的思维,在很大程度上,仍然是直接与感性经验相联系,思考的内容总是会与具体形象的事物相联系,仍然有很大成分的具体形象性。抽象概括还只是初步接近科学的概括,由于知识经验的限制,那些和具体事物相距太远的高度抽象概括活动,对小学生来说,仍然是非常困难的。

4. 小学生的注意力

儿童是富于联想和想象的,无意注意占优势,具体的事物和生动活泼的形式,容易引起他们的注意。而且,儿童天性好奇、好动,自控力较弱,所以其注意的持久性较差,特别是在受到外界因素干扰时,注意力常常不能较长时间集中。

5. 小学生的情绪

儿童心智发展还很不成熟,情绪的易变性很明显,价值观和人生观都尚未定型。由于认知水平的限制,加之对成人权威的尊重与服从,儿童的价值观念和情绪变化带有依从性和被动性,心理发展尚不成熟,情绪很不稳定。

鉴于上述小学生特有的认知发展特点,小学教师语言相比一般教师语言,有着它的特殊性,这种特殊性主要体现为小学教师和其他学段教师不同的话语角色和言语行为。

---

① 刘金花主编.儿童发展心理学(修订版)[M].上海:华东师范大学出版社,2013:88.

一、小学教师语言应体现出生动描述者的角色要求

儿童阶段的生理特点决定了小学生往往对新鲜、生动、形象、活泼的事物感兴趣,同时,小学生对事物的认识处于具象状态,容易受即时情绪、直观感受的影响,在学习中缺乏主动学习的动机,多处于被动接受的过程。小学生独特的认知特点和思维特点,决定了教师在与小学生进行沟通交流时,不能使用平淡无奇的话语,而应该使用与儿童思维方式相符的话语表达,同时配以丰富的体势语言,使学生能够很好地接受教师传递的话语信息,增强教师话语表达的亲和力和感染力。因此,小学教师在教育教学活动中要做一名生动的描述者,多使用形象直观的语言让小学生清楚了解所讲授的内容,多采用生动有趣的语言来调动小学生的学习积极性,并用叙述、描写、抒情等多种表达方式来帮助学生融入教学情境,营造良好课堂学习氛围。在讲解教学内容时,教师应巧妙地用形象的语言将抽象的知识清楚地表达出来;在课堂问答中,对所提问题要清晰地表达,让学生快速把握问题的核心与关键,不能模棱两可。在创设教学情境时,要符合学生的生活情境和认知特点,可以通过不同的叙述方式、灵活的修辞手法、丰富的体势语言等生动有趣的话语形式来吸引学生的注意力。

二、小学教师语言应体现出启发引导者的角色要求

我国基础教育改革,倡导自主、合作、探究的学习方式,学习的主体是学生,要把学习的主动权还给学生。所以,小学教师在教育教学中不要以高高在上的说教者自居,而是要以引导者的姿态,想方设法调动学生参与学习的积极性,促使学生积极思考,激发学生的求知欲和探索欲。在课堂上,教师要根据教学内容的重难点,用启发式的语言引起学生的注意和思考,帮助学生开拓思路、创新思维。教学中,教师不要总是直接给出答案,或用"必须怎么样"、"一定会怎么样"等简单的决议式话语,或用"是不是""对不对"等缺乏启发性的语言,而要多创设问题情境来引发学生更深层次的思考,有意识地培养学生的发散思维和创新意识。在作业批改语和学生操行评语这样的书面语撰写中,教师不但要能够使用准确的语言评价学生的行为和学习成果,而且还要能引导学生发现自己的优点和不足,明确努力的方向。

三、小学教师语言应体现出得体评价者的角色要求

小学教育是儿童接受学校教育的起始阶段,也是儿童身体、个性、道德、智慧、审美诸方面从不成熟到逐步成熟的身心发展关键时期。小学生的自我概念和自我评价水平还很低,具有主观情绪性,对权威(如父母、教师)的评价及对自己的评价(与同伴相比较时)总是偏高[①],且带有对成人权威的依从性和被动性,这就要求小学教师在教育教学工作中要成为一名得体的评价者:一是细致观察小学生的日常表现,及时发现每一位学

---

① 刘金花主编. 儿童发展心理学(修订版)[M]. 上海:华东师范大学出版社,2013:212.

生的点滴进步,并给予恰当的认可和赏识;二是关注和发现学生的优势和弱项,灵活使用多种话语表达方式,恰当评价每一位学生,通过鼓励不断增强学生的自尊心和自信心,促使学生不断进步和发展,以实现每一位学生知识技能的可持续发展和健全个性的养成以及正确价值观、人生观的建立。所以,在课堂教学工作和思想教育工作中,小学教师一方面要使用符合小学生特点的语言进行教育教学工作,乐于倾听学生的情感体验、学习心得和价值观念,以发展融洽和谐的师生关系;另一方面,也要结合学生学习知识、掌握技能、培养情感、形成价值观等实际情况,及时给予每一位学生真诚、恰当的评价和指导,使学生能够在教师鼓励性、鞭策性的言语行为的引导中,生动活泼、快乐自由地发展。

第三节 小学教师语言的作用

教师的每一堂课,都应该是教学方法、语言艺术的创造与提高。小学教师锤炼自身语言、提升语言表达水平的价值,在于提升教育教学的效果,更好地为教育教学服务。在全面实施素质教育的今天,教师语言是教育教学工作中的魔法棒,教师语言质量的高低直接决定着学生学习能力的提升速度。用得好,就能使工作如鱼得水,爱的接力棒得以传递,美的语言将带领学生在知识的海洋中扬帆远航。具体而言,小学教师语言的作用主要体现在以下几个方面:

一、提高教学效果,保证教学质量

苏霍姆林斯基说过:"教师的语言修养对学生在课堂的脑力劳动起着决定性的作用。"教师的职业特点以及教师劳动的示范性决定了教师语言的重要性。一位优秀的教师不仅是一个演员,而且是个演讲家,应该有驾驭教学语言的高超技能,这样才能将学生的注意力紧紧地吸引过来,使学生乐意且热烈地盼望接受老师所传授的知识,学习效果也就事半功倍。高度的语言修养是合理利用教学时间的重要条件,教师如果不能用儿童可以接受的、鲜明的语言表达清楚事物的现实和概念,因而不得不多次重复讲解,这只能是浪费时间。相反地,如果教师的语言十分自然优美,上课似朋友般亲切交谈,身体语言也配合得天衣无缝,举手投足犹如有磁性般吸引着学生去思考、去表现、去创造。一个贴切生动的比喻引得人开怀大笑,茅塞顿开;一句幽默的批评,使人既感到羞愧又心服口服;一段精辟的阐述,更让人细细品味。这样的课堂,一定让学生终生难忘!显而易见,教师的语言在教学过程中对学生有着非常重要的意义。

二、增强说服力,提升教育效果

对学生进行教育、说服,帮助他们形成健全人格、养成良好的道德情操,是教师一项重要的教育任务。尤其是小学教师,面对价值观、人生观都正处于形成时期的小学生,更是如此。教师对学生进行思想教育的效果如何,与教师的语言表达直接相关。苏霍姆林斯基说:"教师的语言是什么东西也不可取代的感化学生心灵的一种手段。教育的艺术首先包括说话的艺术——跟人的心灵打交道的艺术。"因此,在对学生进行思想教育时,教师要动之以情,晓之以理,这样学生才会心服口服。否则,不讲究方法技巧,一味地"仗理直言""指斥错误",冷嘲热讽,恶言相向,效果只会适得其反。所谓"好言半句三冬暖,恶语伤人六月寒",说的就是这个道理。这些都充分说明采取恰当的语言表达对教师从事思想教育活动有着极其重要的作用。

三、融洽师生关系,营造和谐的学习氛围

学生学习需要一个好的环境,学习环境是教育教学活动的重要外部条件。学习环境包括的因素很多,师生关系是其中一个重要因素。师生关系好坏直接影响到学习环境的好坏,进而影响到学生学习积极性的高低。师生关系的建立主要是通过语言交流手段来实现的,如果教师语言亲切易感,则容易建立起良好的师生关系;反之教师出口伤人,则会引发师生关系的矛盾。课堂教学中,教师的语言会给学生营造不同的学习环境。如果教师语言过于严肃,整个课堂气氛就会很沉闷;相反如果教师的语言很幽默,整个课堂气氛就会活跃和谐。对于小学生,应该让他们在不违反课堂纪律的情况下,在一种积极向上的氛围里学习,这样不仅能够提高孩子们的学习效率,也能够增进学生和老师之间的情谊,促进学生更好地学习成长。

本章小结

本章作为全书开篇的第一章,主要对教师语言进行了界定,对教师语言的类型进行了划分,并就小学教师语言的特殊性及其对教育教学的作用进行了阐述。让学生了解教师语言的主要内容,以及学习和掌握小学教师语言的重要性。根据教师语言的传播媒介,教师语言可以分为有声语言和无声语言;根据教师语言的表达方式,教师语言可以分为口头语言、书面语言和体势语言。教师语言是以口头语言为主要形式,以书面语言、体势语言为辅的语言的总和。其中,口头语言又包括教学口语、教育口语和交际口语。

由于小学教师面对交际对象的特殊性,小学教师语言又有着和一般教师语言不同的特点,小学教师语言应体现出生动描述者、启发引导者和得体评价者的话语角色和言语行为的要求。小学教师合理运用科学优美的教师语言,对教育教学活动有着非常重要的作用,可以提高教学效果,保证教育质量;也可以增强说服力,提升教育效果;还可

以融洽师生关系,营造和谐的学习氛围。

思考训练

1. 什么是教师语言?
2. 试述教师语言的主要类型。
3. 试析小学教师语言的特殊性。
4. 简述小学教师语言的作用。

拓展阅读

1. 刘金花.儿童发展心理学(修订版)[M].上海:华东师范大学出版社,2013.
2. 崔梅.小学教师语言[M].北京:高等教育出版社,2015.
3. 杨亦鸣.语言能力训练[M].北京:高等教育出版社,2012.
4. 高中建,吕涛.发挥教师语言的正导向作用[J].中国教育学刊,2016(02).
5. 陈振华.试析新课改以来教师语言的若干变化[J].教育研究与实验,2009(04).
6. 刁维国.试论教师语言表达的职业特征[J].中国成人教育,2007(01).
7. 赵清福.谈中小学教师语言文明的基本要求[J].当代教育科学,2005(23).
8. 段巧凤,姚安修.论教师语言的特点[J].河南社会科学,2004(04).
9. 刘松林.教师语言艺术[J].语文建设,2000(11).

第二章
小学教师语言特点

※ 章首语：

> 优秀教师的语言是人类最美的语言：抑扬顿挫是教师语言的节奏美，逻辑严密是教师语言的理性美，诙谐幽默是教师语言的机智美，声情并茂是教师语言的情感美，启迪心灵是教师语言的高尚美。优秀教师的语言是一种技术，更是一种艺术。

※ 情境导入：

> "有日月朝暮悬，有鬼神掌着生死权……天地也！做得个怕硬欺软，却原来也这般顺水推船。地也，你不分好歹何为地？天也，你错勘贤愚枉作天！"这是关汉卿《窦娥冤》中的唱段（高中语文课本第四册）。教师分析如下："看，窦娥的愤怒如火山爆发般强烈！她的控诉是多么有力，她的仇恨是多么深沉，她的反抗是多么彻底！她斥骂和否定了封建社会中至高无上的天帝鬼神！她尖锐地揭露和批判了封建统治下的罪恶现实！"[①]
>
> 　　为了更好地引导学生领会文学作品的思想感情，使作品的艺术感染力得到更好地发挥，这位教师以慷慨愤激的语言分析课文，这种语言风格与课文基调一致，具有强烈的感情色彩，很好地激发了学生的共鸣。

　　小学教师的语言是对儿童教授知识、开发智力、传递感情的主要手段，它在极大程度上决定着小学教师课堂教学的效率。教师语言是一种技术，更是一门艺术，是一种功力，更是一种品位。本章将结合有关教育理论，联系当前课堂教学的实际，对小学教师语言特点进行分析和阐述，从教师语言的规范性、通俗性、启发性、情感性等方面，论述小学教师应具备的语言特点。

[①] 谢文举.教师语言艺术手册[M].济南：山东大学出版社,2006.

第一节 小学教师语言的规范性

教师肩负"传道、授业、解惑"的责任，传授知识是其重要职责，所以教师教学是语言形式和知识内容的统一表现。语言本身不等于知识，但知识必须依赖语言表达。学校设置的各门课程，不论是自然科学还是社会科学，都是科学知识。知识的科学性，决定了教学语言的规范性。同时，规范性也是语言能够实现其交际职能的根本属性，教师语言规范也是对学生成功进行品格教育的重要条件。因此，教师语言首先应当绝对地规范，即符合现代汉语语音、词汇和语法规范，这是教师工作开展的基础。尤其是对于语言能力正处于形成阶段的小学生来说，教师语言本身也起着一种语言教学的示范作用，它直接影响着学生语言、语感的发展。

一、熟练使用标准的普通话

教师语言的规范性，首先表现在教师必须使用标准的普通话进行教学。教师要用普通话教学，力戒方言土语，说话要语音标准，措辞要精当贴切，组织语言要符合语法规则。

语音的规范性是小学教师语言的重要特点之一。普通话是教师的职业语言，标准的普通话语音是小学教师准确传递话语信息的重要保证。发音准确、吐字清晰，停连恰当、语速适中，这是小学教师语言在语音方面的基本要求。小学生正处于学习语言的黄金期，如果这个阶段能接触到规范标准的普通话语音，将受益一生。反之，如果受到了不标准语音的影响，则积习难改，贻害终生。并且，推广普通话是我们的重要国策，学校是推广普通话的重要阵地，教师对推广普通话担负着不可推卸的责任。推广普通话，理应先从教师做起。如果各地教师不舍得或难于改变自己的方言土语，或认为反正在本地教书，学生都能听懂，没必要"打官话"，那么，整个民族的语言将一直维持在"南腔北调"的低级状态，这样代代相传，必将造成深远的不良影响。

在用词方面，小学教师应对用词进行斟酌加工，力求规范。由于教学语言不是纯粹的口语，一定程度上具有书面语的色彩，加之小学生语言理解能力有限，所以，教师对用词应有所选择，进行适当的锤炼加工，力求准确贴切。基于小学生的思维特点和学习特点，小学教师在进行课堂教学或思想教育时，词语选用须具有普遍性和明确性的特点，即要尽可能选用社会普遍使用的词语和意义明确、容易为学生理解和接受的词语，舍弃那些含义模糊的方言词、古奥晦涩的古语词和一些不常见的音译词，目的是让学生比较容易理解教师所讲的内容，同时又能够通过模仿而学以致用。

在语法方面，小学教师语言要规范，要符合普通话的语法规则和表达习惯。但小学生对于语法的理解还是最基础、最简单的，因而一些特殊的句式，如倒装句、动名词短语做宾语及中心语前有多种修饰等书面句式,小学教师语言应尽量避免。小学教师在进行课堂教学时,宜多选用句法结构简单、语义表达明晰的句子,如正常的陈述句和疑问句、完整的主谓宾句和设问句、反问句等,既能使教师的话语表达语句通顺、逻辑清楚,又有助于小学生理解知识并掌握规范的语法。

在辞格方面,小学教师语言要讲究修辞格的贴切性和形象化。恰当使用修辞格可以使教学语言生动有趣,激发小学生的情感共鸣。教师在课堂教学和思想教育活动中,往往会运用贴近小学生思维方式的修辞格,如比喻、拟人、夸张和反复等。通常,小学教师在使用比喻时,会根据小学生的生活经验和接受能力来选择贴近学生生活的喻体,把抽象的概念具体化;小学教师会根据小学生的认知习惯,多采用拟人手法,使语言表达富于童真童趣;小学教师也会根据学生的心理特点,有意使用夸张,以吸引小学生的注意力;小学教师也会根据小学生喜欢韵律节奏美的特点,有意使用反复,使语言表达富于音乐的美感。

王子木在《课堂教学中的教师语言与仪表美》一书中针对目前教学语言中存在的语言不健康现象,提出了八个戒条[①],以促其规范化,进而达到纯化、优化、美化的境界。

一戒病——念错字,生造字词,文理不通。
二戒俗——低级趣味,挖苦讥笑,街谈巷议,猥琐亵语、婆婆妈妈。
三戒蛮——居师自恃,语气咄咄逼人,强词夺理耍威风,令人听而生畏。
四戒游——离题万里,漫无边际,言无余,语无旨,令人茫然。
五戒吹——自吹自擂,大言不惭,虚张声势。
六戒玄——故弄玄虚,不看对象,吊书袋,卖关子,故作艰涩,满口术语,玄乎其玄。
七戒废——长篇大论,又长又臭,拖泥带水,拉里拉杂。
八戒套——"教八股",陈词滥调,老生常谈,标语口号,照本宣科。

二、用语准确精练,富有逻辑性

教师语言的规范性,还体现在准确性、精炼性和逻辑性上。

教师语言的准确性是指教师语言必须准确表达事物的现象和本质,杜绝含糊不清的概念和模棱两可的表述。教师的教学语言应力求以无可辩驳的事实和无懈可击的教学论证,准确地表达出自己的思想,并得出令人信服的科学结论,才能既保证科学知识的传授,又促使学生科学思维方式的形成。语言表达往往会因一个关键词语的使用不当或疏漏,而导致学生错误的理解。教师对各种现象的描绘,以及概念、定义、规律的表达,都要做到语言准确,不使学生产生歧义和误解。

---

① 王子木,黄培玲.课堂教学中的教师语言与仪表美(小学篇)[M].沈阳:白山出版社,2012:80.

教师语言还要精练,用最简洁的语言,表现最丰富的内容。教师语言要剔除一切冗词赘词,避免不必要的重复,力求言简意赅,干净利落,切中要害,没有语病。达到"多一句嫌多,少一句嫌少"的水平,切忌拖泥带水,啰里啰嗦;准确简练,没有废话和不恰当的口头语,避免出现"口头禅"。教师教学语言的精练性与针对性,对学生的理解与接受具有重要影响。教师语言精炼不仅能体现一名教师自身的素质,也能使学生在上课时感到轻松愉悦。

教师的基本任务是向学生传授科学文化知识。无论自然科学知识还是社会科学知识,都是客观规律的反映,讲解科学知识必须精确地表达知识的内涵和关系。因此,教师语言必须具有高度的逻辑性。逻辑性就是指语言表达层次分明、条理清楚,做到前后连贯、上下承接、推导有致、言之有理。教师的语言只有逻辑严密,才能简练而深邃,便于学生清晰地把握知识脉络,形成完整的知识结构。教师使用概念进行判断要合乎逻辑,阐述论证问题要严密周详,无懈可击。教师语言不能违反逻辑上的种种规律,做到确切地使用概念——概念内涵和外延力求表达准确;科学地进行判断——每个判断的主概念和宾概念之间的关系要揭示清楚;合乎逻辑地进行推理——从前提到结论,都要合乎逻辑。

总之,要上好一堂课和教育好学生,语言非常重要,教师说的每一句话都要经过反复斟酌,克服一切阻碍信息传递的因素,做到"惜话如金""丰而不余一言""约而不失一词"。因此,在讲授之前,教师必须认真备课,对自己所要讲的内容充分了解和深入研究,把握每一个问题的内在规律和本质联系;继而,精心打磨教学语言,做到思想无谬误,语义不费解,概念的阐述不模糊,判断的推理不模棱两可;并反复熟悉,使教学语言系统化、条理化、形象化,符合小学生的认知规律和理解水平。

第二节 小学教师语言的通俗性

通俗明白、浅显易懂是教学语言最基本的要求。教学过程主要是师生之间传授文化科学知识的双边活动。教师的基本任务是教师根据课程标准的要求将教材的知识内容传授给学生,完成这个任务的前提条件是学生能听懂。教师所使用的教学语言,如果不能通俗明白、浅显易懂,使用语言吞吞吐吐、古奥晦涩、词不达意,使学生听起来糊里糊涂,莫明其妙,这就无法实现教学目的。教师语言的通俗性,主要体现在以下几个方面:

一、生动形象,活泼有趣

小学生的年龄特点决定了他们对生动形象的事物更易产生兴趣,这就要求教师的课堂语言必须生动形象,趣味横生。教学过程本身就是一种创造的过程,教师要将教材中抽象的科学文化知识、陌生的情节内容,变成风趣生动的教学语言,让学生在轻松活泼的气氛中学会知识,增长能力,提升思想。为此,教师的讲解叙述要生动形象、活泼有趣。学生接受各科知识总是始于具体的形象,教师在教学时,应尽量使用各种方法让语言生动形象化,拟人状物,绘声绘色,描述事物细腻动人,叙述情节活泼有趣,力求化"闻"为见,让学生产生"视觉效应"。教师可以充分运用排比、拟人、比喻等修辞方法,发挥形象思维和逻辑的力量,使教学语言生动形象、富有勃勃生机。

案 例

一位教师在教授《鼎湖山听泉》一文时,开头用了这样一段导语:"同学们,听,远处传来淙淙流淌的声音,摇铃击磬似的,清凉圆润,依稀我们又来到了鼎湖山。让我们跟上作者的脚步,去看一看那清凉的泉水,听一听那美妙的泉声吧!"

这位教师用十分形象、直观的语言把学生带入鼎湖泉,使学生似乎看到了淙淙流淌的泉水,听到了摇铃击磬的水声。通过教师传神的讲述,使学生犹如身临其境,充分感受到鼎湖泉的美,从而产生浓厚的学习兴趣。

在教学中,为了活跃课堂气氛,开启学生心智,增强教学效果,教师的语言有时可以寓庄于谐,幽默风趣。在课堂教学中,在保持课堂庄重严肃,坚持科学性、思想性的前提下,结合教学内容,适时穿插一些颇具情趣的笑话趣谈、幽默逗人的比喻、发人深省的典故、成语、箴言等,能使讲授妙趣横生,帮助学生熟练掌握知识技能,发展智力,陶冶性情。

案 例

一位语文教师为了使学生认识到推广普通话的重要性,引导学生学好普通话,他在了解了当地学生的方言情况后,把赵元任先生写的《施氏食狮史》用拼音印发给学生,让注上汉字。原文第一句为"石室师士施氏,嗜狮,誓食十狮"。公布原文结果,竟无一人对,其中有学生注成"是死尸、是死尸、誓撕、誓撕死尸"。大家在捧腹大笑之余,对"国家推广普通话"政策的理解加深了,学习普通话的自觉性也提高了。

当然,一切语言的生动性、直观性都要受教学内容的制约,如果为了使语言生动有趣,而刻意去贫嘴滑舌,插科打诨,那就无异于平添蛇足,哗众取宠,效果必然适得其反,对学生产生不良影响。因此,教师语言要使幽默的轻松感和科学的严肃感协调一致,幽默必须适度,不可庸俗化。

二、深入浅出，浅显易懂

教师的有声语言作为物质形式的刺激物，它所表达的意义只有被学生接受才能真正构成有实际意义的教学活动。因此，教师只有运用大众化的语言，讲得通俗易懂、明白晓畅、平易近人，才能使学生听得懂、听得明白。小学生年龄小，知识经验不多，更要求教师讲得明白晓畅。如果满口新名词、新概念和专门术语，或故作高深、晦涩难懂，势必影响学生理解知识。教师讲课要注意用语规范化，不生造名词术语，不说半通不通的文白混杂的话，也不说吞吞吐吐的半截子话。

案例

从前有个秀才赶集，遇到一个担柴的樵夫，就叫："葆薪者过来。"樵夫听得莫名其妙，但"过来"两个字还是听懂了。秀才又问："其价几何？"樵夫不解其意，只听懂了一个"价"字，回答了。秀才嫌贵，又说："外实而内需，烟多而焰少，请损之。"本来秀才想让卖柴的减价，却用了半文不白的词语，樵夫听不出所以然，只好走了。

在教学过程中，学生主要是通过获得间接知识来认识事物，从而迅速地接受前人的知识财富。但这种写在教科书或其他教学参考书中的知识，是用书面语言传递出来的。有些书面语言，学生是不易理解的。为了使学生更好地感知教材，理解教材，教师必须把艰深、死板的书面语言变成浅显易懂、活泼的口头语言，使学生容易理解。这就要求教师的教学语言通俗化、口语化。

案例

在讲《内蒙访古》一文时[①]，其中有这样一段话："如果不分青红皂白，只要和亲就一律加以反对，那么在封建时代还有什么更好的方法可以取得民族之间的和解呢？在我看来，和亲政策比战争总要好得多。"在这段话里，作者对和亲政策是赞扬和肯定的，但学生却并不理解，脸上表情茫然，反应淡漠。老师立刻意识到需要改变讲解的方法。于是老师说：

"同学们，请大家想一想。如果单于娶了汉朝女儿王昭君，汉朝和单于是什么亲戚关系呢？"

"岳父和女婿关系。"

"那么，有女婿带兵打岳父的吗？"

"没有。"学生齐声回答。

---

① 王子木，黄培玲. 课堂教学中的教师语言与仪表美（小学篇）[M]. 沈阳：白山出版社，2012：163.

> "那么,王昭君生了孩子,汉朝是孩子的什么亲戚呢?"
> "姥姥家,舅舅家。"
> "有外甥带兵打姥姥、舅舅的吗?"
> "没有。"(学生面带微笑了)
> "好!大家看,通过这种亲戚关系,最少能使两代人甚至几代人和平友好。这种政策比起打仗来,哪种好呢?"
> "和亲政策更好!"(学生声音洪亮)

就这样,教师用浅显易懂的语言,以生活中的事实作类比,让同学们在轻松愉快的气氛中,理解了古代和亲政策的意义。这比纯抽象的说解和教条式的伦理阐述,显然效果好得多。

因此,小学教师一定要讲究教学语言的通俗性,使自己的教学语言既生动形象,活泼有趣,又浅显易懂、深入浅出,使学生有"如临其境""如闻其声""如见其人"的感觉。

第三节 小学教师语言的启发性

英国教育家威廉·亚瑟说:"平庸的教师只是叙述,好的教师讲解,优秀的教师示范,伟大的教师启发。"教师用语言进行教学,不只是简单地向学生灌输知识,还要激发学生积极思考问题,使学生主动地随着教师语言思考、分析问题,在共同的思维活动中,弄懂道理、掌握规律。因此,教师的教学语言应具有启发性。教师语言的启发性是指教师用恰当的语言调动学生学习的自觉性、积极性。具体说来,就是在课堂上通过教师富于启发性的语言,使学生积极、自觉地打开思路,动脑思考。古人也说:"令人惊不如令人喜,令人喜不如令人思。"教师教学的重要目的是为了发展学生的思维能力,这就要求教学语言应当含蓄,暗示,富于启迪。启发式的教学语言,不仅涉及教师语言的基本功,也是教学艺术和教学组织能力的综合表现。

一、启迪、暗示,激发探究愿望

周秋原说:"鼓励性也是教师语言的一个明显的特征。教师激励性的语言可以打动学生的心,使学生产生强烈的共鸣。"[1]教师教学语言的启发性,要求通过特定的教学方法和语言表达形式,把教师的教学主导作用和学生学习的主观能动性结合起来,多渠道

---

[1] 陈烨.浅谈数学教学中的语言艺术[J].学校教育,2009(05):102.

启发学生积极思考。教师在语言方面的启发性往往表现为"创设"问题情境,以提问的方式,给学生创造思维的余地,使学生受到情境的熏陶和感染,启发学生开动脑筋,探索有关知识,所以,教师应提高自身语言表达能力,给学生更多的启发机会。教师可根据不同教学需求,创设相应教学情境来启发学生:创设"愤""悱"情境,引发学生思维;创设激愤情境,唤起学生激情;创设悬念情境,激起学生好奇心。

教师讲课时,在用语上要处处注意充分调动学生思维的积极性,引导学生积极思考,独立自主地去获取知识。通过教师的"讲",诱发学生的"想"。这就要求教师善于提问,善于使用启发性谈话法,多问一些需要开动脑筋的问题,使学生的思维不断处于"愤""悱"的状态,这是启发式教学的重要手段和方法。

案 例

《坐井观天》这篇寓言故事[①],运用拟人手法,在描述了飞翔的小鸟和井底之蛙关于天的大小争论之后,末尾写到小鸟对执拗的青蛙跳出井口便戛然而止,给读者留下了想象的余地。教学时,我有意设立悬念:"后来,青蛙有没有跳出井口看天呢?"

问题一提出,便激起学生心中好奇的涟漪,荡起学生想象的浪花。一番思索后,学生争先举手,纷陈己见。有的说:"青蛙露出自信的神色,半睁着眼睛,摇了摇手,仍然坐在井底。因此它看到的天还是井口那么大。"有的说:"青蛙听了小鸟的话,狠狠地吸了一口气,撑起两只手,两脚猛地一蹬,跳出了井口。她把眼睛睁得大大的,一看,'哎呀'了一声,惊奇地说:'小鸟姑娘,你说得对,天果然无边无际,大得很呢!我要不是跳出井底,怎么也不会相信你的话。'"

这里教师用提问的方式设置悬念,促使学生展开思维的翅膀,激发学生的想象和联想,这样既培养和训练了学生的思维,又活跃了课堂的气氛,从而引领学生在知识的海洋里活跃地思考、畅快地遨游。

二、点拨、引导,循循善诱

在课标倡导"以学生为中心",让学生"自主探究"的同时,教师的主导作用也是不容忽视的。学生在学习探讨过程中产生疑难时,教师须及时指导点拨,要紧处扶学生一把。教师主导作用的有效发挥,能减少学生创造性学习过程中的盲目性,促进学生的自主发展。新时代教师的教育教学并不是一种单向的简单传授和灌输,而是通过富有启迪、暗示、点拨、引导性的教学语言,引导学生运用已获得的知识、技能去学习、分析、理解、掌握新知识,产生新技能,变"学会"为"会学"。对那些可以自然地顺理成章得出结论的知识点,教师可以通过巧妙的提问、活泼的讨论加以点拨和引导,让学生自主思考,

---

① 王子木,黄培玲.课堂教学中的教师语言与仪表美(小学篇)[M].沈阳:白山出版社,2012:164.

用自己的语言去归纳总结表述;对那些较为复杂的深层问题,教师可以设计层层"阶梯",通过丰富生动的师生互动或实践活动,引导学生步步深入。教师一面提出一些有意义的问题,一面激发学生去探究,使学生在教师的启发引导下,沿着教师语言的逻辑和思维顺序,一步步地探索真理、寻找答案、获得真知,从而增长知识,发展智力。比如,在教学中,教师可以精心设计一些"牵一发而动全身"的问题,启发引导学生提纲挈领地从整体把握课文内容,有效实现教学目标。

案 例

在教《科学家阿基米德》一课时,教师设计了一个填空题目:"阿基米德是一个_____的人。"学生要填好这个空,就要了解全文,弄清全文的情节、内容、主题,并从文中找出能证明自己观点的有力证据。一个问题,引发了学生对全文内容的思考,纷纷发表自己的见解,有学生说:"阿基米德是一个善于观察,爱动脑筋的人。"因为文中他指挥大家利用镜子反射太阳光到罗马军舰的帆篷上,点燃了军舰这件事就能证明这一点。又有学生说:"阿基米德是一个谦虚的人。"因为当大家称赞他真有本事时,他却摸摸自己的胡子,笑眯眯地说:"我哪有什么本事呀?是太阳帮了咱们的忙。"

教师通过这一个问题就统摄了整篇课文内容,对教材做了简洁化处理,体现了化繁为简的教学策略,对实现"把握课文内容,从中体会阿基米德爱动脑筋,热爱科学的精神,产生对科学家的敬仰和对科学的热爱之情"这个教学目标,起到重要作用。

教师语言的启发性,是在教学中用语言将人的心灵点亮。教师要让自己的教学语言具有一种磁力作用,把学生全身心地吸引到课堂教学的意境中来,通过一个又一个悬念,将学生引入"欲罢不能"的境地,从而达到知识教学、训练培养学生思维能力和实践能力的目的。教师的语言具有启发性,通过激发学生的学习兴趣和积极性,产生内在的自我学习要求与愿望,焕发学习的主观能动性,从而提升教学效果,提高学生思维能力,培育学生个体素质,促进学生学识、能力、个性多方面发展。

第四节 小学教师语言的情感性

苏霍姆林斯基说:"在知识的活的身体里,要有情感的血液在畅流。"他还说:"请你任何时候都不要忘记:你面对的是学生极易受到伤害的、极其脆弱的心灵,学校里的学习不是毫无热情地把知识从一个头脑里装进另一个头脑里,而是师生之间每时每刻都在进行的心灵的接触。"[①]学习就是心灵的接触,因为只有心灵方能直达心灵,知识的传授也不能脱离心灵的轨道。师生情感交流最主要的途径便是语言。教师的话可能像一股清泉流入孩子心田,也可能使学生的心灵受到伤害。因此,教师在课堂上要力求触及学生的理智和心灵,这不仅是课堂教学本身的需要,也是教师素养的重要体现。情感性是教师语言极为重要的因素,它直接影响学生情感变化,影响学生对教学信息的认知和理解。积极的情感性言语能使学生在情绪的感染中全神贯注地接受教学信息,它像纽带一样把教师、教学内容和学生有机地沟通起来。

因此,教师应当针对学生的不同思想情况,根据不同的需要以及所要达到的目的,正确选择和运用情感性语言。

一、以真情的语言影响学生

教育心理学指出,情感是追求真理的动力,是智力发展的重要因素。捷克教育家夸美纽斯说过:"孩子们求学的欲望完全是由教师激发起来的,假如他们是温和的,是循循善诱的,不用粗鲁的方法去使学生疏远他们,而用仁慈的感情与言语去吸引学生;假如他们和善地对待学生,他们就容易得到学生的好感,学生就宁愿进学校而不停留在家里了。"课堂上,老师那饱含着浓郁情感的语言,往往会对学生产生极强的感染力;课后,教师那亲切和蔼、真情流露的语言,亦可以化解学生心中的一切心结。教师用动情的语言,春风化雨,一吟一咏滋润学生心田;教师用动情的语言,打开学生稚嫩的心扉,把真、善、美的种子播进他们的心田。教师语言风格中所表现出来的高尚、圣洁的情感本身就是一种强烈而不可抗拒的教育力量,例如,向学生宣讲理想和正确人生观时的言之凿凿;弘扬高尚情操,痛斥不良思想时的义正词严;传授科学知识,答疑解惑时的循循善诱;打开心灵之锁,解答心里迷惑的恳切交谈……所有这些内在真实的东西都是由教师通过他们饱含深情的语言在教育教学活动中真切表现出来的。

案 例

特级教师王崧舟在教学《我的战友邱少云》一课时,为了拉近时空距离,使用了多媒体课件:在低沉哀壮的乐曲声中,屏幕上出现了高高耸立、庄严肃穆的抗美援朝纪念碑。待乐曲结束后,王老师动情地说:"同学们,这是一座为纪念伟大的抗美援朝战争而修建的纪念碑。这座纪念碑是为千千万万个为祖国和朝鲜人民,为世界和平而壮烈牺牲的烈士修建的。在这些烈士当中,就有这样一位年轻而伟大的战士——"略一停顿后,王老师以更为深情的语言,激发着学生的情感:"同学们,让我们一起,深情地呼唤他的名字!"情感已被激发起来了的学生们和王老师一起深情地呼唤道:"邱——少——云!"紧接着,王老师以更为饱满的感情,再次激发着学生的

[①] 苏霍姆林斯基.《给教师的建议》[M].杜殿坤译.北京:教育科学出版社,1984:414;84.

情感:"同学们,让我们一起,自豪地呼唤他的名字!"学生们以更为洪亮和更为深情的声音呼唤道:"邱——少——云!"

王老师动情的语言激荡着每个学生的心弦,使学生们整节课都处在深情怀念伟大战士邱少云的氛围中,以至于王老师在铃响后喊"下课"时,竟没有一个人站起来——他们好像还都沉浸在硝烟弥漫的战场中。此情此景,令听课的老师们都情不自禁热烈地鼓起掌来。

小学教师所面对的是一群急切渴望获得知识的学生,因此,教师身上所有美好的情感都将对学生产生极大的影响。情感美使学生在获得知识的同时,也得到审美的享受和情感的陶冶。而这种审美享受的本身也会对学生产生积极的影响,不但感人,也能育人。

古语云:"亲其师,才能信其道。"善于接触学生、以情动人的老师才能得到学生的喜欢,得到学生信赖,得到学生的真情,老师的教育工作也才会更有效果。有一首寓言诗说得好:"不是锤的敲打,而是水的抚摸,才使鹅卵石这般光滑剔透。"温情并不是纵容,并不是说老师姑息迁就犯错误的学生,而是采取和风细雨的方法,让丝丝温情深入学生心田,使真情的教育在潜移默化中得以实现。

二、以真情的语言打动学生

列宁说过:"如果人们没有人类的情感,那么过去、现在、将来都永远不能寻找到人类的真理。"我国唐代大诗人白居易还说过:"感人心者,莫先乎情。"教师只有运用富有情感性的语言教育学生、感染学生,才会使学生感到愉悦,消除逆反心理,从而愿意和老师亲近。教师要把灵感和思想贯彻到自己的话语中去,使"情动于中而言溢于表",从而"打动学生的心,使学生产生强烈的共鸣,受到强烈的感染"。语言的美离不开言辞的热情,教师将美的心灵和思想贯彻到自己的话语中,从而对学生达到强烈的感染。当你感觉学生对你讲的话不感兴趣,似听非听,或者听而不信,无动于衷的时候,要想打动学生的心,取得学生的信任,就应当用充满真情实感的语言和学生交谈,和学生交心,使学生感受到你是出于真情实意,是跟他讲真话。这样的语言才能打动学生,赢得学生的心。

学生是有头脑、有情感的。教师是讲真话还是假话,是讲实话还是讲虚话,是用心讲授还是应付敷衍,是真情实感还是虚情假意,学生必定有所鉴别,继而会做出不同反应,从而产生不同效果。正所谓"情深方能意切,感人全在真情",老师要想使自己的语言具有感人的魅力,一定要做到有情有理,理在情中。有理而无情,就谈不上生动的形象和感人的魅力。

案　例

甲同学作业不合要求,身为组长的乙同学将其作业退回。甲同学说:"我交不交作业,关你什么事?滚开!""我偏要管!作业不合要求,就要退回!"他们你一言,我一语,最后竟打起来了!甲同学淌了鼻血,乙同学脸上也被抓出了几道指甲印。班主任老师闻讯赶到。老师不气不恼,不责怪,不追问,而是用左手轻轻托起正淌鼻血的甲同学的头,右手用纸巾给他塞住淌血的鼻孔,并亲切地问:"疼吗?"可能是得到了老师温情的抚慰吧,他那被欺负了而不服输的委屈劲儿好像消除了不少。随后,教师在和双方家长沟通后,带两个学生去了医务室。事后,两个学生都心平气和地向老师讲述了事情原委,承认了自己的错误。

可见,教师的语言对班级、对学生的影响是很大的,它能使集体变成熔炉,也能使集体变成冰窖;它能使学生感到教师可亲可爱,也能使学生感到教师可恨可厌;教师的一句话既可以拒学生于千里之外,也可以似一股清泉滋润学生幼稚的心田。

三、以真情的语言激励学生

新一轮基础教育课程评价改革的方向是:多角度地评价、观察和接纳学生,寻找和发现学生身上的闪光点,发现并开发学生的潜能。语言作为一种感人的力量,它真正的美离不开言辞的热情、诚恳和富于激励性。因此,教师一定要努力把活生生的灵感和思想贯彻到自己的话语中去,使"情动于中而言溢于表",从而"使学生产生强烈的共鸣,受到强烈的感染"。

激励学生,要用富有情感的语言去激励,以情激情,激发学生心灵中潜在的情感,激起学生思想深处蕴藏着的热情,鼓励学生克服自身缺点,放下思想包袱,增强上进心和自信心,更好地学习和成长。如有的学生在回答问题时,发言声音小,教师微笑着对他说:"你的声音能不能再大一些,让全班的同学都能听见,请你再试一试,相信你一定可以!"有的学生由于胆小或激动,当老师一提问他时,他竟把要说的话忘了,这时老师应笑容满面地对他说:"别慌。等会儿,想好了再说,好吗?老师和同学相信你一定能成功!"教师通过口头语言对学生进行激励,消除了学生的紧张情绪,使学生增加了勇气,树立起信心,还激起了他们不懈追求的学习动机。

激励要有目的,要找出学生能力的最近发展区,要从多角度评价学生。特别应以学生的智能强项为着眼点,进行理性评价。德国教育家第斯多惠说过:"教学的艺术不在于传授的本领,而在于激励、唤醒、鼓舞。"的确,通过多渠道、多手段、多形式地对学生进行激励,能激发学生的自信心,同时还能让学生不断感受到探索和成功的喜悦,从而提高学习的兴趣,增强上进心。在教学的过程中,教师会经常提问一些成绩差的同学,当他们在板演时,即使是错了,只要字写得好,教师也边点头边说:"老师真喜欢你写的字。"当他们对简单的问题勇敢地站起来并回答正确时,教师会侧头倾听,边点头边说:"今天你真了不起,能有这么大的进步,老师感到非常高兴,也同意你的想法。请大家给点掌声!"这样评价学习有困难的学生,他们内心的激动是当时就能看出来的,脸上洋溢着激动的笑容,坐得更端正了,小手举得更高了!这种激动来源于老师真情的评价。因此,教师不但要善于捕捉学习有困难的学生的闪光点,及时鼓励他们在原有基础上的进步,还要全面关注不同层次、不同类型的学生的各种心理需求。

四、以真情的语言营造课堂气氛

情感沟通是教学的重要前提。师生情感一致时,双方易形成默契,所谓"心有灵犀一点通";情感有隔阂,学生就会产生抵触心理,影响教学的顺利进行。古人说:"感人心者,莫先乎情,莫使乎言,莫切乎声,莫深乎义。"教师讲课时,不能像不食人间烟火的菩萨。面若冰霜的说教者的姿态令学生生厌。心理学认为,人的情感与认识过程是紧密联系的,任何认知活动都伴随着一定的情感,又都是在情感的动力影响下进行的。教师的情感对学生的感知、记忆、思维、想象等认知活动有着重要作用。大量的教育实践和理论研究表明,教师以及他们的教育对象——学生都是有情感的人,情感教育是教育实践的有效手段之一。情感总是在人的认识基础上产生,并与认识过程相伴随的。教师富有情感的课堂语言,会激起学生相应的积极情绪体验,容易产生情绪共鸣,有利于创造一种生动活泼、和谐愉快的课堂气氛,使学生带着强烈的求知情绪开始学习,在轻松愉快的气氛中进行智力活动,在满足的情绪中获得知识。相反,教师冷漠的态度,粗暴、刻薄、训斥的语言,会拉大师生间情感上的距离,使学生的大脑皮层处于抑制或半抑制状态,从而妨碍学生学习。要知道,在现代社会,师生在人格上是平等的。用一些恶言恶语对待学生,即便是赢了理,也赢不来学生的心,所以无论从教师的神圣职责来看,还是从教育心理学原理来看,都是应当杜绝的。

列宁说过:"没有人的情感,就从来没有,也不可能有人对真理的追求。"据说鲁迅先生讲课的声音并不抑扬顿挫,也不慷慨激昂,但他的每句话、每个字都充满着感情的魅力,引人入胜,使学生觉得意味深长,使每一个接近过他的学生都感到有一种信念的力量浸透在自己心里。因此,教师只有发自内心对学生关心、爱护、尊重、理解,才能发出富有情感的语言。教师若是缺乏对学生深厚的感情,就不可能运用好情感性语言。有的教师对待学生居高临下,盛气凌人;有的声色俱厉地对学生发脾气,说:"我管不了你,就不当老师了!""到底是你说了算,还是我说了算!"此类语言,大多出自"严师"之口,说是"严师出高徒",实际效果适得其反。因为这些缺乏情感的语言,极大地损伤了学生的自尊心,学生只会敬而远之。可见,教师讲课、讲演、谈话、谈心,要想感动人,得先有情,情是不可或缺的。"情不深,则无以惊心动魄。"教师不仅要有情,还要情深,情深才能产生无穷的魅力。

本章小结

本章主要从教师语言的规范性、通俗性、启发性、情感性等方面,阐述了小学教师语言应具备的特点。首先,小学教师语言应当绝对的规范,即符合现代汉语语音、词汇和语法规范,这是教师工作开展的基础。小学教师语言的规范性,还体现在准确性、精炼性和逻辑性上。其次,通俗明白、浅显易懂是教学语言最基本的要求。然后,教师教学的重要目的是发展学生的思维能力,这就要求小学教师语言应当含蓄,暗示,富于启迪。最后,情感性是小学教师语言极为重要的因素,它直接影响到学生情感的变化,影响学生对教学信息的认知和理解。只有清楚了解小学教师语言的基本特点,教师才会有意识地去提升自身语言修养,去锤炼自己的语言表达,才能更好地运用教师语言进行教育教学工作。

思考训练

1. 小学教师语言具有哪些基本特点?
2. 结合小学生的特点,谈谈小学教师语言的规范性。
3. 结合小学生的特点,谈谈小学教师应如何选择和运用富有情感的语言进行教育教学活动。
4. 结合教师语言的特点,分析下面两位教师的教学语言。

　　语文课上,为了梳理高尔基《海燕》一文的文章结构,教师甲问学生:"全文可以分为几部分?每部分的意思是什么?"但教师乙却这样问学生:"这首散文诗是由三幅画组成的,每幅画面上有背景,还有海燕的形象。请你找找看,是哪三幅?"

拓展阅读

1. 苏霍姆林斯基.给教师的建议[M].杜殿坤译.北京:教育科学出版社,1984.
2. 谢文举.教师语言艺术手册[M].济南:山东大学出版社,2006.
3. 王子木,黄培玲.课堂教学中的教师语言与仪表美(小学篇)[M].沈阳:白山出版社,2012.
4. 陈烨.浅谈数学教学中的语言艺术[J].学校教育,2009(05).
5. 傅惠钧.小学教师语言特点初议[J].当代修辞学,1990(02).
6. 刘恩葵.教师语言特点浅谈[J].吉林师范学院学报(哲学社会科学版),1987(04).
7. 张惠芹.教师语言中的情感因素对教学的影响[J].北京第二外国语学院学报,2002(03).

第三章
小学教师语言风格

※ **章首语：**

> 语气平和说明了教师的稳重,语气温和表现出教师的耐心,语气坚定反映了教师的信念,语句清晰反映出教师讲授的准确,语句完整体现了教师思维的缜密,语句优美彰显出教师扎实的功力。优秀教师的语言是一种知识更是一种思想,优秀教师的语言是一种功力更是一种品位。

※ **情境导入：**

> 我牵着孩子们的小手来到校园里,笑着告诉他们:"春姑娘已经悄悄地来到了我们的校园里,只有仔细观察的小朋友才能找到她。你和小伙伴一起,用眼睛看,用小手轻轻摸一摸,用小鼻子闻一闻,找一找春天在哪里?"[1]教师的话语娓娓动听,亲切温和,使人有如沐春风之感。

教师语言风格是教师在长期的教学生涯中刻苦磨练、不断创造而逐步形成的相对稳定的、积极独特的言语风度和言语格调。它是教师在教学和教育中语言运用稳定成熟的重要标志,也是教师教学风格的重要组成部分。由于形成教师语言风格的主客观因素纷繁复杂,以及教师语言艺术的多姿多彩和鉴赏角度的各不相同,决定了教师语言风格的千姿百态,异彩纷呈。

---

[1] 杨九俊,姚烺强.小学语文新课程教学概论[M].南京:南京大学出版社,2005:247.

第一节　小学教师语言风格概说

每个人都有自己的言语风格,每位小学教师的语言也都有属于自己的风格色彩。小学教师语言风格是小学教师在长期实践中逐步形成的相对稳定的言语格调,换句话说,就是教师在教育教学活动中所表现出来的语言个性特征。语言风格个体性,是教学语言呈现风格特征的根本属性,是教师语言风格的生命所在。没有个体性,也就无所谓风格。

各个教师的语言风格总是呈现出各自独有的特征。影响教师语言风格形成的原因是多方面的,教师的性格倾向、文化素养的高低、情感的投入程度等个体差异是影响小学教师语言风格的重要因素。此外,学生的接受水平和教学内容及深度的不同,也是形成教师语言风格的重要原因。小学教师语言风格在教师口头语言、体势语言两个方面表现得尤为明显。本节从教师口头语言、书面语言和体势语言三个方面分析小学教师语言风格的个体性。

一、小学教师口头语言风格的个体性

教师口头语言风格的个体性,主要是指教师在教育教学活动中对话语结构的选择及组合。这种话语组合方式主要表现在语音、词汇、语法、修辞等多个方面。

语音、词汇、语法是语言的基本构成要素,也是语言的外在形式。每个语用主体的个性特征都会通过这些形式表现出来。因此,小学教师语言风格的个体性也会明显地表现于这几个要素中。

在教师语言中,语音要素是表现风格的重要物质材料。由于教师各种主观条件的差异、理解角度和程度的不同,对于语音形式的选择运用,总是带有个人色彩,这样就形成了不同的语言格调。所以,不同的语言风格在语音上也呈现出不同的特点,具体反映在对音质、音量、语速、语气、语调、节奏等的把握中,比如质朴的语言风格,其语音往往是声音柔和、自然沉稳的;铿锵激越的语言风格,则是洪亮高昂、节奏明快的。优美动听的教师语言,不仅能够使所承载的语意信息被很好地理解和接受,而且能够使学生获得美的体验和感受。小学教师语言风格的语音美具体表现为:清亮圆润、字正腔圆的音乐美;错落有致、丰富多变的韵律美;轻重缓急、抑扬顿挫的节奏美以及停连恰当、语势得当的语调美。

基于小学生的认知特点和小学教学内容的特殊性,小学教师语言的声音形式应具有儿童化的特点:甜美而有节奏,抑扬顿挫而富有变化,语调时显夸张,带有童真的韵味。教师还应针对不同的教学对象和具体的教学内容,有意识地调整和塑造自己具有个性的语音美。比如,面对低年级学生时,可以表现出可爱稚嫩并且亲近多变的童音美,对高年级学生,则尽量表现出抑扬顿挫并错落有致的语音美。教师语言的语音美表现出强烈的音乐美感,具有动人心魄的力量,因为重音能震撼学生、停连能吸引学生、语势能驾驭学生、节奏能感染学生。语调美可以把学生注意力紧紧地吸引住,使学生在获得知识的同时,也获得了美的享受。著名作家魏巍在《我的老师》这篇文章中说,他小时候的老师蔡芸芝先生很爱诗,并且爱用歌唱的音调教学生读诗,直到现在,他还记得先生读诗的音调,还能背出当时的诗来。先生对他接近文学和爱好文学,是有很大影响的。例如张娟老师在《一株紫丁香》一课的教学中,张老师在初读课文后,把全文的内容改写成了一首节奏感很强的小诗,带领学生一边拍手一边读诗,加深了学生对课文内容的印象。然后,老师将课文范读给学生听,读得甜美而动情,抑扬顿挫,富于变化的儿童化语气,适合低年级儿童的口味,有利于唤起小学生的情感共鸣。

词汇,是语言的建筑材料,本身具有巨大的风格潜能,是显著的风格构成要素。汉语词汇中的同义形式极其丰富,不同的形式往往蕴含着不同的风格色彩。教师在对不同风格色彩的词语进行选择和运用的过程中,便会呈现出不同的风格特征。

语段1:蔚蓝的天空,没有一丝云。一条潺潺的溪水从卵石中间穿过,卵石在清澈的水中忽隐忽现,清晰可见。溪边端坐着一位长者,面庞清瘦,双目炯炯有神!

语段2:喂,这天可真蓝哪!一点儿云彩也没有。有一条小河"哗哗啦啦"地流着,这水可清亮啦!水里有好些圆石头,像鸡蛋似的,人们都管它叫卵石,这些卵石在水里可以看得清清楚楚。在河边坐着一个老头儿,长得虽然瘦,可是挺结实,那双眼睛可有精神啦!

这两段话语意基本相同,却呈现出不同的风格,其不同的风格色彩主要来源于教师所选用的一系列特有的语词[①]。语段1用了"蔚蓝、清澈、潺潺、清晰可见、端坐、长者、清瘦、炯炯有神"等词语,语段2是著名儿童教育家孙敬修将语段1改编后说给儿童听的,用了"真蓝、清亮、哗哗啦啦、清清楚楚、老头儿、瘦、可有精神啦"等口语化色彩比较强的词或短语,使得语言表达具有通俗、亲切、浅显的风格特点。两个语段之间的差异主要是通过所选语词的不同风格色彩而体现出来的。小学生不太容易理解过于烦琐、委婉的语言,因此教师讲课的语言不宜过于深奥复杂,教师应选用较为常用的基础词汇、一般词汇。儿童词汇量少,理解力较弱,且以感性思维为主。教师在语词选择中,必然相应地要趋于儿童化、形象化和浅显化。在词汇上显示出其形象而富有诗情画意的个性特点。

教师语言风格的个体性还表现在词语搭配的灵巧性中。在教育教学过程中,教师

---

① 崔梅.小学教师语言[M].北京:高等教育出版社,2015:246.

会根据特定的语境和讲课的需要,通过词语在语音、语义上的变异以及词语、句子的超常组合与搭配等手段创造出独特的语言形式,其格式新颖出奇,意蕴耐人寻味,给学生以新奇而独特的感受,从而增强表达效果,提高教育教学的质量。

对语法形式的选择,同样是教师语言个体性的重要表现。汉语具有长句、短句、倒装句,以及主动句、被动句等多样化的句式,这些都为教师的言语组合提供了灵活选择的多种可能性,这也使得不同教师的语言呈现出各自不同的风格。小学生的认知能力还有待开发,不太能理解过于深奥和句式冗长的句子,因此,教师讲课的语言宜干净利落,一般多使用陈述、祈使、疑问等简单的句型,避开反问、设问等较为复杂的句型,尽量把复杂的长句拆分成易于理解的单句,等等。

修辞,也是体现教师语言风格的重要因素,教师语言风格与修辞的运用有着密切的联系。鉴于小学生的认知特点和审美倾向,小学教师在修辞方式的选用上,往往倾向于浅显、直观和童趣,在修辞上往往多运用比喻、比拟和夸张,有时为了激发学生产生情感的共鸣,也多用反复、排比等修辞格形成气势磅礴的风格等。

二、小学教师书面语言风格的个体性

小学教师语言风格的个体性还体现在书面语的运用上,如在课堂教学中的板书和作业批改语以及学生操行评语的风格方面。基于教学内容的不同,教师书面语言的表现形式也风格各异。理科教师因为其教学内容的逻辑性,往往选用简约大方、图表式的书面语言;文科教师则常常选用关键词罗列式的书面语言。

由于小学教师面对的是正在学习汉字书写的小学生,所以小学教师相对中学、大学教师书面语言来说,也具有普遍的个性特征,即整齐、规范,讲求笔顺、笔画的清晰、准确等。但不同的小学教师,其书面语言的个体性也是十分明显的。

案 例

两位教师在讲解同一篇课文《田忌赛马》时呈现的不同板书:
教师 A[1]:

田忌赛马

第一次		第二次
垂头丧气	田　忌	转败为胜
得意扬扬	齐威王	目瞪口呆
胸有成竹	孙　膑	调换顺序

---

[1] 杨九俊,姚烺强.小学语文课程与教学[M].南京大学出版社,2013:333.

教师 B[①]：

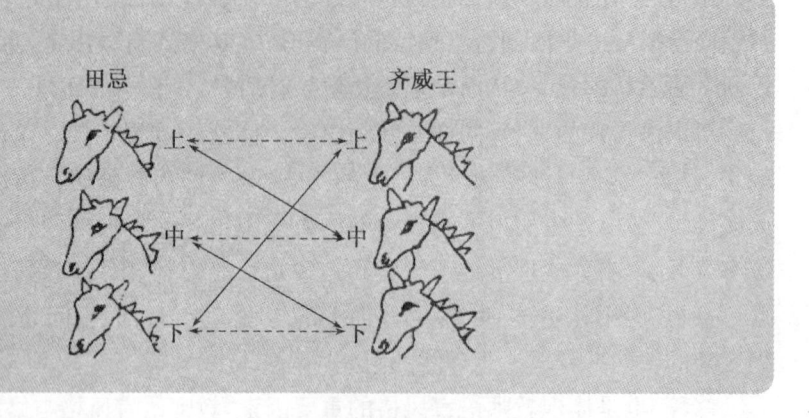

田忌　　　　　齐威王

上　　　上
中　　　中
下　　　下

教师 A 的板书文字语言比较丰富，条理性强，显现出具体形象的语言风格，该板书侧重于显现人物心理活动；教师 B 的板书则比较简约，图表性强，显现出直观的风格特点，该板书侧重于呈现故事的发展脉络，突出了孙膑为田忌赛马调换顺序的技巧。

三、小学教师体势语言风格的个体性

小学教师语言风格的个体性还体现在体势语的运用上。教师体势语是表达情感态度的一种无声的教学语言，是教师语言运用中必不可少的部分。小学教师的体势语既可以支持、修饰或者否定言语行为，又可以部分地代替言语行为，发挥独立的表达功能；同时又能表达言语行为难以表达的情感和态度。

鉴于小学生注意力时间短，容易为生动形象的事物所吸引的认知特点，小学教师的体势语可丰富一些，应具有"儿童化"的特点，手势的表现力和情感性要比较强。同时，由于教师个体存在生理、年龄、经历、气质、性格、性别、地位等的不同，在体势语言的表达上也存在着差异性。不同的教师会出于自身的习惯与特点，表现出不同的风格特征。比如，有的教师表情趋于温和平静、手势的动作幅度较小，这往往形成沉稳温婉的风格；有的教师表情比较丰富，体势语较为灵活多样，这就形成生动活泼的风格；有的教师情绪饱满，体势语夸张多变，则呈现出铿锵激越的语言风格。

案　例

一位语文教师朗读课文时，读到悲愤处，他满面悲戚，眼含泪花；读到激昂处，他神采飞扬，不断有力地挥动着手臂——这些情感力量很强的体势语无疑大大强化、提升了口头朗读的效果，增强了感染力。

教师体势语有各自不同的风格，不论是文静的体态风格，还是活泼的体态风格，都

---

① 吴阳.语文板书设计例谈[J].陕西教育，1999(02).

能使学生从中体验到无声的情感美,也会对行为动作的美获得直观的认知和体验。同时,体势语还会直接影响学生对教师形象的认同,教师自然得体、优雅协调的举止会对学生产生深远的影响。因此,小学教师体势语应尽量形象传神和优雅协调,才能给学生带来视觉吸引力和情绪的感染力。

此外,不同学科课堂教学的体势语言风格也是不一样的,如语文课上教师声情并茂的朗读,数学课上教师配合冷静计算的干净利落的手势,音乐课上教师美妙动情的演唱,历史课上教师绘声绘色的讲述等,教师要根据不同的学科内容,选择不同的体势语。

总之,教师语言风格的个体性,是语言应变性、灵巧性、独创性的综合表现,尤其在当今课程标准倡导下,教师语言的个体性正在得到积极的体现,教师语言风格的个体性将会得到更大的发展和延伸。

第二节　小学教师语言风格的类型

语言风格是由于语用者生活经历、文化素养、性格等的不同所形成的不同的语言表达特色,是语用者通过语言表现出来的特有的格调。教师语言风格是教师良好语言素养的表现。每位教师在教育教学过程中都是一个独立的个体,都会表现出属于自己的独特语言风格。由于形成风格的主客观因素纷繁复杂,教师语言艺术的多姿多彩和鉴赏角度的各不相同,决定了教师语言风格的千姿百态,异彩纷呈。语言风格没有绝对的好坏之分,每一种风格都有自己的特点。教师应根据教育教学的需要,形成并恰当地运用和调整自己的语言风格。

教师语言风格千差万别,从话语风格倾向的角度来看,大致可以分为内向型语言风格和外向型语言风格两大类型。需要指出的是,这两种语言风格类型与教师的性格类型并不一定是完全对应的,有的教师虽然性格内向,但在课堂上却能充分调动学生的积极性,会使用一些生动幽默的语句和形象传神的动作表情。相反,性格外向活泼的教师在讲授一些庄重典雅的篇章时也会相应地调整语言,以配合教学内容表达的需要。本节将分别介绍小学教师语言风格的类型及其表现。

一、内向型语言风格

内向型语言风格是教师在教育教学活动中所表现出的一种语言风格,其主要特征是语言的音色温和,语调平缓少变;选词较为常见,多使用基础词汇和口语词汇;句子语法趋于简单化,一般使用短句、常式句;较少使用比喻、夸张、排比等修辞格。这种风格的教师语言往往表现出质朴自然、平易亲切、严谨周密、庄重典雅的特色。

（一）质朴自然型

列夫托尔斯泰说："如果世界上有优点的话，那么质朴就是最重大、最难达到的一种优点。"具备这种优点，"难"就难在以实物原本的色彩显示一种自然的、质朴的美。教师语言艺术具有这样的优点更"难"，难就难在它不修饰、不雕琢、不渲染，却要显示教育教学语言的基本格调——不贫乏、不呆板、不单调。因此，朴实是教育教学语言风格的基本格调，质朴平实地叙事、状物、说理、析义，是一种没有丰富的教学经验、没有较高的语言修养便难以企及的语言风格。

质朴自然型的教师语言崇尚自然天成，朴实无华，实事求是，除却雕琢和修饰。质朴自然型语言风格的教师，往往遣词平实、多用口语，多使用简单句、常式句，话语直成要义，表述深入浅出，清晰透彻，言近旨远，浅近中包含着丰富的知识信息和哲理思辨，没有矫揉造作，也不刻意渲染，而是情真意切，文辞简洁，娓娓而谈，细细道来，具有质朴美与纯真美。师生之间在一种平等、协作、和谐的气氛下，默默地进行情感交流，将对知识的渴求和探索融于简朴、真实的教学情境之中。学生在静静地思考、默默地汲取中获得知识。

案　例

有位历史教师在解析"秦朝灭亡"时，充分显示出了朴实的特征：

公元206年，刘邦率领起义军进入咸阳。继位只有46天的秦王子婴，乘白马素车，脖子套着丝绳，双手捧着玉玺，到城外躬身迎接，表示投降。至此，陈胜和吴广在大泽乡点燃的革命烽火，终于烧毁了想要万世一系的秦王朝。秦王朝不仅没能万世一系，到头来只落得个二世而亡，历史又翻开了新的一页。

这样的教学语言很少有青枝绿叶，较少有修饰语，却如实地将叙述对象秦二世的主要特征勾勒了出来。语言平实简洁，去粉饰，无雕琢。

案　例

王崧舟《两小儿辩日》片段赏析：[①]

教师先让学生听写了两个词语，分别是：沧沧凉凉、探汤。然后开始引导学生品位词语。

师：看这两个词语：沧沧凉凉；探汤。假如从这两个词语中选一个来形容秋天，选一个来形容夏天，你会怎么选？

生：我会用"沧沧凉凉"来形容秋天。

[①] 方亮辉.小学语文名师教例赏析[M].宁波：宁波出版社，2008：67.

> 师:为什么?
> 生:因为秋天使人感到苍凉和凄凉。
> 师:苍凉和凄凉。好,你说的是那草字头下面加个"仓库"的"仓",是吧?
> 生:沧沧凉凉的秋天,形容天气凉爽。
> 师:明白了吗?此"苍凉"非彼"沧凉"。
> 师:谁还有话说?
> 生:我选"探汤"来形容夏天,"探汤"表示天气炎热。
> 师:你怎么知道"探汤"表示天气炎热?
> 生:因为我从课文中的注释中看到的。
> 师:课文中的注释怎么说的?
> 生:把手伸到热水中。
> 师:那"汤"是……(生:热水)"汤"就是指热水。那"探"呢?
> 生:手伸进去。
> 师:把手伸进去。把手伸到热水中去是什么感觉呢?
> 生:热。
> 师:所以就用它来形容——(生:夏天)

王崧舟老师以谈话的方式,引导学生对"沧沧凉凉""探汤"这两个词语进行了品味和理解。整个谈话进程自然流畅,清楚透彻。不仅使学生准确理解了这两个词语,并且对其所代表的季节特点也有了深刻认识,这就为学习课文"日初出沧沧凉凉,及其日中如探汤"一句准备了良好的认知基础。可见,教师在叙述、讲解、分析、推论时,适当地使用了通俗晓畅、平实真情的口语词,貌似平淡无奇,却能平中见巧,淡中显奇。

(二) 平易亲切型

当今的教学理念提倡以学生为主体,以教师为主导。这意味着教师不再是课堂上至高无上的权威,而是整个教学过程中的引导者。作为一个引导者,教师不能以"命令"来"压迫"学生学习,而应该让学生在教师的激励和引导下自主获取知识。教师把自己和学生看作平等的群体,借助平易亲切、干净利落的语言来教导学生,在语言中融入对学生的尊重和情感。教师语言表达往往音色柔和,语调平缓,表达简单直接,不拖泥带水。柔和的音色加上平缓的语调减少了话语中的"权威性",让学生听来更加亲切,在平易随和、柔声细语中讲述知识和人生真谛。教师用语言展现对学生的关爱,让学生明白学习不是痛苦的负担,教师也不是这些负担的制造者;让学生感觉到艰苦的学习中有教师与他们同在,教师会在大家遇到困难时施以援手。这样在无形中拉近了师生间的距离,让学生不再排斥学习,从而爱上学习。

充满童真、亲切温暖的言语风格孕育于长期的小学教学活动中。有些教师长期生活在儿童中间,他们了解儿童的心理特点,了解儿童的兴趣爱好,了解儿童的感知思维能力，了解儿童的说话特点，在教学中形成了"亲切稚真"的教学语言风格。这种语言是充满童心的表露。从语言到姿态、从语气到语调、从动作表情到讲述内容，都符合儿童认知结构的特点和心理特征。

案 例①

斯霞老师在教一年级学生学习"颗颗稻粒都饱满"一句时，要学生用"饱满"造句，学生先后造了两个句子："麦子长得多饱满"和"豆子长得多饱满"，斯老师并不满足学生对课本的模仿，于是她采用表演式的语言，开拓学生的思路。她走到教室门口，理理头发，整整齐齐，挺起胸，昂起头，精神抖擞地走到讲台前，问道"你们看老师的精神怎么样？"学生异口同声地回答："老师的精神很饱满。"

此例，斯霞老师以平实的语言和亲切的表情动作相互配合，帮助学生理解"饱满"这个词，使他们对词语的理解更加深刻了，学生学起来也兴趣盎然。

（三）严谨周密型

这种风格以简明扼要、言简意赅为特点。讲究语句的斟酌，以尽可能少的语言表达尽可能多的意思，并做到严谨周密，查无疏漏。表达中极少形容铺排，力戒冗词赘语。有时也用一些诸如省略跳脱、成分共用、短小的排比、精辟的比喻等修辞手法。简约严谨的风格一直为古今教育家所提倡，《学记》中所谓的"约而达，微而臧，罕譬而喻"，实际上指的就是这样一种语言风格。叶圣陶先生也大力提倡教师的语言要简约周密。教师语言要做到严谨、周密，尽量避免疏漏，这必须在充分准备、熟悉教材、了解学生的基础上才能做到。对于低年级孩子的课堂教学，教师尤其应当注意教学语言的严谨，让学生在课堂中学习语言，运用语言。唯有教师语言的严谨才能催生出学生语言的严谨，因而对于严谨的教学语言的习得，应该成为每一位教师的追求。

案 例

一教师在执教《鲜花与星星》一课时，在初读课文环节出示完生字后，教师是这样解释"满"字的意思的："满"就是到处都是、整个儿全是的意思。比如，整座山峰就叫"满山"，整个脸蛋就叫"满脸"，那么小朋友害羞得整张脸通红通红的，就叫"满脸通红"，整个公园就叫"满园"，那么整个公园到处都能看到春天的景色就叫"春色满园"。你能再说上几个这样的词吗？

教师在处理"满"的释义时，做到了严谨规范。生动形象的解说，充分调动了学生的

---

① 王子木，黄培玲. 富有魅力的教师语言艺术（小学篇）[M]. 沈阳：白山出版社，2012：183.

积极性,训练了学生的思维,使学生对于"满"字在不同词语当中的运用,有了更为深刻的理解和认识。

案 例

请看王崧舟《荷花》教学片段①:

王老师在教学"白荷花在这些大圆盘之间冒出来"这句话时提了这样几个问题:

师:这句话写得挺美的,我也有同感。老师也来读这个句子,你们体会体会,这个句子美在哪里?(朗读)"白荷花在这些大圆盘之间冒出来。"句子很简单,不仔细品味,你是很难发现它的美的。

生1:我觉得这个"冒"字写得特别美。到底美在哪儿,我也说不清楚。

生2:我也觉得"冒"很美,就是说荷花正在拼命往上长。

师:好!既然大家都觉得这个"冒"字很美,那我们就来好好地体会体会。你们觉得,这个"冒"字还可以换成别的什么字?

生1:露出来。

生2:钻出来。

生3:长出来。

生4:顶出来。

生5:穿出来。

生6:伸出来。

师:但是,你们说的这些字眼作者用了没有呢?没有!尽管意思差不多,但作者什么都没用,就用了这个"冒"字,是不是?为什么?为什么呢?(学生们都不说话,没反应)不着急。好的字眼,美的字眼,是需要时间去咀嚼品味的。这样,你们先读读这段课文,体会体会,你觉得荷花从挨挨挤挤的荷叶之间怎样地长出来,才可以叫作冒出来?

(生自由朗读)

师:谁嚼出"冒"的味道来了?你觉得怎么样地长出来才叫冒出来?

生1:我觉得比较快地长出来是冒出来,不是很慢地长。

师:迅速地长出来。好,这是你的感觉。

生2:悄悄地钻出来。

师:悄悄地长出来。有点害羞的味道,嗯,这是你嚼出来的味道。

生3:争先恐后地长出来。

师:争先恐后地长出来。这一朵急着要长出来,那一朵也急着要长出来。谁也不让谁。我们从中体会到了荷花的一种心情,什么心情?

生4:急切的心情。

---

① 方亮辉.小学语文名师教例赏析[M].宁波:宁波出版社,2008:129-130.

师:冒是怎样地长？冒是急切地长。
生5:迫不及待的心情。
生6:非常高兴的心情。
生7:非常激动的心情。
生8:欢天喜地的心情。
师:太好了！迫不及待地长，兴高采烈地长，激动地长，欢天喜地地长，这就是冒出来呀！你们还有别样的体会吗？
生9:心花怒放地长出来。
生10:快快乐乐地长出来。
生11:亭亭玉立地长出来。
师:是啊，同学们，作者不用"长"、不用"伸"、不用"钻"，就用了"冒"这个字眼。为什么？因为"冒"让我们嚼出了荷花的急切、荷花的激动、荷花的争先恐后、荷花的迫不及待、荷花的心花怒放！想不想看一看这些冒出来的荷花？
生(齐):想！
师:(播放课件，随着音乐和画面，教师旁白)白荷花在这些大圆盘之间冒出来，那么急切，那么激动，那么争先恐后，那么心花怒放。看看这一朵，很美；看看那一朵，也很美。白荷花们仿佛想说些什么？仿佛又想做些什么？
(生欣赏摇曳多姿的荷花)
师:同学们，尽情地展开你想象的翅膀。这就是一朵白荷花，白荷花就是你自己。现在，你最想说些什么？最想做些什么？请写在练习纸上。
(音乐响起，学生独立写话)
师:白荷花们，此时此刻，此情此景，你想说些什么？你想做些什么？
生1:我是一朵美丽的荷花，从这些大圆盘之间冒出来，我想让前来观看的游人们更早地看到我美丽的面孔。
生2:我是一朵洁白的荷花，从这些大圆盘之间冒出来，我骄傲地说："瞧！我长得多美呀！"
生3:我是一朵亭亭玉立的荷花，从这些大圆盘之间冒出来，我变成了一个美丽的小姑娘，穿着洁白美丽的衣裳，穿着碧绿的裙子，在随风飘舞。
师:荷花仙子来了！真是三生有幸啊！(笑声)
生4:我是一朵招人喜欢的荷花，从这些大圆盘之间冒出来，我想要跟别的荷花比美，你们谁也没有我这样美丽动人。
师:我欣赏你的自信！自信的荷花更美丽。
生5:我是一朵姿态万千的荷花，从这些大圆盘之间冒出来，我想说："我终于长成一朵美丽而漂亮的荷花了，可以让许多游客来观赏我。"
师:将自己的美献给游客，你不但有一个美丽的外表，更有一颗美丽的心灵。

> 生6：我是一朵快乐的荷花，从这些大圆盘之间冒出来，我想说："夏天可真美，我也要为夏天添一些色彩。"
>
> 生7：我是一朵孤独的荷花，从这些大圆盘之间冒出来，我多想找几个小伙伴跟我一起捉迷藏啊！
>
> 师：谁想跟这些荷花交朋友？
>
> （生纷纷举手）
>
> 师：不孤独，孩子，不孤独。你有朋友，瞧！他们都是你的朋友。
>
> 生8：我是一朵充满希望的荷花，从这些大圆盘之间冒出来，我希望自己变得越来越美丽，这样我就可以成为花中之王了！
>
> 师：同学们，其实呀，每个人的心中都绽放着一朵美丽的荷花。你们心中有，老师的心中同样也有。

在这个案例中，王崧舟老师抓住"冒"字，连续问了5个问题，引导学生进行了5个层次的思考、实践：找字——换字——体会——表演——想象，层层深入，各环节之间衔接天衣无缝、各层次之间转承周密，显示出王崧舟教师执教时严谨周密的语言风格。"冒"的形象在学生头脑中越来越鲜明，越来越丰满。

（四）庄重典雅型

庄重典雅的语言在教学中运用范围也十分广泛，其风格独特，具有高度艺术性，表现出正规之美、稳重之美、清晰之美。庄重典雅风格的教师，讲课的态度庄重朴实，语言脱俗文雅。语音沉稳厚实，用词严谨不苟，意蕴丰富，善于引用典故、诗词、成语等，典雅含蓄，有着浓厚的书卷气；多用整句，讲究语句的对称美，语调平稳，音量适中，让学生在教师的娓娓而谈中获得知识，得到美的享受。这种风格还表现在庄重典雅的词汇、严密齐整的语法构建及精妙适宜的修辞上。端庄持重的教态、沉稳严肃的语气奠定了"庄重"的基础，脱俗文雅的词汇提供了"庄重典雅"丰富的原材料，严密齐整的语法构建了"庄重典雅"的基础框架，引用、对比等修辞手法则对语句进行了精加工，使语句充分显现出"庄重典雅"的特征。此外，庄重典雅的语言风格还表现在教师善用抒情、升华哲理、巧用名言、力求诗意等。教师说话很少用俚语俗语，而偏重用书面语，还不时杂有文言词、文言句式等，韵味醇厚。

案 例[1]

> 一次课堂教学中，一位教师是这样引入《我们爱你啊，中国》这篇课文的："同学们，大家好好看看自己，我们拥有黄色的皮肤，这是大地一样沉稳的颜色，代表着中

---

[1] 崔梅.小学教师语言[M].北京：高等教育出版社，2015：248.

华民族是脚踏实地、积极向上的民族;我们拥有黑色的眼睛,这是黑夜一样神秘的颜色,代表着中华民族刻苦探索、勇于超越的民族精神。著名诗人顾城曾经写下'黑夜给了我黑色的眼睛,我却用它寻找光明'的诗句。中国人就是用这黑色的眼睛寻找着光明,探索着前进的道路。我们是中国人,我们是祖国母亲的儿女,我们爱你啊,中国!我们爱你大好的河山,我们爱你灿烂的文明,我们更爱你可爱淳朴的劳动人民!让我们带着这份爱来体验作者对祖国的热爱。下面,老师朗读一遍课文,同学们要认真听,认真体会诗中浓烈真挚的感情。"

案例中的教师,使用词句正式而典雅,语气庄重而柔缓,体现了教师良好的语言素质。教师联系学生自身的身体特点,用"黄皮肤、黑眼睛"引入"中国人"这一集体概念,再用这两种颜色的深层含义进一步带出"民族精神""爱国主义"等抽象的概念,自然而然地激发出学生的爱国情怀。然后,再通过有感情地朗读,庄重地罗列出祖国的可爱与伟大之处。让学生更加了解了自己的祖国,更加为身为一个中国人而感到自豪。

二、外向型语言风格

与内向型语言风格相比,外向型语言风格显得更加活泼生动,富于变化。外向型语言风格总体的特征是语音高低变化突出,选词生动活泼,以贴切形象为主,语法形式灵活多变,陈述、疑问、祈使、感叹等句式交替使用,多用比喻、拟人、排比、夸张、层递等修辞方法。具体表现为以下几大特色:

(一) 声情并茂型

这种教学风格的教师,讲课情绪饱满,长于抒情,语调抑扬顿挫,节奏调控有效,具有音韵美、情感美:或热情洋溢,或深沉凝练;或慷慨激昂,或婉转曲折。教师善于抓住动情点,讲到动情之处,往往情绪高涨,慷慨激昂,滔滔不绝,扣人心弦,给人以震撼心灵的力量,引起学生强烈的情感共鸣。教师将对科学的热爱和追求融于对学生的关心、教导和期望之中,充满对人的高度尊重和信赖。师生之间在理解、沟通的前提下,共同营造出一种渴求知识、探索真理的热烈气氛。学生在这样的教师引导下,所获得的不仅仅是知识的价值,还包括人格、情感的陶冶价值。

任何优秀的教师无不是把自己对事业、对学生的诚挚高尚的爱熔铸在语言中,在他们的语言中倾注了真挚热烈的感情,从而唤起学生深刻的理性思索和强烈的情感体验。所以,这种教学语言风格生发于情、意寓于情,融理于情,达到言中有寓意,言外含深情,体悟融情,细致入微的境界,给人以超凡脱俗之美。

案 例[1]

于漪老师用充满激情的话语为《茶花赋》的开篇讲解：这篇散文是一首颂扬伟大祖国的赞歌。祖国，一提起这神圣的字眼，崇敬、热爱、自豪的感情就会充盈胸际，奔腾欲出。我们伟大的祖国有几千年古老文明，有960万平方公里的辽阔土地，有许多令人神往的名山大川，有以勤劳勇敢著称于世界的各族人民。每当提起这些，我们心中就会荡起热爱祖国的感情。

如此意味深长的话语自然点燃了学生热爱祖国之情的火苗，接着，她抓住教材语言中蕴含情感的词语，加以揭示，"难免"一词表达了作者久在异国他乡，抑制不住时隐时现的怀念祖国之情。教师内在情感的表露，带动了学生爱国的心潮，随着课文，作者情感的波涛时而微波粼粼，时而汹涌澎湃。那切切的深情，那娓娓动听的倾诉，潜移默化，使师生共同沉浸在泛着爱国主义深情浪花的汪洋大海之中。

案 例

看下面A、B两组教师的话语：

A组：

"你再在课堂上捣乱，就滚出去！"

"你们再讲话，我就不上课了，另请高明吧！"

"你一看就是个天生的大傻瓜，大笨蛋，你再不听话，就把你爹妈找来。"

"在课堂上是你说了算还是我说了算？今天我不制服你我就不姓张"。

B组：

"同学们，人的潜力是无穷的，相信自己永远是最好的。"

"好好读书吧，父母亲正用期待的眼神望着我们。"

"在老师眼中没有优生和差生的区别，只有进步和不进步学生的差别，希望你们都成为进步的学生。"

"我们是师生关系也是朋友关系，希望我的学生青出于蓝而胜于蓝。"

学生的思想教育是一门说理的艺术，也是一种情感的艺术。在思想教育的过程中，如果教师的语言出现粗暴、过激的词语（如A组），会让学生产生厌恶憎恨甚至逆反心理，这绝对是教师语言的大忌，不仅收不到好的教育效果，还伤害了学生的自尊心，导致学生产生厌学，自卑情绪。反之，如B组，教师在对学生进行情感教育时，以挚爱宽容

---

[1] 王子木,黄培玲.富有魅力的教师语言艺术(小学篇)[M].沈阳:白山出版社,2012:178.

的态度,坦诚体贴诱导的话语,晓之以理,动之以情,把学生的情感倾向导向正确的方向,情动于忠而言于表,教师把心交给学生,学生就会把心交给教师,师生之间就能产生情感的共鸣。教师饱含深情、真挚亲切的话语无疑会给学生带来心灵上的抚慰,如春风化雨,润物无声。

二、诙谐幽默型

钱仁康老先生曾说过:"幽默是一切智慧的光芒,照耀在古今哲人的灵性中间。凡有幽默的素养者,都是聪敏颖悟的。他们会用幽默手段解决一切困难问题,而把每一种事态安排得从容不迫,恰到好处。"可见,能做到机智幽默的人必是生活的智者和语言运用的强者。幽默感也是教师语言魅力的一个组成部分。教师在课堂上一句生动幽默的语言,往往会激起层层波浪,它既是一种教学艺术也是一种教学风格。它能使师生之间的关系更加和谐融洽,缩小师生间的心理差距,引发学习兴趣,消除教学中师生的疲劳,振奋精神,改善课堂氛围,有助于培养学生乐观开朗的个性,发展学生的创造力,使原本生硬的课堂在宽松的气氛中变得活泼生动起来。

幽默能力与幽默兴趣呈良性循环,而幽默兴趣表现为对一切幽默源的敏感上。一般说来,教学幽默源有以下几种:

第一,最好的幽默是自嘲。许多人都把幽默看成是单向的,是聪明人向旁人显示其机智与诙谐的一种"表演"。在课堂上,幽默似乎也是用来对付学生的。其实不然。最好的、最高级的幽默是自嘲,是在嘲笑自己的过失、错误中,让旁人和自己一起获得某种精神上的愉悦、心理上的放松与理智上的启迪,使双方的情感得以交流,并在会心一笑中获得许多意味深长的启迪。

第二,生活中的幽默。如教师身上存在的、周围其他人身上的、社会日常生活中的"趣闻轶事"、俏皮话等,对于这些"活"的幽默源,教师要独具慧眼,善于发现。

第三,艺术中的幽默。各种幽默艺术作品,诸如笑话、幽默漫画、喜剧、相声、名言警句、歇后语、绕口令、打油诗、谜语、文字游戏等,无不妙趣横生,有时顺手拈来,便可获得良好的幽默效果。

第四,教材中的幽默。这是教学幽默的"富矿"所在,教师应注意研究教材,从中发现幽默的素材。因为教学内容的幽默因素最容易引起学生的直接兴趣。在充分发现各种幽默源的同时,还应精于选用幽默素材以用于教学,因为生活中的幽默往往是菁芜并存的,所以在运用时须加以筛选。

另外,还应学会加工幽默、改造幽默和创造幽默,开发出新的幽默源。教学幽默应该是精心设计的,不应露出斧凿痕迹。这就要求教师在培养自己发现幽默的"眼光"、品尝幽默的"味蕾"的同时,还应该注意丰富自己创造幽默的"细胞"。

(一)诙谐幽默型语言风格的特点

这种教学语言风格的特点是:教师用词精妙有趣,讲课谈笑风生,诙谐幽默,寓庄于谐,话语睿智鲜活,妙语连珠,使课堂里不时传出愉快会心的笑声,课堂气氛非常活跃。教学中,教师往往在合适的语境中选择立意新颖、独特创新的词汇,加之以灵活的修辞方法,产生不同的语言表达效果。一个极平常的词由于用得巧妙就会既妙趣横生又鞭辟入里,既让人忍俊不禁又含义深刻。当人们收敛笑容时,便会领悟到其中蕴含的智慧和哲理。

> **案 例**[①]
> 　　一位物理老师在讲爱因斯坦的狭义相对论时,学生一开始对这深奥的知识难以理解。这位老师就做了这样的解释:如果你和一位美丽的姑娘坐在一起一个小时,但是你只觉得坐了片刻。反之,你如果是坐在一个火炉上,只坐片刻却像坐了一个小时,这就是狭义相对论的意义。

这位老师用了一个形象生动幽默的譬喻和简单的"片刻"一词,就把深奥的科学道理讲解得如此生动鲜明,教学效果显而易见。

二是表达灵活、艺术,善用清新活泼的口语,善借修辞等表现手法把话说得新颖有趣。机智幽默的语言让课堂妙语连珠、妙趣横生,因而让人印象深刻、乐此不疲,从而起到辅助学生理解知识,调节课堂气氛,拉近师生间距离的作用,使学生在笑声中受到启迪和教育,对教师产生亲切感。

> **案 例**
> 　　一个老师接了一个慢班。开学第一天,他就对同学们说:"有人说我们是处理品、垃圾班,这是没有道理的。就拿体育锻炼来说,我们班不但不是'垃圾班',而且可以争当先进班;不但不是'处理品',而且可以成为'一级品'。"一席话说得同学们哈哈大笑,劲头十足,为改变班级面貌奠定了基础。

案例中教师用辩证的观点看待同学的成绩和缺点,用学生的优点来激发学生积极向上,使他们振作起来,增强信心,积极行动起来。

值得注意的是,在教学过程中使用风趣幽默的语言并不是越多越好,教师必须掌握合适的度。小学生的自控能力较差,在教师幽默语言的刺激下学生们很可能笑个不停,却忽略了教师所教授的知识。另外,使用诙谐幽默的语言还应该注意语言本身的艺术性和高雅性。幽默不是哗众取宠,更不是轻薄地耍贫嘴。引起学生发笑不是目的,重要的是笑后得到深刻的哲理启示。

(二)幽默的设计

幽默的设计像其他事物一样,有着自身的特殊规律。通常可采用下列手法:

[①] 王子木,黄培玲.富有魅力的教师语言艺术(小学篇)[M].沈阳:白山出版社,2012:172.

1. 出人意料的组合

利用"时间差""位置差",进行驴头不对马嘴的移植,造成文不对题、语无伦次、张冠李戴的状态。貌似不搭配,却又是情理之中的矛盾,便可产生幽默。

> **案 例**[①]
>
> 为了举例说明健康和事业的关系,向学生讲讲《三国演义》一百零三回中诸葛亮与司马懿两军对峙的故事。司马懿了解诸葛亮"亲理细事,汗流终日""食少事烦,岂能久存",因而"坚守勿战"。诸葛亮急于决战,巧施妙计,仍不奏效,不久寿终,时年54岁。停一下,教师煞有介事地说:"诸葛亮如果是三好学生,就一定能打败司马懿。"

教师以学生熟知的德、智、体全面发展的"三好学生"作比,让学生在笑声中体会健康的重要性。幽默像一支"强思针",催人深思,点出了健康在全面发展中的分量和地位。

2. 漫画形式的放大

像漫画的线条,用它画出"常见病"的轮廓,有良药而不苦口之妙用。曾做过一次试验:某班某生常以"腹痛"为由,不做早操而留在寝室处理其他事。班干部找其谈话,收效甚微。批评没有证据,明知是假,无法否定其"痛"。于是我就在班上讲:"他为什么会这样做呢?因为小痛恰到妙处,正好痛到不便做操,而能照常做其他事。大痛则不好看书、吃饭、上课。所以大痛没必要,小痛真正好。"全班同学大笑。借全班笑声医治了诸如"小痛"之类的"常见病"。这种一本正经而又遗貌取神地将其本意加以艺术夸张,形神尽露,幽默便相随而至。

3. 恰到妙处的旁敲

不从正面回答问题而采用打比方、言此意彼的迂回侧击,能一敲即中,给人风趣和幽默感。例如在提高学生对早操的认识时,不从"规章制度必须遵守"入手去宣传早操的科学价值,而是用比喻来启发学生:"你们观察过动物起身之后的现象吗?猫先把腰椎向上弓起来,停留片刻,又让胸腹贴近地面,成反弓形,它非常认真地做完腹背运动后才离开床位。鸭子早晨出房第一件事是先扇动、拍打翅膀,做扩胸运动(用双臂比画),鸭掌不停地离开地面,做跳跃运动,伸长脖子,张大嘴巴,呱呱直叫,做呼吸运动。小鸡出窝先做游戏,东飞西跳,相互挑斗。为什么?鸭房、鸡窝太小,一夜未运动,加上怕黄鼠狼,门窗紧闭,鸡屎粪又太臭,空气不新鲜,所以先运动后寻食。动物起身后的这种现象怎么解释呢?这说明运动是生命的需要和本能啊!"听完教师这段话,学生以后起床是否做早操,不得而知,但学生自会联想。这种异中之同的比喻,以鸡鸭猫喜剧性的表演,使人茅塞顿开。

---

① 谢文举. 教师语言艺术[M]. 济南:山东大学出版社,2006.

4. 色彩鲜明的对照

例如夏季游泳，学生常随水吐痰，因此用"清清的池水"和"飘动的浓痰"相对照。游戏课上我问："有位同学刚入水，便对一池清水霍地一口痰，你们说，他懂卫生吗？（有人脱口回答：不懂）你说他不懂，他会立即用手推水（仿做把痰从水面上推向远处的手势），沾到别人身上，而保持自己周围水面的清洁，怎么说他不懂呢？不过他习惯在大痰盂里游泳，倒是创造了一种新的仿生学。"笑声过后提示大家：不讲公共卫生，垃圾堆里怎能建立起清洁的小天地？这种手法的特点是：事例越典型，对比越强烈，幽默感越浓，教育效果越好。

设计幽默的方法还有很多，要想驾驭创造幽默的各种手法，胸有成竹、融会贯通地运用幽默的教育艺术，必须苦练语言基本功，需借助教育学、心理学、哲学、语言学等基本知识，也需要教师本人知识面广博。当知识的供应超过需求时，才能产生风趣和幽默。让学生在笑声中去领悟知识的奥秘、思想的哲理。

（三）教学语言幽默的运用技巧

第一，掌握教学幽默的形成机制。要创造幽默的教学语言，教师需掌握一些创造语言幽默的技巧，如引起悬念宜引人入胜，铺垫渲染宜隐而又伏，反复突出宜要言不烦，而任何贫嘴滑舌、画蛇添足都无助于教学幽默表达效果的提高，只能适得其反。

第二，掌握一定的幽默语言修辞技巧。在教学中幽默的主要手段是教师的语言本身。语言的新奇生动、形象可感、诙谐风趣、含蓄夸张等均是教学幽默的精灵。语言节奏的快慢急缓、语调的抑扬顿挫、语言的粗细长短、语气的高低缓急，无不是形成幽默的要素。诸如，比喻、故错、夸张、对比、婉曲、顶真、反语、双关、飞白、曲解、歇后语等，都有助于使教学表达幽默诙谐。

第三，把握好教学幽默的最佳时机。要达到语言幽默的效果，必须重视"笑候"。因为"笑候"是幽默能否奏效的关键。只有在铺垫和渲染足够充分时，再抖出包袱，才可优化教学幽默的效果。因此，讲述时语言的速度、音调、时间控制就至关重要。

第四，幽默的自然流露很重要。因为笑是不能强迫的，所以教学幽默不应矫饰、矜持、做作、卖弄，而应含蓄、蕴藉、深沉。正像清朝戏曲家李渔所说："我本无心说笑话，谁知笑话逼人来。"这种机智，表现为好像一切都是漫不经心，不假思索，脱口而出。或者说，正确的方法和纯熟的技巧是"板着脸，说笑话"。一本正经地"请君入瓮"是发挥幽默力量的最好途径。

第五，注意度的限制，不要过分。教学幽默要服从教学活动的需要，也就是说教学幽默的"剂量"要适当。另外，其他如教学对象的个性、性别、经历和文化程度等也应引起教师注意。

三、雄浑豪迈型

这种风格是教师语音上富于变化，节奏感强，凸显情感，语调高亢激昂、大气磅礴，句子表达中多用反复、反问、排比等修辞手法，句式回环，波澜壮阔，体现出声情并茂、铿锵激越的特点，表现出一种雄浑的境界和磅礴的气势。小学课本中，不乏对金戈铁马、惊心动魄战争场面的描写，对视死如归、慷慨激昂的豪情壮志的抒发，对江河奔腾、惊涛骇浪般的自然景观的展示，对"烈士暮年，壮心不已"的雄图大略的展现，对"鞠躬尽瘁，死而后已"的高尚人格等的颂扬。这些内容都可以让教师豪迈奔放、雄健刚强的语言风格"大显身手"。教师可以运用刚劲有力的语言，饱含深情地将其淋漓尽致地演绎传达出来。但要注意的是，不管是什么教学内容，教师雄浑豪迈的语言风格，都决定于教师对教学内容的深刻体会，并由此而生的炽烈情感。缺少了这个前提，"喷薄而出"的气势则失去了感情基础。

（一）选用洪亮的声律

第一，选用铿锵有力的声律。语文教材中的诗词韵文，多爱国、励志诗文，这些诗文气势雄浑，大气磅礴，较多用开口度大、洪亮有力的"江阳""寒山""遥条"等韵脚，教师在讲解这一类课文时，应该声音洪亮、语势豪放，可恰当从声律方面加强雄浑昂扬的语势。

第二，选用表情达意的语气。语气是教师对教学内容深层挖掘后的情感体验的自然流露，具有很强的表达作用。在不同的情感情绪氛围中，一定的语气总是和一定的声音形式紧密联系。例如，表达"愤怒"的情感时，声音响度大、声势猛，气粗声重，给人一种震慑感；表达"喜悦"的情感时，声音高而响亮、语势急，声气高，给人一种兴奋感；表达"豪放"时，声音响度大，语势重，声气广。准确地运用语气，可以显现出教师奔放洒脱的个人魅力。

第三，选用高亢响亮的语调。语调是教师语言最生动、最丰富、最具变化性的语言形式。它与丰富声音的表现形式和话语状态相配合，综合上升为豪放刚健的格调，传递教师自己的内心世界、情感体验以及个人的深层意识，即价值观、人生观、世界观。它和语气一样，是根据教师内在的心理活动和观念态度的变化而变化。选择不同语调表达情感，可以从语调方面突出雄浑豪放的语势。

（二）选择得体的辞格

教师雄浑豪迈的语言风格，决定于教师对教学内容的准确解读和深刻体会，并由此而生成的真情实感。雄浑豪迈的语言风格，多用排比、层递、呼告、反问、夸张等具有加强语势的修辞方式，既表达酣畅淋漓的情感，又增强语言气势，抒发一种奔放的情感和浩瀚的精神。根据题旨情境，恰当选用合适的辞格，能使语言形成雄壮豪迈的气势和格调。

案 例[①]

王崧舟老师在教学纳兰性德的《长相思》一课时，在引导学生充分理解词意、感悟词情之后，王老师用深情的语言说："是的，我何曾是轻离别啊，我是何等的重离

[①] 方亮辉.小学语文名师教例赏析[M].宁波：宁波出版社，2008.

> 别啊！可是，我身为康熙皇帝的一等侍卫，我重任在肩，我责任如山，我不得不离、不得不别啊！我舍不得离开年迈的老父，舍不得离开温柔的妻子，舍不得离开生我养我的故园啊！这就是为什么我身在征途却心系故园的原因所在，这就是我的那个梦会破碎、我的那颗心会破碎的原因所在。建功立业的壮志和理想，思念家乡的孤独和寂寞，就这样交织在一起，化作了纳兰性德的《长相思》！大家一起读（播放课件和音乐，师生一起读）：山一程，水一程，程程都是长相思……

这个案例中，王老师用铿锵激越的语言，声情并茂地展现出词人离父抛妻别子，渴望建功立业的豪情壮志，一句一句的反复、一声一声的感叹抒发了词人对家人的深情，但为了保家卫国却只能诀别家人的无奈和寂寞。教师的语言让学生与作者之间架起了一座心灵的桥梁，帮助学生叩开了作者紧闭的内心世界，让学生充分感受到了诗词所蕴含的士子情怀。王老师将反复、反问和排比交错运用，起到了加重语气、突出情感、壮大语势、构成雄浑豪迈语言风格的作用。

总之，教师语言风格的多样性决定了教师在具体教学活动中具有选择性，真正成熟的教师一般会以一种风格为主导，再根据不同学科的不同内容以及所面对学生的特点，加以调整，塑造个人特色，做到因材施教，触类旁通。

第三节 小学教师语言风格对教育教学的影响

语言是教育教学过程中最基本的交流工具，教育的效果在很大程度上取决于教师的语言表达能力。教育教学质量的问题，从某种意义上来说，也是教师语言的问题。因为无论是学生积极性的调动、智力的开发、思维的训练，还是知识的获得，都不能脱离语言的媒介。因此，教师教育教学语言水平的高低，是课堂教学和思想教育能否取得高效的关键。教师的语言风格多种多样，不同的语言风格在教育教学活动中对学生会产生不同的效果，这是由语言表达手段及其所承载的话语信息所决定的。因此，研究教师语言风格对教育教学的影响有着重要意义。

如上节所述，各种各样的教师语言风格如果按照粗略的性格模式进行归类的话，大致有外向型和内向型两种。外向型的如：雄浑豪迈型、诙谐幽默型和声情并茂型等；内向型的则如：质朴自然型、平易亲切型、严谨周密型和庄重典雅型等。一些性格相对活泼外向的教师可能较多地采用前一种的语言风格模式，而性格较为内向的教师则可能多采用后一种模式。两种不同的模式对学生学习兴趣的激发、逻辑思维的发展以及性格的培养都会产生很大的影响。因此，关于教师语言风格对教育教学影响的研究有着重要意义。

一、小学教师语言风格对教育教学的影响存在两面性

无论是内向型语言风格,还是外向型语言风格,对教育教学活动都有着有利和不利的因素,因此,教师语言风格对教育教学的影响也有积极和消极两个方面。

(一)外向型语言风格对教育教学影响的两面性

外向型语言风格的小学教师凭借自身"动态开放"的特点,在教育教学工作中产生积极影响的同时,也会存在一些不利的因素。

1. 积极影响

(1)引发学生活跃的思维,激发其求知欲和上进心。一般来说,外向型语言风格的教师在上课时,往往声音洪亮,音调较高,语速较快,节奏鲜明。这样的语音特点,会产生抑扬顿挫、跌宕起伏的效果,给学生以活灵活现的表达感受,有利于吸引学生的注意力,产生好的节奏感;语词上往往擅用色彩鲜明的词,如比喻性词语和摹状词语,或形象生动,或诙谐幽默,给学生以身临其境的联想和感受;句式短促连贯,并常常综合使用各种修辞,语言的表现力强劲。总的看来,外向型语言风格充分发挥语言的直观功能,更讲究表达的形象化、生动化和情感性。小学生主要用形象、声音、色彩进行具体形象思维,这样的语言表达形式更能给他们留下深刻的印象,激发学生思维的跳动,使得学生乐于听、利于记、勤于思。学生长期在这种语言课堂环境中成长,往往思维比较活跃,易对新鲜的事物产生兴趣。

(2)容易打动学生,使其产生思想的共鸣和情感上的认可。外向型语言风格,因其节奏鲜明、语气灵活、抑扬顿挫等,使得讲述的内容重点明确,呈现出情真意切的氛围。这样的氛围,容易拉近师生关系,也易于打开学生心扉,从而有利于师生沟通,达到教育教学的目的。另外,这种语言风格,具有刚柔相济的特质、容易营造轻松和谐的氛围,给学生亲近感,使师生关系较为融洽。在这样的情境中进行教育教学活动,学生更能够主动学习和心悦诚服地接受教育。再者,外向型语言风格,其形象生动的词汇与活泼多变的修辞特点,使它呈现出了较强的感染性。外向型语言风格的教师在教育活动中善于运用情感丰富的语言打动学生,晓之以理,动之以情,使其产生思想的共鸣和积极的力量。

2. 消极影响

(1)语速较快,容易造成信息的脱漏。外向型语言风格的教师,如果控制不当,也会造成语速过快,没有间歇。这种"机关枪"式的语言,缺乏节奏感,容易让学生应接不暇或产生凌乱感。同时,没有间歇的快速语言,会一直刺激学生的脑细胞长时间处于兴奋状态,容易产生疲惫感;语速过快,容易使教师忽视学生的接受能力,导致学生没有及时地获取信息,甚至造成排斥接收信息的心理,从而使教学成为教师的"独白"课堂,违背了"主导与主体"的教学原则;教学语言过快,实际上是压缩了教学时间,这样造成了教师输出信息过多、频率过高,使学生对于信息的接收处理不迭,容易造成信息的脱漏、

积压,甚至导致信息接收活动的障碍;从审美角度而言,这种快速而无节奏的语言无法给学生带来语言音韵美感的享受。长期处于这种课堂语言环境中的学生,有的思考问题会过于草率,不能周全地考虑问题。

(2) 音调较高,易引起学生的高压感,造成紧张氛围。外向型语言风格,其音调往往较高,语气多变,如果此类风格的教师不能妥善控制,很容易形成一种高压感,让学生感觉到一种较为凌厉的压迫气势,造成氛围紧张、师生关系矛盾激化,甚至造成彼此之间的对峙,激起学生的排斥心理和逆反心理,不利于问题的妥善解决和教育的有效实施。外向型语言风格的情感力度较强,在教育过程中如果情感的"度"把握不好,有时可能会导致学生"情""理"不分,限制其是非辨别能力和责任感等的培养。因此,在教育活动中,外向型语言风格的教师要注意情理兼顾、理容于情、不可偏颇。另外,外向型语言风格的教师在进行教育时,常常采用形象生动和幽默的话语表达手段,这样的表达学生一般会比较喜欢,但与此同时,教育的严肃性和深刻性有时也会被弱化。小学生的理解能力有限,对事物的理解很可能只停留在表面,玩笑式的教育语言,其教育的深刻性往往容易被忽略,不能达到理想的教育效果。

(二) 内向型语言风格对教育教学影响的两面性

1. 积极影响

(1) 有利于学生客观地理解和接受知识,培养其踏实的学习态度及缜密的思维方式。使用内向型语言风格的教师讲课时音调较低,语速较慢,面部表情比较平静,肢体语言较为单调或缺乏,但能够周密地梳理每个知识要点,能够清楚地阐明所学内容。内向型语言风格的教师在运用语言时多选用基础词汇、一般词汇,这些词语中较少出现学生们不懂的词语;内向型风格的教师语言句式常见,结构简单,常用单句、短句,这样的语句同样是易于理解的;内向型语言风格的教师擅长用简单、具体的已知内容来解释复杂、抽象的事物。因此,内向型语言风格的教师在表述时大大减少了学生理解的难度,有利于学生对知识的理解和把握。学生长期在这种课堂语言环境中成长,往往心思细密,考虑问题周全。

案 例[①]

一位教师给学生讲述"不能以事物的美丑评价事物的价值,美丽的东西不一定有用,不美的东西也可能有用"的道理时,运用了以下的表达方式:

一只鹿非常口渴,连忙跑到寒水边去。他喝着甘甜的泉水,望着水里自己的影子,见到自己修长而美丽的双角,得意扬扬;见到自己细小的腿,又郁郁不乐。正当他看得入神时,有头狮子疾奔而来。他转身拼命地逃跑,一下子就把狮子远远地甩

---

① 崔梅,周芸主编.小学教师语言[M].北京:高等教育出版社,2015:262.

> 在身后。因为鹿的力量是在腿上,狮子的力量是在心脏上,在空旷的平原上,鹿总能跑在前头,保住性命。但当他进入树林中时,美丽的双角被树枝挂住了,再也无法奔跑了,结果被跟踪而来的狮子捉住了。鹿临死之前对自己说:"我真不幸啊!被我所不喜欢的救了命,却被我所最宠爱的东西断送了生命。"相信同学们能够从这个故事中领悟到不能以事物的美丑评价事物价值的道理。

案例中的教师冷静客观地用一个浅显易懂的故事讲述了一个较为抽象的道理。没有过多的修饰和夸张的强调,而是简单、沉稳的叙述和结论的推导,体现出内向型语言风格的特色。这种语言风格无形中会对学生求真务实、扎实稳进的学习态度产生影响,有利于形成严谨而富有逻辑的思维方式。

(2)教师语言质朴持重,有利于学生形成平和稳重的性格。小学阶段是性格塑造的关键时期,教师们的一言一行都在影响着学生。具有内向型语言风格的教师讲话质朴平实,语言朴实持重,选用的词语多是平和性的用语,不容易引起话语接受者情绪的波动。在教师这样的语言风格影响下,学生一般也会学习教师说话的语音语调,沿用教师所说的词汇、句子,因而容易形成平和稳重的性格。

(3)教师语言平易亲切,有利于学生认可和接受教师的教育。内向型语言风格的教师说话节奏柔缓,平易亲切。这种平易近人的特点使得他们在进行道德教育时,所说的话更不容易引起话语接受者的反感,从而更加具有说服力。内向型语言风格的教师在育人时语气平和,选词贴切自然,这样的语气和语言有利于形成师生间和谐关系,在这样的语言氛围里,学生也更容易接受教师的教育。

2. 消极影响

(1)节奏缺乏变化,不大能在较长时间内吸引学生的注意力。内向型语言风格的教师语速较慢,语调平缓,缺乏高低变换,难以长时间抓住学生的注意力,尤其是对于以无意注意占优势的小学生来说更是这样。内向型语言风格的教师,语气平缓,较少抑扬顿挫,缺乏新鲜感和变化感,给学生带来的冲击和挑战少,语法搭配也固定少变,修辞保守,缺乏创新。这种语言风格对于小学生来说,可能会影响到他们对教师所讲内容的关注,会不由自主精力涣散,听觉感官和大脑皮层也会慢慢从兴奋转入抑制状态,乃至昏昏欲睡,从而严重影响教学效果。

(2)词句灵活度相对较弱,不利于培养学生的创造力。内向型语言风格的教师所采用的词汇和句式较为常见,惯于采用固定的词汇、语法结构来讲述知识内容,让学生接触不到创新、灵活的语言表达。久而久之,学生惯于用固定的语言去描述事物,用既定的思维模式去思考问题,很难从新的角度、新的突破口去审视事物,在学习和生活中缺乏想象力和创造力。这种语言风格影响下的学生,基础语言的使用能力会较为扎实,但语言的变换能力和表现能力的发展可能受到限制和影响。这些语言能力的缺乏表现为他们的语言表达中缺少灵动感。长期在这种课堂语言环境中的学生,易趋于墨守成规、不知变通。

（3）语气过于缓慢柔和，可能影响教育教学的效果。内向型语言风格的教师说话语速相对较慢，语气过于柔和，故教学中感染力可能不够强，教育学生时缺少"威慑力"。这样的教学方式对好动、好奇的儿童来说，不大能吸引他们的注意力，这样的批评教育方式话语过于委婉，所用的词语、句子表意留下太多包容的空间。对一些调皮、"吃硬不吃软"的学生来说，就有如"隔靴搔痒"，起不到良好的教育效果。

因此，无论是内向型语言风格还是外向型语言风格都有自身的优点和不足，无论偏向于哪一种语言风格都会对教学产生积极和消极的两面影响。因此，教学中，教师需要根据不同的教学对象和教学内容灵活调整自身的语言风格，尽量使自己的语言风格趋于多样化，以优化自己的课堂教学。

二、小学教师语言风格对学生成长的重要影响

"学高为师，身正为范"，教师的言传身教都会影响学生的成长和发展。学生们从教师那儿学到的不仅仅是知识，也会学到教师的思想品质和思维方式，所以，教师的语言对学生良好品质的形成也有重要作用。教师的语言在整个教育教学过程中是最重要、最常用的一种教学手段。这是因为：第一，从传授知识和培养能力来说，教师讲授的教学内容，能否被学生所理解，主要在于教师使用的语言能不能为学生所接受和理解。只有通俗易懂、生动形象的语言，才能打开学生心灵的天窗，充分调动学生的思维，引导学生掌握知识、发展他们的智力。第二，从培养学生的实践技能和技巧来说，教师的语言也有重要的作用。因为任何一种技能训练，都需要教师既要演示示范，又要进行说明或解释。当学生按教师的要求进行练习时，教师也要借助语言进行必要的指导。第三，教师在传授知识、发展智力、培养学生实践技能技巧的过程中，不仅要向学生展示客观事物的内在联系，还要通过语言把教材的思想因素传授给学生，以激发他们的情感，加深他们的体验，影响他们的行为和品德。可见，教师语言风格对学生的影响是多方面的，尤其是对于语言能力正在发展和逐渐养成阶段的小学生来说，更是如此。

概括说来，小学教师语言风格对小学生成长的影响主要表现在对学生心理的影响和对学生学习的影响两个方面。

（一）小学教师语言风格对学生心理的影响

教师语言是传递知识的工具，又是影响学生心理健康成长的重要因素，教师语言在学生思想教育中起着"润物细无声"的作用。教师的语言是否入耳入心，直接影响学生的学习情绪，也关系到学生的心理健康。教师对语言的精雕细刻，关系到学生健康向上心理品质的培养和豁达乐观人生观的养成。语言的恰当与否是培养学生健康人格的重要因素。苏霍姆林斯基曾说过："真正的教育者是一个情感丰富的人，他同样强烈感受着喜悦、忧愁、激动和愤怒。"因此，我们可以用豪放的语言来表达积极的情感，以感染学生。我们也可以用鼓励的语言来表达对学生的期望，比如，当学生课堂回答问题陷入迟疑或语塞时，教师若能亲切地对他说："慢慢想，慢慢说。"这不仅有助于活跃他的思维，

也促使全班同学学会了对他人的等待和包容。当学生怕表现不好,胆怯不敢尝试时,教师信任地对学生说:"试试看,你一定行!"学生听了这样的话,心里不由得暗暗生出一把劲。他们会感激老师给予的机会和信任,认识到"世上无难事,有志者事竟成"的深刻道理。再比如,用"再来一次!"鼓励学生失败了不要灰心;用"这不是你做的吧?"既让学生敢于承认错误,又让学生明确这是不应该做的事情,使其今后能辨别是非,明白事理,等等。

案 例

班上有一名学生,经常犯错,我越是批评他,他越是我行我素,变本加厉。有一次我发现黑板没有擦,问谁能把黑板擦一下?他主动要求来擦,我很高兴,随口说了一句:"你个子这么高,擦黑板肯定又快又好!"他果真擦得又快又好,后来我又在全班表扬了他。从此,他作业认真了,上课专心听课了,学习成绩也慢慢提高了。

可见,教师一定要善于运用鼓励的语言教育学生,鼓励比批评、指责更能有效地激励学生的学习积极性。因为鼓励会使学生产生成就感,批评、指责则会挫伤学生的自尊心和自信心,反而形成一种逆反心理,甚至使学生产生攻击性行为,以求发泄。我们在鼓励学生时,要培养其自信心,促使学生对自己的能力具有自信,就能增强他们克服困难的勇气,使他们得到进步、提高。在学生的眼里,教师的信任就是力量,信任就是最高的奖赏,它能使学生产生尊重感、亲近感、荣誉感和责任感,从而使学生自觉积极向上。

案 例[①]

一次数学课上,为了检查学生们的乘法学得怎么样,教师临时出了一道题,"1只小白兔每天要吃3根胡萝卜,我们要给它准备3天的食物,请问我们应该准备几根胡萝卜呢?"一个平时不怎么爱回答问题的女生小芳被点名回答这个问题,她考虑了一会儿说:"12根。"她刚一说完,其他同学就哈哈大笑起来,大声说道"9根!"小女孩的脸"刷"地一下就红了,害羞而害怕地低下了头。教师看到这种状况,顿了一下说道:"小芳真是个有爱心的好孩子,她是想让小白兔多吃几根胡萝卜呢!不过,如果给这只小白兔的胡萝卜多了,其他小白兔就得饿肚子了,所以大家记住了,是9根。小芳,坐下吧!"听到教师的表扬,其他同学也不笑了。小芳也没想到教师会夸自己是个好孩子,脸上露出了笑容。

案例中教师的评价语言亲切而平和,将批评转化为表扬和鼓励,很好地保护了学生

[①] 崔梅,周芸主编.小学教师语言[M].北京:高等教育出版社,2015:263.

的自尊心。对那些性格内向、自尊心强的学生来说,这种评价语言能减少他们的压力,产生好的评价效果。如果教师一味暴风骤雨、厉言相向的话,无形之中就会伤害学生的自尊心和自信心。要知道,学生是课堂教学的主体,学生的学习心理直接影响到学习成效。因此,教师课堂教学语言对学生心理会产生极大的影响。优化教师语言是养成学生健康心理不可或缺的条件之一。教师必须注意对语言的研究和表达,使自身语言更富有艺术性、感染力,以激励和引导学生健康成长。

（二）小学教师语言风格对学生学习的影响

于漪老师说："语言不是蜜,但是可以粘住学生。"即教师良好的语言发挥,能增强课堂教学的感染力,集中学生注意力,提高学生学习的积极性。教师通过情趣盎然的表述,鞭辟入里的分析,入木三分的概括,恰到好处的点拨,把学生带进瑰丽的知识殿堂。而且,教师语言的职能不仅在于把知识和道理传授给学生,在传授的过程中还担负着发展学生智能、激发学生思维力和创造力的任务。成功的教学语言,总是能有效地诱导激发学生积极思维,使学生主动地、创造性地完成学习任务,避免被动地接受。所以,教师的语言表达直接影响课堂教学质量和学生学习创造能力的发展。教师的语言做到准确流畅、简洁清晰、音量适中、快慢有致,化深奥为浅显,化抽象为形象,化枯燥为有趣,化平淡为新奇,就能使学生高效省力地学习,同时发展思维和智力。

案 例

一位教师在讲授苏轼的《水调歌头·中秋》一词时,对"但愿人长久,千里共婵娟"一句做了如下讲解："东坡先生远离家乡,但他思念亲人,他的情爱都熔铸在这如水的月光里,他借月怀人,对月抒情,这两句表达的意思是:'我的爱也真,我的情也深,月亮代表我的心。'只是他的爱是对亲人的爱,他的情是手足之情,他托月亮捎去的是对亲人的祝福。"

这位教师巧借流行歌词打通了古今情感表达的通道,拓宽了学生的思维空间,吸引了学生注意力,唤起了学生的共鸣,使学生对课文中抒发的思亲之情有了深刻的理解,从而提高了教育教学的效率和质量。

教师上课是整个教学工作的中心环节,提高教学质量主要指的是提高课堂教学质量,因而,教师必须上好课。上一节课有很多环节,一环套一环,紧紧相扣,都需要用语言来加以组织。教师要把书本知识,教学信息,自己的思想和教学的要求传授给学生,主要通过语言表达;教师向学生传道、授业、解惑以及师生之间知识的传递和情感的交流,都必须以语言作为桥梁。可见,语言作为思想的载体,在课堂教学中起着举足轻重的作用。恰当的教师语言风格能够有效地提高教学质量,使学生更加有效地接受所学的内容,从而提高学习效果。小学教师语言要贴近儿童生活,但是又不能太通俗。"言之无文,行而不远。"说话如果没有文采,缺乏艺术性,就不能打动人。作为一位小学教师，语言上要做到华而有实。小学教师的语言，不同于口语，也不同于书面语，它是两者的结合和升华，是经过筛选的符合现代汉语逻辑规范的，既具有生动性又不失庄严凝练的语言。教师要根据表达的内容和情感的变化来组织语言，要以精炼、鲜明、幽默、生动和准确的语言去吸引学生，感染学生，紧紧抓住学生的心灵。学生为教师的语言所吸引，全神贯注进入学习状态，学习效率自然高。

> **案 例**
>
> 有位教师在上《在烈日和暴雨下》时讲道："祥子怎么这么傻，这么笨呢？烈日，他不知躲；暴雨，他不知避。老舍为什么要写这么一个大笨人呢？学生一听，非常惊讶，不由得把注意力集中到课文的学习上来，并积极思考祥子为何不蔽日、不躲雨的问题。

这则教例中，教师的语言不多，却通过提问成功地调动了学生思维的积极性，促使学生积极思考，激发学生进行开创性思考，使他们获得创造的乐趣[1]。

因此，一位优秀的教师应该有驾驭教学语言的高超技能，能够灵活运用不同语言风格，恰到好处地引导学生、吸引学生、感染学生，对学生的学习产生重要影响。小学教师可以根据不同的教学情境和不同类型的教学内容，灵活采用以下风格的语言，高效驾驭课堂，对学生产生正面影响。

1. 语言尊重

教师应该欣赏每个孩子，理解每个孩子，让每个孩子都感受到教师对自己人格尊严的尊重，感受到教师对自己学习能力、学习效果的肯定。小学生随着自我意识逐渐觉醒和增强，一般来说都具有很强的自尊心，同时，这种自尊心也很脆弱，迫切希望得到老师的信任与尊重。教师这种尊重，不仅体现在教师与学生"平坐"这一点上，而且体现在语言的尊重上。大多数教师会认为自己从来没有对学生"蔑视过"，但是学生对老师提问时不叫名字而用手指——"喂，你来说"或"哎，你出来"的做法相当不满。其实这就是一种不尊重，以致学生对老师蔑视性的问话方式非常反感。

> **案 例**
>
> 试比较下面两组话：
> 第一组：你听懂了没有？　　　　　　刚才讲的，怎么一会儿就忘了？
> 　　　　连这都不会，真笨！　　　　今天是怎么回事？说！
> 第二组：同意我这样的解释吗？　　　还有什么地方需要我帮助吗？
> 　　　　这题不难，你再仔细想想。　你能把今天的事向我说说吗？

---

[1] 梁相明．浅谈教师的语言对学生学习的影响[J]．文理导航（教育研究与实践），2015(6)：271．

第一组语言经常在教师不经意间顺口说出来,无形中堵住了师生交际,极大地挫伤了学生的自尊和自信,甚至成为学生一生挥之不去的阴影。如果换成第二组语言,学生接受的效果肯定好得多。

2. 语言暗示

教师的暗示语言能含蓄、间接地影响学生的心理和行为,最大限度地开发学生的潜力,寓教育于一种更自然的状态中。

案例

上课铃声已经响了两分钟,低年级学生还沉浸在课间的欢乐之中,七嘴八舌地议论着什么,有一个孩子发现老师走进了教室。他非常端正地坐着,注视着老师。老师一进门就看见了这个乖巧的孩子,于是从小盒子里拿出一朵准备好的鲜艳小红花,提高嗓门大声说:"瞧,老师要把这节课的第一朵小红花奖给冬冬同学,因为他坐得最好!"说着,径直走过去,把一朵耀眼的小红花放在这个孩子的课桌上。喧闹的教室安静了下来,孩子们个个端坐着,争取老师把第二朵红花奖给自己。

教师的一句语言暗示,远比大声训导的"上课了,请大家安静下来!"省心省力,学生也就此听出了老师的话外之音:老师要我们坐好听课了,于是自觉地严格要求自己,变他律为自律。

3. 语言激励

语言作为一种感人的力量,它真正的美离不开言辞的热情、诚恳和富于激励性。激励性语言评价可以触发学生的学习热情,从而培养学生勇敢的品质、探究的兴趣、坚强的意志。因此,教师一定要努力把活生生的情感贯彻到自己的话语中去,使"情动于中而言溢于表",从而"打动学生的心,使学生产生共鸣,受到强烈的感染"。

孩子需要激励,激励是孩子生命中的阳光。第斯多惠说过:"教学的艺术不在于传授本领,而在于激励、唤醒和鼓舞。"教师善于用激励手段,可以增强学生的荣誉感、自豪感,增强学习信心。例如,在排队时,简单的一句:"看我们哪个小组行动最快?"学生就会用最快的行动去集合队伍。又如:"今天我们要进行一次跑步比赛,看谁跑得最快?"虽然是几句很简单的话,可对小学生来说,有时就是他们的"动力"。对做得不到位的同学并不一定非要正面去否定,表扬做得好的同学其实也是一种无形的批评。特别是对那些不遵守纪律、任性顶撞老师的学生,言语上更要掌握一些方式方法。尤其是小学高年级的学生,逆反心理本来就比较强,如果教师说出一些过激的话,可能会使学生在感情上受到伤害,而产生抵触情绪。

案 例

一位画家回忆自己成长过程中一段往事时说,上小学的一个课间,他和几个顽皮的小朋友在黑板上胡乱画写。下节课老师走进教室时,已来不及擦掉,只好等老师的"雷头风"。果然,教师嗔怒了,他一一把那些"创作"擦掉,唯独留下未来画家的"处女作"。一下课,老师就把他叫到办公室。"那是你画的吗?"老师严肃地问。他不安地点点头。"哈!"教师突然眼睛一亮,换上一种极其兴奋的口吻:"你画得很好,千万不要半途而废呀!"这出乎意料的鼓励,使这位"小画家"的心中泛起希望的浪花……

可见,在与学生的交流中,学生最渴望的是得到老师的认可和赞许。有时可能不足为奇的几个字,却对学生有很强的震撼力。相反,教师如果语言刻薄、讽刺挖苦,不仅不能调动学生的积极性,反而容易引发学生逆反心理。

或许教师鼓励、赞扬优等生很容易做到,但对于后进生、胆子小的学生就不容易了。教师对差生往往"横眉冷对",学生偶尔出错或成绩不好,就会招致老师一顿批评指责,甚至挖苦讽刺。长此以往,学生就会精神紧张,情绪低落,自尊心受到打击,失去学习的信心。学生变得唯老师是从,样样照着老师说的去做,思维受到束缚,创造力被扼杀。严重者,学生渐渐习惯老师的批评惩罚,而产生逆反心理。其实,相比优等生,后进生、胆子小的学生更需要教师的热情鼓励和关心支持。因此,课堂上,教师应该注意语言表达,把激励、信任带进课堂,使学生在和谐、宽松的气氛中,打破束缚,展现自我,增强创新意识。给学生创造一个宽松平等的学习环境,让学生在民主的氛围中学习,变苦学为乐学,变要我学为我要学,让学生带着信心和勇气投入到自主性学习活动中。

4. 语言幽默

苏联著名教育家维斯特洛夫指出:"教育家最主要的,也是第一位的助手是幽默。"这话是很有见地的。教育调查资料表明,几乎所有的学生都喜欢幽默感的教师而不喜欢语言寡淡无味、表情呆板冷漠的教师。教师如果当严肃的"布道者",学生则会对教师"冷眼相待",再好的知识也就没效果了。于漪老师主张"要努力把课上得情趣横溢"。著名教育改革家魏书生也明确提出"每堂课都要让学生有笑声"。可见名师们都非常重视幽默语言的教育功能。

案 例

一位老师在教学《镇定的女主人》时,请学生找"镇定"的同义词,一名学生说是"慌张",老师又问:"那把'慌张'放入课题,这课题应怎么读?"该生说:"是'慌张'的女主人。"大家笑了。老师幽默地插了一句:"你才是一个慌张的小姑娘呢!"大家笑得更欢了。这学生害羞地吐了一下舌头,连忙改口说:"应该是'沉着的女主人'。"

老师的幽默启发,学生轻松地掌握了知识,也拉近了师生间距离,使课堂氛围变得轻松愉快。

案 例

一位教师是这样上《鲸》这篇说明文的:当学生初步了解课文之后,她并不急于让学生分析鲸有哪些特点,而是首先创设了有趣的问题情境,即:"老师小的时候,听别人讲过,鲸是一种哺乳动物,它的吃食、呼吸、睡觉、生长都特别有趣,所以,我当时想等长大后,在家里喂养一些……"话刚说到此,全班哄堂大笑。片刻,老师便问:"同学们,你们刚才为什么笑?"有的说:"我从课文中知道,最大的鲸有16万公斤重,最小的也有2 000公斤,这说明鲸很大。"有的说:"我知道,鲸一生下来一天能长30~50公斤,这说明鲸的生长速度特别快。"

同学们的回答,其实都是在告诉老师:"鲸是体积很大的一种海洋哺乳动物。老师您的想法太可笑了,那是实现不了的。"在这愉快的欢笑声中,学生理解了课文,同时也学会了运用列数字和举例子说明问题的方法。"缺乏幽默是悲哀的。"教师的幽默语言可以含而不露地启发学生联想,出神入化地推动学生领悟。同时,幽默也能使师生在良好的教学气氛中,引起宽松愉悦的心理共鸣。

总之,教师的语言应该是给学生以希望和信心的语言,是能使学生积极向上的语言,是健康、文明的语言,是不断激发学生进取的语言。教师只有善用这种"绿色语言",才能给学生以清新的绿荫,让学生在绿荫中学习,茁壮成长。

综上所述,教师的语言风格具有统一性和多样化,统一性是由教师职业语言规范决定的,多样化是个人、时代、民族、社会等多种因素影响的结果。教师要在教育教学实践活动中形成得体的语言风格,调整和修正不适于教育教学活动的语用偏误,努力使自己的语言风格呈现出符合教育对象接受心理和教学需求的特征,力促学生健康心理品质的养成和学习效果的提高。

本章小结

本章主要阐述了小学教师的语言风格的类型和表现。教师语言风格是教师在长期的教学生涯中刻苦磨炼、不断创造而逐步形成的相对稳定的、积极独特的言语风度和言语格调。小学教师应努力塑造具有自身个性化的风格特征。教师语言风格的个体性突出表现在教师口头语言和体势语言两个方面。小学教师语言风格的类型,从话语风格倾向的角度来看,大致可以分为内向型语言风格和外向型语言风格两大类型。内向型语言风格具体可表现为:质朴自然型、平易亲切型、严谨周密型、庄重典雅型等几种风格;外向型语言风格则具体表现为:声情并茂型、诙谐幽默型、雄浑豪迈型等几种风格。

小学教师语言风格对教育教学的影响存在两面性,其对小学生的影响主要表现在对学生心理的影响和对学生学习的影响两方面。

思考训练

1. 小学教师语言风格的个体性主要表现在哪几个方面?
2. 小学教师语言风格的创造性特征主要表现在哪几个方面?
3. 试述小学教师内向型语言风格的具体表现。
4. 试述小学教师外向型语言风格的具体表现。
5. 有人认为,外向型教学语言更有利于学生对知识的把握。你同意这种观点吗?为什么?

拓展阅读

1. 崔梅,周芸. 小学教师语言[M]. 北京:高等教育出版社,2015.
2. 王子木,黄培玲. 富有魅力的教师语言艺术(小学篇)[M]. 沈阳:白山出版社,2012.
3. 刘令军,方庆. 中学班主任的72个临场应变技巧[M]. 北京:中国轻工业出版社,2012.
4. 谢文举. 教师语言艺术手册[M]. 济南:山东大学出版社,2006.
5. 方亮辉. 小学语文名师教例赏析[M]. 宁波:宁波出版社,2008.
6. 梁相明. 浅谈教师的语言对学生学习的影响[J]. 文理导航(教育研究与实践),2015(06).
7. 刘启珍. 教师语言风格的性质及美学特征[J]. 修辞学习,2005(01).
8. 岳雄. 小学教师语言风格的个体性特征与普遍性特征[J]. 教育教学论坛,2015(16).

第四章
小学教师语言修养

※ 章首语：

苏霍姆林斯基说："教师高度的语言修养，在极大程度上决定着学生在课堂上脑力劳动的效率。""教师的语言是一种什么也代替不了的影响学生心灵的工具。"可见，提高教师的语言修养是取得教育成功的先次条件，优秀的教学语言会给人莫大的愉悦感和美的享受。

※ 情境导入：

王老师是一位青年教师，工作热情非常高，他对学生的要求十分严格。他经常要求学生不要讲脏话，不要乱扔废纸……而这位教师讲课情急时，常常"笨猪""死脑子"不绝于耳。吸烟后，随手将烟蒂抛在课桌下面……虽然王老师没少用嘴皮子，没少用各种惩罚手段，但是班上同学时常说脏话、粗话，纸屑杂物随处可见。王老师百思不得其解。

小学阶段对学生一生的发展至关重要，它是学生良好习惯养成的关键期，同时也打开了学生对知识渴求的视野。在这个阶段的教学中，教师的言传身教对学生起着引领的作用。语言的交流是教师与学生沟通的桥梁。教师应广于读书，勤于积累，精心备课，用心揣摩，努力克服自身语言中存在的问题，着力打造适合自己的语言表达风格，不断提高自身语言修养。

第一节 小学教师语言修养存在的问题

教师经常给学生讲课，如果稍微大意，语言出现问题就在所难免。但教师要成为"善教者"，就要规范自己的教学语言，尽量避免出现影响教学效果和教学艺术的语言问题。小学教师语言存在的问题主要表现在以下几个方面：

一、语言毛病

教师语言毛病就书面语而言，主要是指措辞上有歧义或容易引起误会的毛病。教师在教学中的语病则主要表现为语无伦次、病句频出；口齿不清、吐词含混；词汇贫乏、无效话语较多；语法毛病以及节奏失当和语塞等。

（一）语无伦次，病句频出

虽然课堂语言以口语为主，但与日常生活口语不同，课堂语言是科学的、规范的、严谨的。但是有些教师的课堂语言太过主观随意，想到哪就讲到哪，思维混乱，天马行空，逻辑混乱，语言不流畅，意思表达不完整、不清晰。

> **案 例**
>
> 师：请同学们齐读课文，思考文中主要讲了什么意思，体现出作者什么思想感情？
> （学生读完后）
> 师：我们先来认识几个生字词。

教师在要求学生带着思考题齐读课文时，就已经进入了课文的分析和讲解阶段。但马上又去讲解生字词，这样教学秩序就显得混乱了。这些问题的出现直接暴露了教师备课不充分，没有认真组织和安排课堂语言。这样松散随意的教学语言，一方面，容易让学生毫无头绪、思维混乱；另一方面，也无法提高教学效率。语言的逻辑性直接反映出思维的逻辑性。只要思维清晰，教师对所讲授的内容就能总结出清楚的提纲，口语表达时便能够条理严密，主次分明，重难点突出。

教师语言不能照本宣科，所以如果教师语言水平不高的话，语法上就容易犯错误。教师语言语法上的语病主要有：

1. 搭配不当

例句："对绘画的兴趣更加增强了。"

"我们要充分发扬学习的积极性。"

2. 成分残缺

例句:"就拿我们原来的学校,现在也发生了很大的变化。"

"经过努力,使他的学习有了很大进步。"

3. 句式杂糅

例句:"你们的童年有了书,使得有了光彩。"

4. 错用把字句

例句:"把同伴们羡慕得要命。"

"把一个题目去思考一下。"

"把普通话不会讲推给人家。"

5. 重复啰嗦

例句:"请他们一起请教一下。"

"一动也不动一下。"

此外,有的教师所使用的语言表达的范围、界限不明确,或意思不确切。比如,频繁使用"可能""大概""也许""还可以"等表意模糊的词语。这种表意模糊的词语会影响学生的理解力和判断力,使学生对所学知识感到困惑,与教师语言的准确性和科学性的要求背道而驰。

(二) 口齿不清、吐词含混

1. 不良的发音习惯

教师的普通话水平应该都在二级以上,吐字发音一般都比较标准。但在教学语言的语流当中,对发音的要求更高。吐字除了标准之外,还要清晰顺畅、响度适当。但有的教师平时发音习惯不太好,久而久之就直接影响到教学效果。比如,声调的调值升降幅度不明显、开口度不大、鼻音浓厚、嗓音高尖细或嗓音低厚粗、怪腔怪调等问题,这些问题也势必影响课堂效果。

2. 方音浓厚

有的教师普通话水平不是太高,教学语言中习惯夹杂方言或是说方音浓厚的普通话。例如,教师说"你走了不少白路",其实是"你白走了不少弯路"的意思。"请把这支坏了的笔 bǎn 掉",其中的"bǎn"是方言词汇,意思同"扔掉"。有的老师把"政治"读成"诊治"、"纸张"说成"紫脏"、"棘手"读成"刺手"、"数学"说成"素合"等。这对正处于语言学习阶段的小学生来说,无疑会产生负面影响。小学教师的语言质量不仅直接影响教学效果,在很大程度上还决定着小学生的语言发展水平。因此,在语音、词汇、语法等方面教师语言要规范,为儿童的语言学习创造良好的环境。

(三) 词汇贫乏、无效话语频出

1. 词汇贫乏、单调

教师的课堂语言很多都是即兴语言,主要靠教师的知识经验来组织。然而,教师在课堂上有时候容易出现思维反应迟缓的现象,就有可能会出现词汇贫乏,甚至出现口语短路,总是重复运用相同的一两个词语的现象。比如,教师在课堂上总是重复说出"回答正确""你真棒"等话语,评价十分单调。其实汉语的同义词非常丰富,表示同一意思的话语有很多,可以变换使用不同的词汇,如"回答很巧妙""回答很机智""你反应很敏捷""你表现勇敢""你表现很优秀"等。

2. 无效话语较多

无效话语主要是指课堂上教师说的一些对教学毫无意义并且比较啰嗦的话语。具体表现为口头禅较多、闲话不断。如出现频率较高的口头禅"嗯、呢、呶、就是说、然后、那么"等。这些夹杂在话语中间的多余词语,使语句显得不连贯,学生不但感受不到语言的美感,反而感觉到教师语言的支离破碎。另外,有的教师在课堂内"扯闲篇儿",大谈一些和教学内容毫无关系的事情。有时教师为了活跃课堂气氛,适当说点闲话也是可以的,但如果扯远了,占用太多教学时间,就是教学态度不严肃的表现了。

教师经常给学生讲课,出现语病是难免的,正因为其难免,教师则更应当加强自己的语言训练。包括加强口语发音训练,通过阅读扩大自己的词汇量,掌握语法知识,规范口语表达,提高自己的语言表达能力;训练自己的演讲能力,培养自己在有限的时间内、在大庭广众面前从容不迫地表达自己的思想、说自己应说的话、讲教材中规定要讲的内容。杜绝语病是个长期的任务,一朝一夕很难做到,更不可能毕其功于一役。为了避免误人子弟,提高教育教学质量,教师就需要多付出心血,努力去除自己的语病,力求提高自己的表达能力。另外,如果在课堂上发生口误,出现语病,作为教师应勇于自我纠正。通过自我纠正,一方面为学生提供了准确的示范;另一方面也为学生树立起了严格要求自己、勇于改正错误的榜样,这样学生自然会理解和尊重教师。知错不改,或者错了也不知道、不明白,久而久之就会影响教师在学生面前的威信。

(四)语言枯燥乏味,晦涩难懂

有的教师语言语词贫乏,穷于表达,说来道去,就那么有限的几个词,听起来枯燥无味,即便是一件生动、感人的事,也被他说得平淡如水;有的总是不停地重复,啰哩啰嗦,学生听得索然无味;有的卖弄学问,故作高深,语言文白相杂,晦涩难懂,学生根本不能理解,不知道老师在说什么。这些都不是规范的教学语言。如一位小学二年级教师,在讲解"轮流"一词时说:"依照次序,一个接替一个,周而复始。"接着又说:"周而复始就是结束以后又重新开始,循环往复,以至无穷。"本来很简单的一个词,经过这位老师的"解释",学生却越听越糊涂。

恩格斯曾经说过:"言简意赅的句子,一经了解就能牢牢记住,而这是冗长的论述绝对做不到的。"小学教师的课堂教学语言要力求简练明白。所谓简练,即语言简洁清楚,干净利落,恰到好处。简练干净的语言使人神清气爽,听得明白;冗长啰嗦的语言,让人抓不住要害,越听越糊涂。这就要求教师在课堂教学中用最简洁的语言表述,让学生很容易把握每句话、每节课的重点,更好地领会教师的意图。力争能在最短时间内让绝大部分学生听懂并乐于接受。所谓明白,即语言通俗易懂,深入浅出,使学生明确地听懂教师所要表达的内容。教学过程主要是师生之间传授文化科学知识的双边活动,教师的基本任务是根据教学大纲的要求将教材的知识信息传授给学生,从而使学生掌握知识技能,发展智力,提高思维。而教师所使用的教学语言,如果晦涩难懂,词不达意,就会使学生听起来糊里糊涂,莫名其妙,这必然影响学生学习的积极性,从而无法实现教学目的。

　　小学教师的教学语言应贴近儿童生活,能被儿童理解和掌握,乐于接受、易于接受。从具体的表现手法来看,应多用生动活泼的表达形式,多用儿童习惯的、熟悉的方法手段。如,小学生习惯形象思维,教学口语要注意词语的通俗易懂,语速缓慢、语句短小、语法浅显简易、表达生动有趣等,同时要有意识地逐步发展他们的抽象思维。江西小学语文特级教师高宪娥老师长期致力于情境教学的探索实践。请看她对四年级《桂林山水》一课的教学导入设计:

案 例

　　高宪娥老师首先利用彩色挂图或幻灯片,让学生欣赏桂林山水美景,然后说:"我们家乡有水塘,有饶河,有鄱阳湖。不管是水塘的水,饶河的水,还是鄱阳湖的水,都是普通的水,浑浊的水,没有什么特别景色的水。然而有一种水,却不是普通的水,而是被誉为'甲天下'的水。你们知道这是什么?

　　(学生很快想到桂林山水,情绪也随之兴奋起来。)

　　桂林山水为什么会被誉为'天下第一'呢?它又有什么特点呢?这一课我们就来学习第2课《桂林山水》。"[①]

　　受经验限制,学生可能没有见过桂林山水,教师首先利用彩色挂图或幻灯片,让学生欣赏桂林山水美景,从而导入课题,唤起学生的好奇心。之后,教师站在学生的角度提出两个问题:漓江的水有什么不同?桂林的山有什么特色?这两个问题未必真是学生想到的,而这实际上就是对学生思维活动超前一步进行导向。这段导入语既考虑了儿童的可接受性,对孩子们已有的经验做了形象生动的描绘,激发了学生兴趣,又为进入课文的学习做好了铺垫。语文教师的语言应该生动形象、饶有情趣,把深奥的事理形象化,把抽象的事物具体化,形象再现教材内容,使学生产生"如见其人""如闻其声""如睹其物"之感。

二、语言暴力

　　"语言暴力"一词最初来源于以哈贝马斯、福柯等哲学家为代表的西方后现代哲学

---

① 改编自周喜来. 浅谈小学中低年级语文教学对教师语言的要求[J]. 剑南文学,2013(03):274.

流派,他们先后从不同角度揭示了隐藏在语言背后的伦理和政治意图,从而把"语言"和"暴力"联系起来,并把"语言暴力"概念从哲学领域扩展到社会学,甚至教育领域。学者们把"语言暴力"定义为:泛指一切凭借自己的权力和优势地位,采取不合法或者非道德的、不文明的言语攻击方式,将自己的意志强加给他人、限制他人的行为或思想自由,从而给他人带来精神伤害的言语行为。① 福柯精辟地阐释了话语与权力之间的关系:"语言的天真无邪只是表面现象,实际上是一种作为权力的手段。"他认为,话语的实践隐含着权力的运用,而权力实际上是基于特定社会背景和情境的一种控制关系和行为。可见,语言暴力的实施者往往拥有权力或处于优势地位。社会学家布迪厄更明确地指出,语言就是"温和的暴力",或者"软性的暴力",将语言仅仅看作声音的外显形式、沟通的手段,实际上忽视语言是权力关系的一种工具或媒介的本质特点。

在我国传统的师生关系中,教师既具有社会体制赋予的制度性权威,是握有权力的一方,又因其年龄、学识、阅历等高于学生,因此相对于学生来说,教师,尤其是中小学教师,处于绝对的强势地位。也正因为此,在中小学校园里,一些教师对学生的教育,出现了滥用和异化教师权力的苗头。

案 例

材料一:2003 年 7 月至 2004 年 3 月,"中国少年儿童平安行动"组委会通过《中国少年报》和《知心姐姐》杂志,在全国范围的小学生中开展了"你认为最急迫需要解决的校园伤害"的专项调查,共有 29 个省区市的 1 170 名少年儿童参与了投票。调查组列出了在校园中容易引发的 11 项针对小学生的伤害,调查结果显示:"语言伤害"、"同伴暴力"、"运动伤害"成为当前小学生心目中最急迫需要解决的三大校园伤害。其中,"语言伤害"以 81.45% 的比率位居榜首。②

材料二:《新京报》2006 年 2 月 8 日报道,2005 年 7 月~12 月,北京青少年法律援助与研究中心对近 30 所中小学校的 315 名小学、初中、高中学生进行了问卷调研。发布的《教师语言暴力调研报告》显示,51% 的小学生、72% 的初中生、39% 的高中生认为,老师的语言暴力给其造成了心理伤害。③

材料三:近 10 年来一直致力于中小学教育研究的北京师范大学教育系副教授康健先生几年前,在已从事教育工作的学生中,进行过几次主题是"回忆自己最难忘的教育经历"的调查。结果这些已做了老师的人,有超过三分之一写下的是在"曾经是个孩子,曾经渴望尊重"的年代,被老师侮辱和语言中伤的痛苦经历。④

---

① [美]伊文斯著,宋云伟译. 语言虐待[M]. 南宁:广西人民出版社,2003.
② 黄健. 把"语言暴力"逐出校园[N]. 中国青年报,2004-11-30.
③ 马显彬. 教师语言学教程[M]. 中山大学出版社,2000:100-104.
④ 马显彬. 教师语言学教程[M]. 中山大学出版社,2000:100-104.

材料四：孙彩霞《中小学教师语言暴力问题研究》一文也于2007年10月至11月抽取了郑州市城市和农村共8所中小学校进行了问卷调查。该调查发现：教师语言暴力问题普遍存在；在有过教师语言暴力经历的学生中，男生多于女生；初中生遭受教师语言暴力情况最为严重，成绩处于下游的学生频率更高；农村学生遭受教师语言暴力的比例相对城市学生更高[①]。

上述几个材料，充分说明时下教师语言暴力已经成为中小学校园迫切需要解决的严重校园伤害问题。从表面上看，教师语言暴力造成的伤害似乎并不明显，但从某种程度上讲，相比体罚，教师语言暴力造成的后果可能会更严重，对学生的伤害持续时间会更长。从学生个体来看，作为孩子心中神圣而崇高的教师，其话语具有无比的权威性，教师的一句话可能会给孩子的一生投下不可磨灭的阴影。而教师的暴力语言则是一把锋利的"软刀子"，从近期来看，它阻碍学生的大脑发育和思维发展，挫伤学生的学习兴趣，导致学生产生自卑心理，从而对学生的学业带来直接的消极影响；从长远来看，它贬损学生的人格尊严，危害学生的心理健康，严重的还会导致学生心智失常，丧失生活勇气，引发厌学、逃学、违法犯罪、自杀以及成人之后的暴力倾向加剧等严重恶果。从社会学角度来看，教师的暴力言语可能会通过教学互动传递给学生，而学生在接触到这些暴力言语后可能会内化为自己的言语并表达出来，这样一来，教师的语言暴力深深地影响到了学生的言语行为，给学生造成了极大的负面影响。从社会角色的角度来看，教师的语言暴力可能会使学生对教师这一角色产生不良印象，严重影响教师在学生心目中的形象，对教师的地位及未来发展带来很大伤害。

可见，教师在教育过程中对学生的语言伤害，已成为社会问题，尤其是在基础教育界，这个问题尤为突出。因此，这里要特别提出来加以阐述。

（一）"教师语言暴力"的界定

关于教师语言暴力，先后有金生鈜、洪兰、张雪梅、陈汝东、江结宝等诸位先生做出论述和研究，认为教师语言暴力是教师在教育教学过程中，主观上以教育学生为目的，有意或无意采用一些攻击性、讽刺性、侮辱性、蔑视性的语言，在客观上对学生的人格尊严、个人名誉和心理健康等进行侵犯和伤害的语言行为。

青少年正处于成长阶段，心灵比较脆弱，在心理上难以承受语言伤害之重。因此，虽然语言伤害是软伤害，但是它刺伤的却是儿童或青少年的心，是他们的灵魂。在被伤害者心理上所形成的"内伤"，比皮肉所受的"外伤"更难愈合，后果更加严重。有调查显示，语言暴力对学生所造成的心理伤害有以下一些表现形式：自卑、极大创伤、中度创伤、心理恐惧、心里难受、委屈郁闷、怀疑自己、自我厌恶、失去自信、自尊受伤、心理不平衡、失去上进心、学习兴趣下降、厌恶某一门课程。其中自卑和极大创伤的百分比最高。

---

① 孙彩霞.中小学教师语言暴力问题研究[D].河南大学硕士学位论文,2008.

针对这种情况,金生鈜指出,无论是体罚式的身体暴力、知识霸权、话语霸权,以及威胁、恫吓、打击人的自尊式的心灵惩罚,都是现实教育中教育权力泛滥、异化而成为教育暴力的表现[①]。(中国)台湾中央大学的洪兰认为:教师采取非建设性的负向语言,甚至用侮辱性或歧视性语言批评学生,对学生的内在心理和精神世界实施惩罚和伤害,造成学生人格尊严的丧失,从而导致学生产生不良情绪和病态心理问题,是教师的批评惩戒超越了教育的规定性而异化为语言暴力的行为[②]。

综合以上学者观点,所谓"教师语言暴力",就是指教师凭借制度赋予的权力和自身的优势地位,使用讽刺挖苦、贬低歧视等侮辱性语言或冷漠孤立的眼神、态度,对学生进行超越教育规定性的批评或评价,从而使学生受到人格和精神伤害的言语行为,以及使用话语霸权,剥夺学生话语权利和思想自由的言语行为。

(二) 教师语言暴力与教师批评的区别

由于实际教育过程中,"教师语言暴力"总是披着"教育批评"的外衣,所以,我们一定要分清楚"教师语言暴力"与"教育批评"的区别。教师语言暴力不同于教育批评。成长中的学生,难免会有过失,有了过失,教师就应当对其进行批评教育。教育需要批评,没有批评和惩戒的教育是不完整的教育,但批评也需要艺术和技巧。《现代汉语词典》中"批评"的定义是"专指对缺点和错误提出意见"[③]。梁忠义主编的《实用教育词典》对"批评"的解释是:"批评指教师对学生、同学对同学的错误或缺点进行否定性评价,以唤起对方的觉悟,使之自觉地克服缺点、改正错误。批评要摆事实、讲道理,帮助对方找出产生错误的根源,指出改正的办法,启发其自觉改正。批评要从关怀和爱护出发,更要尊重被批评者的人格。"[④]在顾明远主编的《教育大辞典》中,没有"批评"这种教育方式,取而代之的是"说服教育"和"教育性谈话"。可见,批评性话语往往是就事论事、对事不对人,不涉及被批评者的人格和尊严,具有公正性、合理性的特点;而"说服教育"和"教育性谈话"则是一种"动之以情、晓之以理"的艺术性批评,更能起到让学生心悦诚服、自我反省的作用。但教师语言暴力却是"就事骂人",即教师以学生学习和生活中的不足或错误为由头,针对学生的人格和能力进行非理性侮辱和谩骂。这种超越批评本质意义的教师的个人情感宣泄,既达不到批评教育的目的,还可能使生理、心理还不成熟的中小学生产生恐惧心理和自卑感,在其心灵深处烙上难以愈合的创伤,这与教育教学的基本要求是背道而驰的。因此,无论是在表现形式上,还是在后果上,二者均具有本质的区别。教师绝不能借口教育批评而对学生施加语言暴力。

(三) 教师语言暴力的特征

虽然,对语言暴力的关注和研究最初起于西方,但近年来,国内也逐渐认识到,教师

[①] 金生鈜. 规训与教化[M]. 北京:教育科学出版社,2004:10.
[②] 洪兰. 抛开语言暴力,孩子聪明情绪稳[J]. 学前教育杂志,2007(06).
[③] 现代汉语词典[Z]. 北京:商务印书馆,2002:962.
[④] 梁忠义. 实用教育词典[Z]. 长春:吉林教育出版社,1989:290.

语言暴力对学生的人格尊严、心理健康会产生不可磨灭的负面影响,严重的还会使学生丧失正常的人格和健全的心理,引发厌学、逃学、违法犯罪、自杀等严重恶果。因此,近年来,教育主管部门和一些教育机构也对教师语言伤害引起了高度关注,并采取了一系列针对这一问题的措施。

教师语言暴力的实质是教师话语超越了其教育的规定性,成为一种对学生不文明、不礼貌、不道德的言语攻击和精神伤害;它背离了"育人"的教育宗旨,有悖于教育本身的文明品格和和谐追求,是教师的一种病理性语言。教师语言暴力具有以下几个特征[①]:

1. 伤害性

语言暴力具有很大的伤害性。从表面上看,教师语言暴力比体罚显得文明,对学生的发展"有益无害"。但在实质上,它带给学生的伤害绝不比体罚小,而且从某种程度上讲,可能还有过之而无不及。

2. 隐蔽性

教师语言暴力具有隐蔽性。原因有三:其一,由于传统观念的影响,教师实施语言暴力时往往自以为是出于"教育的责任心",这种"为了你好"的教育动机会使教师陷入不自觉的泥沼,教师语言暴力穿上了一件"有益无害"的外衣,不容易引起人们的警觉。其二,人都有一种文过饰非的本能,即社会心理学所称的"文饰心理",喜欢为自己的失误现象寻找合理的借口。其三,教师语言暴力不像体罚那样直接侵犯学生的身体,而是侵犯学生的人格和心灵世界,其后果也不像有形的体罚伤害那么明显。这几个方面的原因使得不少人对存在已久的教师语言暴力现象习以为常,甚至习非成是,语言暴力成为教师施加于学生的一种隐性虐待。

3. 迟效性

教师语言暴力伤害的是学生的心灵,其后果不像体罚那样立马能看见,需要经过受教育者的经受、内化、外化等阶段才能表现出来,所以"潜伏期"更长。可见,教师语言暴力对学生的影响具有"滞后效应":即对学生心理上和精神上的伤害表现出滞后性、延迟性,其严重后果需要经过较长时间才能反映出来。人们常说,"冰冻三尺,非一日之寒"。教师语言暴力对学生伤害后果的迟效性表现为两个方面:一是长期的精神压抑可能导致学生在学校期间抑郁、自闭甚至自杀;二是成长时期遭受教师语言暴力的不良刺激,如果没有及时发现并得到帮助,也有可能在长大成人后才表现出抑郁、自卑、自闭等不良后果,甚至发生危害社会和他人的不良行为。

4. 持久性

教师语言暴力对学生的伤害较之体罚更具持久性,可能会改变学生长大成人后的人生态度和社会行为。我们常说,教师的一句话会影响学生一辈子:教师的一句鼓励的话会让学生成人后在工作和生活中继续受到鼓舞;相反,教师无视学生的人格尊严,对

[①] 孙彩霞.中小学教师语言暴力问题研究[D].河南大学硕士学位论文,2008:9-11.

学生进行心理打击和人格贬低，对学生精神上和心理上造成的无形伤害也会伴随学生终身。因为不涉及学生人格的、纯粹的体罚，伤害的是学生的身体，其痛苦可能是短暂的，但语言暴力伤害的是学生的心灵，伤害是长期的、持久的。

5. 扩散性

作为一种错误的教育行为，教师语言暴力的消极影响还具有扩散性。所谓"扩散性"，是指教师语言暴力对受教育者身心发展的不良影响，会由受伤害的学生扩散到同学、家庭、他人，甚至社会。如学生会模仿自己遭受的教师暴力语言对同伴进行言语攻击，或者成人后具有反社会倾向、暴力倾向以及对他人实施言语攻击的行为。其实，不少教师自身的暴力语言正是来自于其童年时期教师或者家长的"言传身教"，这正是教师语言暴力扩散性的典型表现。

（四）教师语言暴力的具体表现

那么，教师什么样的语言行为，属于"语言暴力"呢？也就是说，教师应忌讳哪些教育语言呢？

> **案 例**
>
> 　　北京市朝阳区教委在师德建设中发现，中小学教师言语不慎伤害学生心灵的现象很普遍，为解决这一问题，他们在1万多名中小学教师中征集文明用语和禁语，结果老师们自己列出了2 000多句文明用语和1 000多句教师禁语。在由区教委从中筛选并公布的40句教师禁语中，诸如"我要是你早不活了"，"你这孩子无药可救，狗改不了吃屎"，"你真笨，你真傻！你简直就是个白痴！"，还有"闭嘴"、"低能"、"缺心眼儿"、"不懂人话"等"禁语"。①

建立平等新型的师生关系，要从"理解、尊重、和谐、善待"的语言交流做起。教师语言暴力大致可以分为下面几种表现类型：

1. 侮辱谩骂型

教师在教学过程当中对课堂表现不好的学生不是就事论事、对事不对人，而是以谩骂的语言侮辱学生的人格。有位教师教育一位不读书、爱打扮的女生："你的手机是哪来的？是不是哪位老板给你的？你要老实交代。"这位女生号啕大哭。家长也来学校要求教师拿出证据。结果，这位教师很被动，只能赔礼道歉。从此，威信大减。教师使用这类侮辱谩骂型的语言，不但不能解决问题，反而激化了师生矛盾，会对学生自尊造成严重伤害。

---

① 马显彬. 教师语言学教程[M]. 中山大学出版社，2000：100-104.

> **案 例**
>
> "差生"的成绩
>
> 　　我是差生行列中的一员,我也曾努力过,刻苦过,但最后却被一盆盆冷水浇得心灰意冷。就拿一次英语考试来说吧,我学英语觉得比上青天还难,每次考试不是个位数就是十几分,一次教师骂我是蠢猪,我一生气下决心下次一定要考好。于是,我加倍努力,真的拿了个英语第一名。心想这次老师一定会表扬我了吧!可是出乎我意料,老师一进教室就当着全班同学的面问我:"你这次考得这么好,不是抄来的吧?"听了这话,我一下子从头凉到脚,难道我们差生就一辈子都翻不了身了吗?

　　透过这个案例,我们发现,教师不能用发展的眼光看待学生,教师把对学生的偏见表现在侮辱性的言辞当中,深深地伤害了学生的自尊和心灵,从中我们深切地感受到了学生对教师不公正评价的恐惧不满与伤心无奈。

2. 威胁恐吓型

　　教师在教育学生的过程当中往往凭借教师的身份或地位对学生进行恐吓、威胁。比如教师对在课堂中爱讲话的学生说,"你再不听话,就把你赶出校门","下次再这样,通知你家长来校收拾你"。教师企图用这样的威胁恐吓的语言给学生造成心理压力,使学生"服帖",殊不知,这种语言不但不会有效果,反而会让学生对教师产生害怕和恐惧的心理,严重影响到师生关系。

3. 指责呵斥型

　　教师在教学过程中不能容忍学生做错事,缺乏宽容的胸怀,常常因一点小事对学生动辄大发雷霆、大声指责和呵斥。比如"某某,闭上你的嘴!""你看你,刚才老师讲时又不好好听,现在不会了吧?不知道你整节课都想些啥。""你怎么搞的?这么简单的题都不会做。""这么简单的问题还拿来问,你好意思吗?"等。指责呵斥型的明显特征是对学生的行为过分挑剔,求全责备。教师在学生做错事的时候,不是帮助分析主、客观原因,因势利导,而是一味指责,这很容易伤害师生感情,使学生产生逆反心理,学生"如临深渊,如履薄冰",谨小慎微,过分拘谨。

4. 讽刺嘲笑型

　　教师在教学过程中对学生的落后或过错,不是进行真诚的鼓励和批评引导,而是用嘲笑性语言和轻蔑的眼神进行讽刺挖苦。比如"这么简单都不会,你的脑袋瓜怎么这么笨呢?"又如一个男生给女生写了封信被老师知道了,说:"你真是一流的高才生,一流的美男子。""你真有本事。先把欠条学好(该生在学校商店购物赊欠),再学写情书好吗?"等。这种语言暴力类型的主要特征是教师用开玩笑的言辞对学生进行心理羞辱,学生对教师的反感可想而知,这样不仅于事无补,反而会使学生在错误的道路上越走越远。

5. 武断霸道型

　　武断性语言是教师摆出权威的架势,坚持自己的判断或观点是唯一正确的。有位教师不小心在黑板上写了个别字,学生发现后给他提出来,他认为扫了他的面子,不仅不承认,反而武断地说:"你是老师,还是我是老师?错了也要依我的。"这位老师居高临下的架势和不容学生提意见且知错不改、蛮不讲理的霸道作风,只能使学生反感和厌恶,其实是丢了更大的面子。

上述语言有些虽是教师"恨铁不成钢"的一种冲动。但作为教师没有丝毫理由原谅自己,因为这些语言会给学生造成不同程度的精神、心理伤害,根本达不到教育的效果。实际上,教师须忌讳的教育口语远不止上面这几种,但至少上述五种类型的语言是要坚决杜绝的。

案 例

一个学生期中考试有三门课不及格,下面是两位老师对他说的话[①]:

教师甲:"期中考六门功课,你竟有三门不及格!上课开小差,作业不肯交,我看你根本不是读书的料。如果期末仍然考不好,那你就干脆不要再读下去!"

教师乙:"这次你三门功课没有考好,真出乎我的意料。有人说你天资低下,我认为并非如此。恰恰相反,你反应很快,就是舍不得用功。一次考试失败了并不可怕,可怕的是无动于衷,自甘落后。我相信你一定能吸取这次的经验教训,发挥你的聪明才智,在期末考试时打个翻身仗,让事实来证明你是好样的!"

这两段话表达的基本意思是相同的,都是批评这位学生学习不努力,希望他期末能考好。但由于语气、措辞的大相径庭,效果也就完全不同了。第一段话对学生进行了武断的全盘否定,教师高高在上,犹如在下最后通牒。这种所谓的教育不可能产生积极效果,甚至引起学生的反感。第二段话则既有批评又有肯定,既有冷静分析,又有热情的勉励和殷切的期望,言辞恳切,感人肺腑。这种批评使学生感到老师是信任他、尊重他的,是真心实意为他的前途着想的,这怎能不激起学生的自尊自强和奋发向上之情呢?

总之,我们在教育小学生时,一定要牢记教育口语有"十戒":一戒秽语,二戒套话,三戒漫骂,四戒埋怨,五戒压制,六戒恐吓,七戒挖苦,八戒武断,九戒哀求,十戒利诱。

(五)教师语言暴力产生的原因及其对策

《生活时报》面对校园频发的教师语言暴力事件,曾刊文发问:"是什么东西驱使老师们,让他们表现得如此狰狞可怕呢?这个责任又应该由谁来负呢?"

教师对学生使用语言暴力,传统观念中教师的权威角色和家庭教育的无视以及小学生心理的无助等,都助长了教师语言暴力。除此之外,还有来自于教师自身的原因:

1. 教师心理素质问题

2005年,中国人民大学公共管理学院组织与人力资源研究所和新浪教育网联合启

[①] 谢文举.教师语言艺术手册[M].济南:山东大学出版社,2006.

动了"中国教师职业压力与心理健康调查",结果显示,80%的教师感到工作压力大,40%的教师心理状况不佳[1]。我国正处于社会转型期,中小学教师作为社会的特定群体,正承受着来自各方面的压力,面临着巨大的考验与挑战——教育体制的改革与创新,新课程实施的需要,教育岗位的竞争,聘任制、量化管理等举措的实施,使教师在知识、经验、教学能力及心理素质等方面常常预支、透支。此外,教师工作实际上是一种持续紧张的脑力劳动,需要高度的自觉性和积极性,教师工作中扮演的是为人师表的角色,他们接受了"人类灵魂的工程师"这个职业,就不得不尽量满足人们对这个神圣职业的要求,因而不得不常常掩盖和压抑自己的一些本来性情,从而易造成心理状态的失调,导致心理问题。

教师的心理和精神因素直接影响到教育工作,许多教师对学生的暴力事件,都与教师的心理问题有关,甚至是教师心理压力过大的直接爆发和宣泄。调查发现,城市中65%的教师、农村中48%的教师认为导致"教师语言暴力"的主要原因是"教师工作压力大,心情烦躁"。而在教师语言暴力现象不严重的小学,78%的教师在回答"导致语言暴力原因"时选择了"教师工作压力大,心情烦躁"[2]。可见,教师的心理素质问题与教师语言暴力现象的发生具有十分密切的因果关系。

从心理学角度来说,人的心理压力要定期或不定期地释放,来求得心理的平衡。教师长期在教学的精神压力之下,也需要寻找释放的途径。老师们在学生面前表露出的语言伤害,正是他们内心心理状态的一种反映,他们实际上是在一种不自觉的状况下转移了自己的这些心理情绪。

专家呼吁,必须建立相应的心理干预机制。比如,通过制度的调整降低教师的压力;健全教师心理教育机制,建立教师心理状况定期检查和心理素质测查制度,让教师了解自己的心理健康状况,为调整自己的心态提供依据;为教师开设心理健康教育讲座,让教师掌握一些心理学知识,使他们能够有效地进行自我调适;设立心理咨询点为教师服务等等。

2. 部分教师素质不高

对教师语言暴力,不少人归结为教师的素质问题,不少社会人士就此进行了毫不留情地口诛笔伐,指责"师德滑坡",呼吁提高教师的素质和水平。应该看到,一方面确有一部分素质不高的教师进入了教师队伍;另一方面,所有人的从教生涯都有一个不断提高的过程,对教师进行必要的后续教育显得非常迫切。

应该说,师德修养不高是导致教师语言暴力最根本和最主要的原因。师德修养不高的原因有二:其一,我国教师的整体文化素质不高,尤其是农村教师,大多是民办教师或中师毕业。文化素质不高导致的直接后果就是教师的教育理论素养和人文精神的缺失。其二,当前社会多元化价值观的冲击和功利主义社会风气的影响,也导致教育实践

---

[1] 胡东芳.谁来塑造"人类灵魂的工程师"[M].福州:福建教育出版社,2000:199.
[2] 孙彩霞.中小学教师语言暴力问题研究[D].河南大学硕士学位论文,2006.

领域存在着一些教师道德病态现象,客观上影响到教师队伍的整体素质,使得教师价值观念趋向功利和实惠,教师的职业道德发生蜕变和扭曲。

因此,把住教师任用上的入口关和加强教师的继续教育,是提高教师队伍整体素质的两个根本办法。可喜的是,目前相关部门已经着手建立严格的教师从业资格规定和准入制度,以保证教师队伍的整体素质和水平。各级部门也在有计划实现教师的层层培训,但目前不少培训已经演变成了拿文凭和学历的教育,而且都是一些与教师综合素质提高关系不大或无关的课程,这是必须要克服和改进的。

3. 缺乏具体和长效的约束机制

禁止教师对学生的语言伤害,虽然在2006年的《中华人民共和国未成年人保护法》里已有相关规定,《未成年人保护法》第二十一条:"学校、幼儿园、托儿所的教职员工应当尊重未成年人的人格尊严,不得对未成年人实施体罚、变相体罚或者其他侮辱人格尊严的行为。"但此规定并没有对"教师语言暴力"做出明确的界定和处罚规定,各级教育部门和学校制约这方面的规章制度也不健全。因此,国家在相关教育立法中应明确"教师语言暴力"的概念、做出禁止语言伤害及有效的惩戒方式等规定,各教育主管部门和学校也应组织和发动教师一起来制订教师教育禁语或教师教育激励用语等,用以提示和监督教师;另一方面应加强制度建设,建立起明确的学生受到教师语言伤害后的投诉部门、投诉程序及处理办法等一套切实可行的制约办法,从制度上杜绝教师对学生的语言暴力伤害。

第二节　小学教师语言修养的要求

教师语言是教师向学生传道、授业、解惑以及师生之间传递信息、交流情感的凭借,是在教学实践中逐步形成的符合教学需要、遵循语言规律的职业语言。苏霍姆林斯基认为教师的语言"在很大程度上决定着学生在课堂上脑力劳动的效率",教师"高度的语言修养是合理利用教学实践的重要条件",教师的语言是"一种什么也代替不了的影响学生心灵的工具"。教师优秀的语言表达能够化抽象为具体,化深奥为浅显,化腐朽为神奇,优化课堂教学,提高教学质量。那么,具体说来,小学教师应具备怎样的语言修养呢?

一、言之有物——广泛阅读,博采厚积

"问渠哪得清如许,为有源头活水来",当今时代知识日新月异,科学迅猛发展,每一个人都面临着不断更新旧知、补充新知的问题,师生之间的信息差越来越小,作为教师,知识更新的要求就尤为迫切,不即时更新,就难以与时俱进。而阅读不失为一条更新知识的最佳途径。书籍是思想的宝库,是人类进步的阶梯,高尔基说:"读书,这个我们习

以为常的平凡过程,实际上是人们心灵和上下古今一切民族的伟大智慧相结合的过程。"阅读可以积累知识、开拓胸襟、拓展思路、自我反思,发展思维,感悟理想信念,感悟理性与真情。因此,教师要不断学习,接受再教育。不仅要掌握本专业本学科的基础知识,更要学习、理解本学科的最新研究动态、成果,充分占有该领域的新信息、新观念、新策略、新问题。"能博喻方能为人师",教师通过大量阅读,博采广收,去伪存真,汲取精华,开阔视野,丰富思想,加深见解,既纵深发展,又横向延伸,让自己在教育教学中旁征博引、信手拈来、情理并重、游刃有余,做到有话可说,内容充实。

二、言之有序——加强训练,发展思维

日本作家小林多喜二说:"正如'结构'二字的字面含义是盖房子一样,不管你的目标是多么高尚,材料是多么优良,如果盖得不好,摇摇晃晃,结果也毫无用处。"就是说,如果材料丰富,内容充实,但缺乏严密的思维作支撑,也只是一盘散沙,杂乱无章,难以达到预期的效果。语言是思维的外衣,只有思维清晰的人,其语言表达才可能流畅贯通,真正有教育意义和启发意义的语言,应该是建立在思维的基础之上的。教师教育教学,应该意在嘴先,三思而后说,内容表达要先设计一个基本的思路。只有对问题进行深思熟虑后,才可能娓娓而谈,声情并茂,张弛有序,从容不迫。这就要求教师认真备课,吃透教材,明确教学目标,科学设计教学程序,由浅入深,由近及远,由具体到抽象,层层深入,契合学生的思维发展。而要做到这一点并不容易,需要教师通过阅读、交流、实践、反思等手段拓宽视野,更新思维;还要在日常教学中有意识地进行思维训练,并反复进行口语展示,提高思维的准确性、灵活性、全面性,形成合乎个人习惯的最佳语言表达方式。思维训练要注意循序渐进,稳步前行,不可操之过急。

三、言之有情——春风化雨,润物无声

白居易说:"感人心者,莫先乎情。"言为心声,语言不仅作用于人的感官,更作用于人的心灵。人秉七情,是情感性的动物,对有血有肉的人来说,最有影响力的触动方式莫过于动情。孔子说:"知之者不如好之者,好之者不如乐之者。"教师"好之""乐之",从思想的高度认识到职业的神圣,热爱自己的教育事业,激发对教育事业的浓厚兴趣,以饱满的热情、高度的责任心投入到教育中去,那么,其语言表达就充溢着炽热的情感,字字珠玑,句句含情,触动学生敏感的神经和精神世界,就有了动人心魄的力量,春风化雨,魅力无穷,学生耳濡目染,如沐春风,从而积极参与学习活动,教学效果不言而喻。相反,没有情感参与的语言,苍白无力,激不起感情的涟漪,就不是有效的语言。小学教师面对儿童,要注意揣摩言语技巧,运用语气、语调、节奏等把话说得更"甜"一些。甜的言语,除了浸透了感情之外,一般还表现为语气亲切,柔软,却不失庄重感;语调低一点,却不失其活力与生气;儿童气足一些,但又没有矫揉造作之嫌。话语中洋溢着与学生一道探寻知识奥秘的兴味。这就需要学点儿童心理学和儿童语言,尽量把自己失去的童心寻回一些来,使自己的口语符合儿童的口味。唯其如此,才能说出儿童的"甜味"来。

四、言之有趣——幽默诙谐，妙语连珠

苏联教育家维雅斯洛夫说："教育家最主要的，也是第一位的助手是幽默。"幽默是情感、思想、学识、灵感的结晶，是课堂教学的催化剂。幽默诙谐、风趣高雅的语言可以密切关系、拉近距离、活跃气氛、点燃激情、加深理解、强化记忆；可以化深奥为浅显，化抽象为形象，使教学内容通俗易懂、妙趣横生；可以沉着冷静、处变不惊，挥洒自如地处理教育教学中的突发事件，敏锐地捕捉教学契机，调整教学的方向。若要言之有趣，首先，教师要树立和强化幽默意识，善于向书本学习，博览群书，潜心阅读，积累幽默的格言、警句；善于在生活中学习，处处留心，时时在意，发现、积累生活中的幽默素材，增加储备。同时，在积累中思考，领悟幽默的内涵与本质，掌握创造幽默的途径，并通过反复的练习，不间断的反思，及时总结、矫正，提升幽默智慧。具体的教学过程中，教师还要吃透教材，认真准备，根据实际灵活地设计幽默情节，生动地介绍、描述、评论课文内容，机敏地穿插使用幽默的格言、警句、故事等，恰当地运用比喻、拟人、夸张、飞白等修辞方法，辅以幽默的动作、表情，开发利用好幽默资源，创建和谐课堂，实现师生思维共振。

五、言之有范——使用规范语言

作为教师，不仅要锤炼语言，使自己的语言丰富充实、圆润清晰、自然流畅、饱含激情、生动形象，还要树立说好普通话的意识，准确熟练运用普通话。普通话是中华民族的共同语言，是一个国家、一个民族的社会发展水平与文明程度的具体体现。学好普通话，用好普通话是每一位教师义不容辞的责任和义务。学高为师，教师要认真学习，坚持使用普通话，用好普通话，高标准，严要求，精益求精，能够给学生做表率，做示范，让学生体会汉语的优美、动听和表现力。特级教师于漪说："语文教师带领学生学习规范的书面语言，如果自己的口头语言生动、活泼、优美，就能给学生以熏陶，大大提高学习效果。""蓬生麻中，不扶自直"，教师的语言水平，给学生创造良好的语言学习环境，提供给学生模仿、学习语言的标准，其作用不容低估。

郭沫若诗云："胸有万壑凭吞吐，笔有千钧任歙张。"业精于勤，行成于思。教师要勤于积累，反复实践，不断反思，修炼情感，深化思想，规范语言，提高语言修养；要以渊博的知识、饱满的激情，使教学活动充满活力，焕发勃勃生机，满足学生的心理需要，适应现代教育的发展要求。

第三节　提高小学教师语言修养的途径

教师的语言修养是一个开放的、多维的、综合的系统。教师的语言修养绝非单纯的语言表达技巧的呈现,更主要的是教师教育思想的体现,它需要教师综合运用思维能力、记忆能力、想象能力、创造能力、情绪控制能力、修辞能力、交际能力、应变能力等,也集中体现了教师的知识修养、道德水准、心理素质、思辨能力、文化素养、智慧水平等。所以说,教师语言素养的提高,是一个庞大的工程,它需要专门学得,更需要日常习得,它需要技巧的训练,更需要思想的修炼。那么,应该怎样有效提高小学教师的语言修养呢?提高教师语言修养,需要在以下几个方面做出努力:

一、勤于读书,重视自身理论修养

教师口语是一门边缘学科,它与语言学、修辞学、心理学、教育学、美学、逻辑学等许多学科有密切的关系。教师要提高自己的职业口语能力,不但要掌握教师口语的理论和规律,还要吸收这些理论知识的不同滋养。教师要学点语言学,懂得语音、词汇、语法等语言要素的构成规律,把握语言规范的标准;学点修辞学,掌握提高语言表达效果的手段和规律,了解各种语体的构成与特点,领会语言手段和语境、规范与变异的辩证关系;学点心理学,了解不同年龄、不同性别、不同个性学生的心理特征,把握学生注意、记忆和思维的规律,学点教育学,懂得反馈、启发、迁移、直观、期待、刺激、和谐、趣味、因材施教、循序渐进等教育原则和方法;学点美学,懂得语言美,如均衡美、变化美、侧重美、联系美、形象美等的表现形式与规律;学点逻辑学,懂得思维的形式与规律及其与语言的关系等。这些都是提高教师职业口语能力极为重要的理论基础。

同时,教师口语与教师从事的专业,如语文、数学、音乐、体育、美术、外语等不同学科也有着密切的关系。教师语言能力、语言水平的提高,同样离不开这些不同学科的基础知识和基本理论的滋养。没有扎实的学科知识和理论,教师口语的技能便失去了基础。因此,教师还必须重视学科知识和理论知识的修养。

> **案 例**
>
> 一个其貌不扬的实习老师到一个高中数学尖子班实习。见一个"黄毛丫头"来代替特级教师上课,班上不少同学心里颇不服气。于是几个数学强手想给她来个下马威。他们翻阅了大量数学习题集,终于在奥赛题上找到了一道"绊马索",得意地去"请教"这位老师。正当他们幸灾乐祸之际,实习老师说:"我看这道题起码有3种解法。这是一道奥赛题,《中学生数理化》上介绍过解法,我认为并不是最好的,你们看我这个解法可能还简单一些吧?"老师具体讲解了她的思路,几位"请教者"没有不被镇服的。

这位老师的言谈平淡无奇,但却有一种神奇的魅力。显然,若没有扎实的学科知识作基础,这种魅力便无从产生。教师的一切底蕴皆来自读书和积累。正如苏霍姆林斯基所说:"只有当教师的知识视野比学校教学大纲宽泛得无可比拟的时候,教师才能成为教育过程中的真正能手、艺术家和诗人。"因此,教师课前要做到精心备课,在深挖教材的前提下查阅大量有关资料,进行重组加工,归类总结。每位教师应根据自己所教学科和自己的语言气质,精心打造自己的口头语言风格:或风趣幽默,或言简意赅,或妙语连珠……让学生一听就能引起共鸣,产生兴趣。

二、注意语言积累,培养语感

宋代黄庭坚说:"士大夫三日不读书,则义理不交于胸中,对镜觉面目可憎,向人亦语言无味。"可见,读书对于一个人语言积累和表达的重要作用。语言表达的能力,有赖于语言积累。不可想象,一个阅读面窄、词汇贫乏的人会有很强的语言能力。苏霍姆林斯基曾描写过这样一些教师:"在述说时所说的话,好像很痛苦地挤出来的,学生并不是在追随教师的思路,而是看着他是多么紧张地挣扎着用语词来表达自己的思想,多么艰难地寻找着要用的词。"这些教师语言能力差的症结在于语言积累少、词汇贫乏。特级教师朱雪丹总结自己的经验说:"我觉得一个人的语言能力和他的文化素养、文化水平有着很密切的关系,要提高语言的表达能力就必须多看书,从书面语言中吸取丰富的营养。我比较喜欢看文学作品,常看一些优美的散文。学习它是怎样用精练的语言有条理地叙事的,吸取它丰富的词汇,并尽可能把书面语言融汇到自己的口头语言中去。"这的确是经验之谈。教师只有大量地阅读,广泛地积累,才能养成敏锐的语感,提高自己的口语表达能力。很难想象,一个不读书的人,能讲出幽默生动,让人会心一笑,使人向往神驰,令人心旌摇荡,发人警醒深思的话语来。

三、加强言语实践训练,提高表达水平

正如吕叔湘所说,使用语言是一种技能,跟游泳、打乒乓球等技能没有本质上的不同,只不过语言活动的生理机制比游泳、打乒乓球等活动更加复杂罢了。任何技能都必须具备两个特点,一是正确,二是熟练。要做到这两点,必须重视实践训练。可以说实践训练是提高教师口语能力的直接有效的途径。教师通过各种实践训练可以熟练掌握教师口语表达的各种技能技巧。实践训练可分两类:一是正规的课堂训练,把学习内容分为几个点,有计划、按步骤地进行规范的课堂训练。二是个体的自我训练。教师口语的学习是一项长期工程,每个教师在教育教学的实践中都要不断地进行自我训练,事实上,成功教师的口语往往是通过反复的自我实践获得的。特级教师于漪谈到口语的自我实践训练时说:"我原本教学用语不规范,一是有'呃'的口头禅,二是乱用'但是'。学生的俏皮话使我震动,我痛下决心,要提高教学用语的质量。我把在课上要说的话写成详细的教案,然后自己修改,把可有可无的字、词、句删去,不合逻辑的地方改掉,用比较规范的书面语言改造不规范的口头语言,再背出来,熟悉到脱口成诵的程度。教课以后,详写教后心得,对自己的课评头品足,找缺点,找不足,以激励自己不断改进。"她把这种训练方法称为"以死求活"。方法可以因人而异,各有不同,然而,加强实践训练,是提高教师职业口语能力的有效途径。

教师语言的锤炼,看似容易,实则艰辛,绝非一日之功。"水滴石穿,绳锯木断",只要不断学习,潜心研究,不懈努力,就一定会有所建树,在教师这个岗位上开辟出自己的一片天地。

本章小结

本章主要阐述了小学教师的语言修养问题。小学教师的言传身教对学生起着引领的作用,语言的交流是教师与学生沟通的桥梁,所以,教师要努力克服自己语言中存在的问题,着力打造适合自己的语言表达方式,不断提高自身语言修养。如果小学教师语言修养缺乏,就会出现语无伦次,病句频出;口齿不清、吐词含混;词汇贫乏、无效话语频出;语言枯燥乏味,晦涩难懂等语言毛病,甚至发生对小学生施加语言暴力的严重问题。要提高自身语言修养,教师必须做到言之有物、言之有序、言之有情、言之有趣。教师提高语言修养的途径主要有:勤于读书,重视自身理论修养;注意语言积累,培养语感;加强语言实践训练,提高表达水平等。

思考训练

1. 小学教师语言修养缺乏会出现哪些语言毛病?
2. 小学教师语言修养应达到哪些要求?
3. 小学教师提升语言修养可以有哪些途径?
4. 看下面材料,从语言修养的角度分析材料中几位教师的言语行为。

　　同是学生被教师的课堂提问难住,甲、乙、丙三位老师的处理方式各不相同。

　　教师甲:(语气很重,冲着该生)整天上课开小差,结果怎样?这么简单的问题都不能回答,太笨了!坐下!

　　教师乙:(生气,但不表现出来)坐下。谁来帮他?

　　教师丙:(微笑、和蔼地)别急,回忆一下,我们昨天学过的内容,当时你听得很认真。想想,昨天××同学是怎样回答的?

　　学生:(思索片刻,说出了与问题答案相关的一句话。)

　　教师丙:(很兴奋)对呀!看来,你是很棒的!

　　学生:(高兴地坐下,并认真投入到后面的学习中。)

拓展阅读

1. 周喜来.浅谈小学中低年级语文教学对教师语言的要求[J].剑南文学,2013(03).
2. [美]朱迪·S.弗里德曼著,罗洪燕译.如何让孩子面对嘲笑[M].北京:中央编译出版社,2005.
3. [美]伊文斯著,宋云伟译.语言虐待[M].南宁:广西人民出版社,2003.
4. 马显彬.教师语言学教程[M].广州:中山大学出版社,2000.
5. 黄健.把"语言暴力"逐出校园[N].中国青年报,2004-11-30.
6. 孙彩霞.中小学教师语言暴力问题研究[D].河南大学硕士学位论文,2008.
7. 金生鈜.规训与教化[M].北京:教育科学出版社,2004.
8. 洪兰.抛开语言暴力,孩子聪明情绪稳[J].学前教育杂志,2007(06).
9. 张雪梅.教师语言暴力调研报告[J].中国教师,2006(06).
10. 陈汝东.语言伦理学[M].北京:北京大学出版社,2001.
11. 江结宝.高校教师忌语刍议[J].修辞学习,2004(05).
12. 梁忠义.实用教育词典[Z].长春:吉林教育出版社,1989.
13. 胡东芳.谁来塑造"人类灵魂的工程师"[M].福州:福建教育出版社,2000.
14. 汪缚天.教师的语言修养及训练[M].北京:高等教育出版社,1994.

第五章
小学教师语言能力的训练

※ 章首语：

> 教师的工作主要是以声音为表达手段，教师与声音的联系非常紧密。有人说："教师的嗓音如画家的笔，如演奏家的琴，如摄影师手中的照相机。"[①]一般的职业对声音的要求并不高，甚至失去了声音也可以继续工作。教师则不然，声音是教师的生命，失去了声音也就失去了做教师的必备工具。

※ 情境导入：

> 作为教师的你，有没有想到你的声音会给学生留下什么印象？让我们来听听学生们对教师声音的评价吧！
>
> 学生1：我们数学老师讲课声音可低了，有时候一句话末尾几个字都听不清楚！
>
> 学生2：我们政治老师嗓门儿可大了，像喊人似的，真刺耳！
>
> 学生3：也不知怎么回事，每次上历史课我总想打瞌睡，忍也忍不住，老师讲话一个调，像催眠似的！
>
> 学生4：我们语文老师讲课声音抑扬顿挫，可好听了，像唱歌似的。同学们都觉得一上语文课，精力就特别集中。
>
> 学生5：我很喜欢上英语老师的课。因为他讲课的声音特别有劲，同学们都说他的声音好听，吸引人！
>
> 听完学生们的评价，教师们是不是应该重视一下自己声音的"魅力"呢？

---

① 周新干.艺术发声与朗读训练[M].成都：四川科学技术出版社，1988：1.

第一节　小学教师科学发声训练概述

一、科学发声是小学教师的职业要求

（一）教师的职业特点对其发声质量提出了特殊要求

科学发声是教师的一项基本功，这项基本功是否扎实，不仅直接影响到教学效果，而且还影响到教师的执教寿命。教师工作任务重、内容多，每天都有不同的教学内容，每天都有各种学生教育工作，因此说话时间长，嗓子得不到休息。教师要胜任如此超负荷的劳动，而且保持自己在长时间内不间断地发出高质量的声音，就必须具备熟练驾驭声音的能力。这种驾驭声音的能力，就需要教师掌握科学的发声方法。因此，教师必须认真练习，持之以恒。万里、赵立泰指出："言语交际过程中，人人都希望自己说出的话表达准确、清楚、生动、得体。教师的课堂语言应当是：语音、语义纯正而不怪僻，语调、语气朴实而不呆板，感情、仪态亲切而不轻浮，言语艺术自然而不流于日常讲话，发音能力应是持久不衰而富有艺术魅力。"[1]因此，掌握教师发声的基本方法是非常必要的，"这是使教师声音青春常在的一项基本功"[2]。然而，教育界历来对教师用气发声这一科学方法并不重视，结果教师们往往是"人未老，声先衰，尽管满腹经纶，却很难收到预期的教学效果"[3]。不少教师由于不注重科学发声，加之对嗓子的保养不当，人到中年就已气力不支，声嘶力竭，严重影响教学效果。甚至由于嗓音使用不当出现严重问题而离开教师岗位的人也屡见不鲜。而一个发音训练有素的教师，其声音寿命至少可以维持到退休，且音质依然很好。

教师发声与一般人有所不同。教学一般以班级为单位，每个班的学生50名左右，上大课学生人数还会多1倍甚至2倍。教室有一定的共鸣作用，但是学生多，窗户多，共鸣效果差，所以教师必须加大音量以便让每位学生都能听到。同时，为了让学生听清楚，教师发声要特别清晰，一字一音，字音要非常准确到位。另外，为了吸引学生，语音上还要讲究抑扬顿挫，字正腔圆，音质优美。所以，教师要讲究发声的科学。

教师的发声与表演艺术有所不同。现在的表演艺术一般都借助音响设备，演员的发声就不用太费劲，有些不足还可以通过音响设备得到改善。而老师则只能"清唱"，全凭一张嘴的功夫，若声音小，学生听不见；若声音难听，学生必然觉得乏味。

---

[1] 万里,赵立泰.汉语口语表达学教程[M].北京:北京师范大学出版社,1990:104.
[2] 张锐,万里.教师口语[M].北京:北京师范大学出版社,1994:116.
[3] 万里,赵立泰.汉语口语表达学教程[M].北京:北京师范大学出版社,1990:105.

日常生活中的发声方法也不能满足教师工作的需要。人们在日常生活中，说话非常随便，尽管有的人发声含混不清，平淡粗糙，但是人们并不会另眼相看。可是，教师在教学中则必须提高音量，发音清晰、响亮，富于表现力和感染力，方可吸引学生。教学有方法技巧，同样，发声也有方法技巧。发声方法是教学方法中的一种特殊方法。

（二）科学的发声方法对教师工作有着重要作用

教师工作离不开声音，学会科学的发声方法对教师教育教学活动有着重要作用。具体而言，这种作用主要体现在以下两个方面：

1. 可以提高声音的感染力，帮助提高教育教学的效果

教师的教育教学主要是通过有声语言来表达，教师的工作是通过声音来完成的。声音有好有坏，有的极具感染力，有的则缺乏生气。教育实践已经证明，具有感染力的声音对学生有很大的吸引力，能够有效抓住他们的注意力。学生自始至终把注意力集中在学习上，学习效果自然好。教师要提高声音的感染力就必须学会科学的发声方法，科学的发声方法可以改善声音的质量，使教师在用气、共鸣、归音吐字方面得到改善，发出的声音就层次丰富，富有变化，动听而充满活力。

2. 可以保持良好的声音状态，更好地为教育教学服务

人的嗓音需要保养，教师因为职业的特殊性更需要保养嗓子。随着人生理的衰老，人的发音器官也会衰老。由于教师职业的特殊性，教师的发音器官更容易衰老。如果发音方法不当，长时间讲课会对嗓音造成伤害，加速发音器官的衰老。而科学的发声方法可以避免对嗓音造成一些不必要的伤害，进而延缓发音器官衰老的进程，在相当长的时期内保持良好的声音状态，这样才能使教师在从教活动中始终保持声音的活力，更好地为教育教学服务，使自己的教师生涯长青。

二、科学发声的物理基础

人类说话的声音是一种语音。什么是语音？语音是由人的发音器官发出来的具有一定意义的声音。这种意义是为社会成员所约定俗成的能够共同理解的意义。自然界的风声、雨声都不是由人的发音器官发出来的，所以不是语音；气喘声、打喷嚏声虽然是由人的发音器官发出来的，但那只是人的本能生理反应，并不具有约定俗成的意义，所以也不是语音。语音是语言的物质外壳，语言要通过语音来传递信息进行交际。没有语音这个物质外壳，意义无法传递，语言也就不能成为交际工具。

声音是一种波的振动形式，是通过大气传递的。声音是由振动的物质在能够传递振动的介质（如空气等）中激发一系列压力波而产生的，介质中的粒子从振源中获得了能量而发生自身的振动，并把能量传递给相邻的粒子，使之振动，这样就形成了连续的系列振动，声波也就形成了，声音也就传递过来了。由于传递中能量在逐渐损耗，所以离声源越远，声音也就越弱。

声音在不同物质中传播的速度也不一样，在 0℃ 时，声音在空气中的传播速度为 331.5 米/秒，气温升高时，大约按 0.6 米/秒的速度增加，在 25℃ 时约 346 米/秒；声音

在水中的传播速度是在空气中的 4 倍,在钢棒中的传播速度是在空气中的 15 倍[①]。

声音分乐音和噪音两类,有一定规律的声音称乐音;杂乱无章、无规律的声音叫噪音。

(一) 声音的物理属性

声音是一种物理现象,它具有声音所共有的音高、音强、音长、音色四种物理性质。因此,声音可以从音高、音强、音长、音色四个方面来分析:

1. 音高

声音的高低,决定于振动的频率,也就是单位时间内振动的次数。振动次数多,频率高,声音就高;振动次数少,频率低,声音就低。每秒振动的次数叫赫兹,简称赫。人耳能听到的频率范围是 16 Hz 到 20 000 Hz,高于 20 000 Hz 称超声波,低于 10 Hz 为次声波。音高是形成汉语声调的重要因素。如北京话里的 dū(督)、dú(独)、dǔ(赌)、dù(度),就是由不同的音高构成的。女性的声音听起来比男性高,就是因为女性说话时声波的频率比男性高。

音高又与发音体的材料构造有关。就人的声带来看,长、松、厚的声带振动较慢,频率低,声音也低;短、紧、薄的声带振动较快,频率高,声音也高。男人的声带厚而长,一般平均长度为 20~22 mm,基频为 60~200 Hz,所以音较低;女性的声带平均长度为 15~19 mm,基频为 150~300 mm,所以音较高;儿童的声带没有完全发育好,相对较短,基频为 200~350 mm,所以声音较高。

每个人发音的高低都有一个区域,即音域。音域是从最低音到最高音的变化范围。未经过训练的人,音域较窄。教师的音域要达到一个半八度音以上为好,因为教师在演讲、朗读时音域太窄不宜,特别是偏低部分运用很多。当然,每个人的音域与发音器官特别是声带结构有关,要根据自己的声音条件训练、运用,不宜人为地吊高或压低,否则发音不自然,反而降低音高的变化能力。

汉语是有声调的语言,每个字音都有相对的音高变化形式,而表达中还有句调的变化。所以,教师在发音时要处理好字调与句调的关系。如果过分强调字调的响度清晰,错误地夸大其音高变化幅度,就会使句调的变化变得不明显,从而破坏整个语句的音高变化。因此字调的音高变化要符合句调的音高变化。

2. 音强

音强也就是我们通常讲的音量,它指声音的强弱。音强取决于振动的强弱,即振幅。振幅越大,音量越强,音越大;振幅越小,声音越弱,音量越小。振幅的大小是由发音时气流对发音体的冲击力决定的,力度大,振幅大,音强;力度小,振动小,音弱。比如敲鼓时,用力大,音强就强,发出的声音就大;用力小,音强就小,发出的声音就小。音强是构成普通话轻重音的重要因素。普通话里的"孝子"和"儿子"里的"子"音强不同,"线

---

① 参看徐恒. 播音发声学[M]. 北京广播学院出版社,1985:16.

头"和"甜头"中的"头"音强不同。前一个"子"和"头"音强比较强,后一个"子"和"头"音强比较弱。

需要说明的是,音强与响度是两个不同的概念。音强是物理属性,可以用仪器测量。响度是音强在人耳中的感觉,不能用仪器来测量。响度随音强的增加而增加,一般来讲,声音的强度增加10倍,响度才增加2倍,听起来才响2倍,强度大100倍时,响度才大3倍。

人的声音强度从大声喊叫到低声耳语,变化幅度也较大,从85分贝到20分贝。一个人正常说话的强度也不同,元音的强度要比辅音大。

教师发声时音强越高,音量越大。音量运用的要求可以概括为:强度要大,幅度要明显,层次宜多。

一是强度要大。由于学生相对较多,教室空间较大(甚至有时在室外),吸音系数大、共鸣及混响效果不好。所以,教师必须加大音量,否则学生听不到声音,影响教学。当然强度也不宜过大,这要根据实际需要而定,只要最远的学生能听到即可,若一个劲儿地提高音量,持续久了就会损害发音器官。如果教师的音量已经很大而学生还无法听见,这时就需要使用音响设备,以便让每个学生都能听清楚。

二是幅度变化要大。言语表达最忌平淡,无起伏变化。教师发声的幅度变化不大或不明显,就容易使学生感到乏味,相同信号的长时间刺激,容易产生疲劳,不利调动学生的学习兴趣。所以,教师在语言表达中音量的幅度变化要明显,高、低界限清楚。当然,这种变化不是突发的,应有过渡,是渐变的过程。这种变化也不宜过大,否则会给人生硬的感觉。

三是层次宜多。音量的强弱控制要仔细,要多层次使用。如果一味地强或弱,或强弱变化只有那么两三种,这样会造成音量变化运用单调,削弱语言的表现力。

3. 音长

音长指声音的长短,是由发音体振动时间的长短决定的。振动时间长,音长就长;振动时间短,音长就短。英语sheep(绵羊)和ship(轮船)的区别,主要是其中元音的音长不同,sheep里的元音ee音长长,而ship里的元音i音长短。广州话里"三"和"心"的不同,主要是其中元音 a 的音长不同,"三"里的 a 音长长,"心"里的 a 音长短。就实际运用来看,音长指音节发音时间的长短,因为音节是自然感受到的最小的语音片断。语速是指单位时间内发出的音节量,所以音长的变化直接影响到语速的快慢,是构成节奏的重要因素。现代汉语音节的音长一般情况下平均为0.2~0.4秒。音长在普通话里不能区别意义,但能表达语气和感情。

课堂教学的语速要比日常生活中的语速慢,一方面是为了让学生能够听清楚,因为语速快,发音有不到位的情况,容易产生语流音变,使音节界限模糊,听辨不清;另一方面是为了让学生把握语言信息。然而,教师在利用音长时,并不是平均地加长每一个音节,而应主要用于重点信息音段上。重点内容语速能否减慢也是教师基本功的表现。重音的表现不仅表现在音量上,而且更重要的是表现在音长,即音的时值延长上。音节时值的延长能给人以深刻印象。需要强调的是,各个音节的时值不宜平均,否则会削弱节奏的变化,降低发音的活力。所以,教师要根据表达需要,灵活运用音长变化,使语言表达错落有致。

4. 音色

音色是由声波的不同形状决定的,它是声音的个性特质,所以也叫音质。音色是区别不同声音的最重要的要素,元音 a、o、i 的区别就是由于它们的音色不同。人与人的声音千差万别,为什么我们能从声音中分辨出是何人,闻其声如见其人?就是因为声音有个性。不同的人,其声音个性不同,也就是音色不同。音色在任何语言里都是区别意义的重要因素。

音色的不同,整体上是由振动形式的不同决定的,具体而言受以下几个因素的影响:一是发音体不同。不同的发音体发音特性不一样,因而音色不同。如人的声带与琴上的弦。二是发音方法不同。发音体相同,发音方法不同,音色也不同。例如二胡和琵琶,发音体都是弦,二胡是用弓拉,琵琶是用手指弹。三是发音时共鸣器形状不同。发音体、发音方法都相同,发音时共鸣器形状不同,音色也不同。如大提琴、小提琴仅是共鸣器大小不同而已。

音色是区别不同声音的最重要的因素。从声音变化而产生的不同声音色彩看,同一个人在不同的感情条件下,发出的声音色彩不同。所以,教师在提高音质的前提下,还需要学会变化音色以满足不同情感变化的需要。另外,在朗读和模仿别人声音时也需要改变音色。

试将以上所述,综合为表 5-1:

表 5-1 人声的物理属性对比

要素	成正比	对普通话的作用
音色	振动形式	区别意义
音高	频率	声调(区别意义)
音强	振幅	轻重音(区别词义和语义)
音长	振动时间	表达语气和感情

(二) 共鸣与混响

共鸣有两种:一是受迫振动产生的共鸣,二是感应振动产生的共鸣。当发音体放在桌面上时,声音明显加大,这是发音体强迫桌面振动的结果,称受迫共鸣。受迫振动的面积越大,共鸣效果也就越强烈。在发音体的声场内放置一个与其振动频率相同的物体或空气柱,这个物体或空气柱就会因为受到感应而振动起来,并使原发音体声音加强,这种现象称为感应共鸣。被感应的物体振动后同样会去感应其他物体,形成相互感应。

人能发出悦耳的声音就是因为共鸣在起作用。声带发出的声音是很微弱的,通过鼻腔、口腔、胸腔以及外界的共鸣器物变得响亮、动听。人的共鸣也有受迫共鸣和感应共鸣两种,即一是声带对共鸣腔的感应共鸣,二是通过肌肉、软骨传递到各个共鸣腔产生的受迫共鸣。共鸣器有放大和抑制两种作用,共鸣器有自己的振动频率,它在发音体发出的不同的频率成分中选择适当的频率成分发生共鸣,加以放大,同时也抑制和吸收另一些频率成分的声音。口腔共鸣与开口度、舌位前后有关,开口度越大,舌位越前,共鸣效果越好。

在室内发声,即使声源已停止了振动,声波仍要经过不同物体的多次反射和吸收方才消失。声源信号发声完毕而出现的存留现象叫作混响,混响的时间长短同声音的清晰度及悦耳的程度关系密切。如果混响时间过长,前一个声音还没有消失,第二个声音又没有出现,前后声音纠缠在一起,就使声音混乱,听不清楚。如果声音混响时间过短,声音又会"喑哑",发声费力。比较适度的混响时间是1~1.5秒之间。

混响时间的长短除了与房屋体积大小成正比外,它还同房屋内各反射面吸音能力直接相关。如果反射面是软面多孔的,吸音能力就强,反射能力差,混响时间短,如果反射面积是硬而光滑的,反射能力强,混响时间就长。在言语发声中,声道壁光滑而富韧性,反射能力就强,混响时间长,声音质量就高,反之则低。

三、科学发声的生理基础

语音是由人的发音器官发出来的,因而具有生理性质。发音时发音器官状况不同、所用的方法不同,发出的声音也不同,所以教师在科学发声时也要研究发音器官的构造及其在发音中所起的作用。

发音器官的活动部位或活动方式的不同,就会发出不同的声音。唇形不同或舌位不同,或声带是否振动,都会使我们发出不同的声音。这是为什么呢?首先来了解一下发音器官的构造和活动情况。如图5-1所示:

1. 上唇　2. 上齿　3. 齿龈
4. 硬腭　5. 软腭　6. 小舌
7. 下唇　8. 下齿　9. 舌尖
10. 舌面　11. 舌根　12. 咽腔
13. 咽壁　14. 喉盖　15. 声带

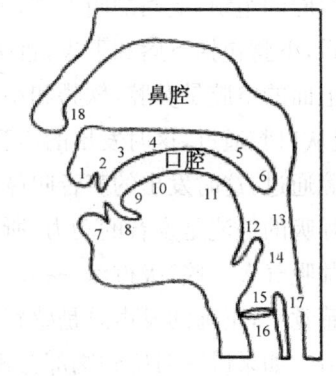

图5-1　发音器官的构造

发音器官可以分为三个部分:

1. 呼吸器官

气流是发音的动力,呼气时肺是气流的动力站,气管是气流出入的通道。人们通过口、鼻吸气,使自己的肺叶充满空气,当人们吸气时,声门打开,声带自然分开;而当呼气发声时,声带自然闭合靠拢,成水平状,气息穿过两条声带间的缝隙,使声带产生振动,产生了声音。所以声音的力度大小和呼吸有着直接的关系。先来了解一下呼吸器官。

（1）肺。肺的气流交换原理前面已经讲过了。肺又是怎样张缩的呢？肺本身是不能张缩变化的,这是由胸腔的变化帮助实现的,因为肺是依附在胸腔内廓的,胸腔的张缩变化自然引起肺的张缩,从而实现气流的交换。

（2）胸腔。胸腔是人体最大的一个腔体,由肋骨、肌肉等组成。吸气时肋骨向上向外扩展,增大胸腔的前后和左右宽度,从而扩大胸腔体积;呼气时,肋骨回到原位,胸腔缩小。

（3）膈肌。膈肌位于肺的下面,它把胸腔和腹腔隔开。吸气时膈肌收缩下降,胸腔得以加大容积,这时腹内器官被压迫,腹壁明显地鼓起来;呼气时,膈肌恢复常态,胸腔体积减小,腹壁凹陷下去。

可见肺的呼吸建立在胸腔的张缩变化上。肺把吸入气流变为呼出的发音气流。胸腔是实现转换的动力,膈肌则增大了呼气流的量。

2. 喉头和声带

气管的上部接着喉头。喉头是由四块软骨构成的圆筒,圆筒的中部附着声带。声带是两片富有弹性的肌肉薄膜,两片薄膜中间的空隙是声门,声门是气流的通道。声带可以放松,也可以拉紧。放松时发出的声音较低,拉紧时发出的声音较高。声门可以打开,也可以关闭。打开时,气流可以自由通过;关闭时,气流可以从声门的窄缝里挤出,使声带颤动发出声音。

3. 口腔和鼻腔

喉头上面是咽腔。咽腔是个三岔口,下连喉头,前通口腔,上连鼻腔。呼出的气流由喉头经过咽腔到达口腔和鼻腔。口腔、鼻腔、咽腔都是共鸣器,对发音来说口腔最重要。构成口腔的组织,上面的叫上腭,下面的叫下腭。上腭包括上唇、上齿、齿龈、硬腭、软腭和小舌,下腭包括下唇和下齿,舌头也附着在下腭上。舌头又分为舌尖、舌面和舌根。上腭上面的空腔是鼻腔,软腭和小舌处在鼻腔和口腔的通道上。软腭上升时,鼻腔关闭,气流从口腔通过,这时发出的声音叫口音。软腭下垂时,口腔中的某一部位关闭,气流从鼻腔通过,这时发出的声音叫鼻音。

因为呼吸的气流是发音的动力,所以发声的基础是气息,吸气是发声的准备。讲课时要求教师吸气多一些,吸得深一些。戏曲演员"气入丹田",就是在感觉上把气吸到小腹部。在感觉上,正确的发声总是感到小腹在用力,这表明气吸得深。气吸得深,声带就不易疲劳。如果讲课时感到胸部劳累,那就表明气吸得浅,气吸得浅,声带就容易疲劳,这和歌唱演员唱歌的情况是类似的。

要使声音集中、圆润、动听,光有正确的呼吸还不够,还必须正确使用"共鸣腔"——胸腔、口腔、鼻腔。圆润动听的声音是以上共鸣腔联合调节的,偏重用胸腔,声音低;偏重用鼻腔,声音晦涩;只用口腔,声音干燥。所以共鸣要各腔协调合作,只有这样,发出的声音才能动听、响亮、传得远。舌、齿、唇是形成字音的最后调节器官,灵活的舌、齿、唇可以把字咬得完整、清晰、准确。由于人的口腔可以自由开闭,嘴唇可以任意圆展,舌头可以前后伸缩,软腭可以灵活升降,因此,可以使口腔构成各种不同形状的共鸣腔,从而使气流通过时发出各种不同的声音。鼻腔是一个不能活动的共鸣器,在口腔的上方,它和口腔的通路全由软腭和小舌控制。发音时,如果软腭、小舌上升,鼻腔通路就鼻塞,气流在口腔共鸣,发出的音是口音;如果软腭和小舌下降,口腔通道被关闭,气流就在鼻腔共鸣,发出的音是鼻音;如果气流从口腔、鼻腔同时通过,发出的就是口鼻音,又叫鼻化音。

四、科学发声需注意嗓音保健

教师绝大部分的职业活动,几乎都在讲台。语言表达能力和交流能力往往被视为教师的看家本领,一副好嗓子可谓教师不可缺少的本钱,教师在工作中几乎一刻都离不开使用嗓子。但与其他经常使用嗓子的专业人员不同,如演员和歌唱家,大多数教师都没有接受有关嗓音保健的培训,教师的用嗓卫生也未能得到足够的重视。因此,教师经常出现嗓子方面的疾病,却不会及时注意,以至于过度用嗓或不当用嗓,最终发展成教师的职业病,给教师留下了健康后患。嗓子使用不当会出现多种疾病,严重影响发声的质量。一般来说,嗓音早晨音哑、下午良好者,多是炎症;早晨良好、晚上音哑,多为疲劳现象。一开始音哑而不舒服,讲一会嗓音好转的,多为炎症;而开始较好,讲着讲着就哑的,多为疲劳所致。下面再具体介绍几种常见病理现象:

(1) 高音困难:多为声带前 1/3 处有小结病变,妨碍声带闭合所致。

(2) 破音:发音高,念去声,声音易劈。多为喉部控制不好,或声带上有黏稠分泌物导致出现破裂音所致。

(3) 高低音结合不好,音不准:一方面是由于声带闭合肌肉群与声门下气压之间失去平衡所致,有时慢性咽炎也会使高低音结合不好。

(4) 声音嘶哑、发沙:多为声带慢性病变导致声带闭合不好,使得发音时有间隙。此时如果练声不当,会加重炎症。有时声音嘶哑还可能与肺、肾关系密切,肺为声音之门,肾为声音之根。

教师因为经常要上课,用嗓时间长,容易疲劳,工作的环境又有粉尘的接触,所以对咽部有刺激,因此教师中慢性咽炎的发病率比较高。许多老师一天课上下来,嗓子会有发干、发胀、发痒、甚至干咳、疼痛的症状,也有的人经常会感到咽部有灼热感或者异物感,这些都是慢性咽炎的表现,应该及时治疗。教师的嗓音保健,要注意以下几个问题:

第一,选用科学的发声方法。方法不当,发音就很吃力,时间久了就会使声带出现疾病。所以,掌握科学的发声方法非常重要,不要长时间大喊大叫,要学会吸气的方法,保证发音气流充足;不要声嘶力竭,要学会用共鸣来减轻声带的压力,共鸣运用好了就可以省掉一半的力气。在讲课的时候,不一定全堂都用高声讲授,讲课的时候可以采取抑扬顿挫的声音,这样既可以增强讲课的效果、吸引学生,另外也可以保护嗓音。下课之后,我想老师应该避免高声畅谈,这样给嗓子一个充分休息的时间,避免长时间的讲话和在疲劳时谈论。

第二,养成良好的生活习惯。对于嗓子的自我保健,除了要注意合理安排生活,注意休息外,还要减少或者杜绝吸烟或酗酒的不良嗜好,还要防止粉尘等因素对咽部的刺激。另外,生活习惯不当也会使发音器官感染上疾病。感冒对声带的危害很大,使之充血,并改变声带的特性,振动频率发生紊乱,音质难听。旧病未治或者反复感冒易使声带出现变异。另外,饮食方面也要注意选择一些清淡、没有刺激性的食物,还要避免辛辣或过冷过热的食物的刺激。

第三,随时诊治嗓音疾病。嗓子疾病很多,常见的有咽炎、喉炎和声带小结等。患上疾病也要及时治愈,否则会使病情恶化,彻底毁坏嗓子。为了预防嗓子疾病,平时要吃一些清热解毒、清心润肺、清音利嗓的药,如胖大海浸泡饮水喝、红参泡水喝等,这些都是防治嗓子疾病的良药。

第二节 小学教师科学发声的技巧训练

发声是动力、振动、共鸣的综合活动。声带本身并不能发声,只有在气流的冲击下才能振动发声,并经过共鸣腔扩大音量才能成为人们听到的声音。这三个环节是协调工作的,缺一不可。用气发声、共鸣控制、归音吐字是发声的基本方法[1]。

一、用气发声

气流在三个环节中是最重要的一个环节,声带需要气流才能产生振动,发出声音。共鸣也与气流紧密相连,没有气流也就谈不上共鸣。如果能自如地控制气息,调动气息,发音问题可以说已经解决了一大半。[2]"口语表达中的亮度、力度、清晰度,以及音色的甜润、优美、持久等,都主要取决于气息的控制和呼吸的方式。科学地进行气息控制和呼吸,是进行发声技能训练的重要环节。"[3]所以,气乃音之帅,气动则声发。

(一) 对气流的要求

发声时气流要稳定,这样发出的音就能一会儿厚,一会儿薄;一会儿重,一会儿轻。气流稳定才能使每个字发音始终都厚实有力,并且形成抑扬顿挫之美。发声时气流要充足,没有充足的气流,稳定也就失去了意义。而且,声音要有力、有厚度,发音要持久,

---

[1] 马显彬主编.教师语言学教程[M].广州:中山大学出版社,2000:197-217.
[2] 徐恒.播音发声学[M].北京:北京广播学院出版社,1985:47.
[3] 张锐,万里.教师口语[M].北京:北京师范大学出版社,1994:117.

也需要大量的气流。气流不足就会使发音轻飘。发声时还要学会适时补气。呼出气流要持久,但再持久也不可能把一段话说完,所以呼出气流后需要及时补气,这样语言表达才能连贯、持久。气流要不断地补充,这样才能使语言表达始终有充足的气流。补气需要进行无声的呼吸,要避免吸气声进入,特别是朗读时在有音响设备的条件下更是如此。发声时还要善于控制气流,要根据表情达意的需要有计划地用气。

(二) 气息的训练

气是声之源,只有气息充足声音才能洪亮、持久。气息控制对于声音的色彩变化有着密切的关系。自如地控制吸气、呼气的流量与速度,有助于发声的力量控制,减少声带压力,使吐字饱满而有力度,还可以弥补声音上的不足。因此,朗读首先要学会控制气息,掌握好呼吸与换气的技巧。

人们的声音是由肺部呼出的气流通过气管,振动了声带,发出微弱的声音,再经过咽腔、口腔、鼻腔等腔体共鸣得到扩大和美化,最后经过口腔内唇、齿、舌、牙、腭的协调动作而产生的。可见,在发声过程中,气息控制、共鸣控制、口腔控制是至关重要的。其中气息控制是基础。

气者,音之帅也。气息大小、速度、流量等的变化,关系到声音的响亮清晰、音色的优美圆润、嗓音的稳定持久与否。发音者只有控制住气息,才能控制住声音。

(三) 关于"丹田气"式呼吸方法[①]

"丹田气"式呼吸法,也属于胸腹式呼吸的范畴,它是我国传统戏曲演员所使用的呼吸法。丹田位于脐下三指处。京剧艺术家程砚秋对丹田呼吸法下了一个定义,他说丹田呼吸法就是"气沉丹田,头顶虚空,全凭腰转,两肩轻松",精辟地概括了丹田呼吸方法的基本要件。

如果把呼吸器官看作是一个风箱的话,那么横膈膜就是活塞,而丹田就是这个风箱的拉手。丹田处在下腹部,"拉手"的理解,就是利用这个部位起推动与控制气息的作用,也就是用丹田操纵气息。气要吸得深,呼气的力度要大,那么横膈对腹腔的压力必然会增大,下腹肌肉必然会处在一种绷紧状态,利用这种绷紧状态,使它形成一个支持点,这个支持点在高音及气快要用完时,更为明显。由这个支持点推上去的气息,在臆想中直通头顶。传统戏曲所说的"膪胸"、"拔背",都是要我们能维持胸部以及腰腹的扩张状态。这也从另一方面说明了丹田呼吸法并非单纯的腹式呼吸,它应该是胸腹联合式的呼吸法,只是它控制气息的位置在下腹部。这种呼吸过程,就用"气沉丹田"四个字来概括。

传统戏曲用"丹田"这个支持点来控制气息,是由于它的位置较靠下,可以随时随地进行载歌载舞的表演,行动坐卧可随心所欲。在这种情况下,把呼吸肌肉群对抗的焦点放在"丹田"是比较合适的。

---

① 参许讯.教师语言实践教程[M].南京:南京师范大学出版社,2010:6.

二、共鸣控制

发音体之间的共振现象叫作共鸣。人体发声的共鸣是指喉部的声带发出的声音，经过声道共鸣器官，引起它们的共振而扩大，变得震荡、响亮，圆润有弹性，刚柔适度。这样的声音传送较远，可塑性大。

人的声道共鸣器官主要有鼻腔、口腔、胸腔等。口腔共鸣能使声音结实、明亮；鼻腔共鸣能使声音明丽、高亢；胸腔共鸣能使声音浑厚、洪亮。对说话者来说，采取"口腔为主，三腔共鸣"的方式为最佳，用这样的共鸣方式发出的声音，既圆润丰满，洪亮浑厚，又朴实自然，清晰真切。

（一）鼻腔和口腔

人的气道由鼻腔、口腔、咽腔、喉腔构成，教学中运用最多的是鼻腔和口腔。鼻腔是不可调节的腔体，口腔是可变的腔体，最灵活，变化最复杂。鼻窦位于鼻腔上方，它们与鼻腔通过小孔相连，在歌唱艺术中使用。鼻腔和口腔因为体积较大，一般称为共鸣腔，实际上它们既是气流的通道，又是共鸣的器官，有着双重作用。

（二）胸腔

胸是指横膈膜以上、颈部以下部分腔体。胸腔是由肋骨围成的腔体，可随胸肋扩张或收缩变化，由此改变胸腔的容积，进一步影响肺的张缩变化，最终影响气流呼吸的数量，对发声产生影响。可见，胸腔既是共鸣器，又是输送气流的动力器，同样有着双重功能。

凡是有一定容积的腔体都有共鸣作用，因此气道也是共鸣器官，其中鼻腔、口腔的共鸣作用较明显，气管等则不明显。

三、吐字归音

（一）对吐字归音的要求

"吐字归音"是我国传统说唱理论中提及咬字方法时所用的一个术语。它从汉语音节结构特点出发，把汉语一个音节的发音过程分为字头、字腹、字尾三个阶段，吐字归音是口腔控制的重要一环。口语表达中，要吐字有力、清晰，字音准确，归音到家、完整，字正腔圆、珠落玉盘。借鉴吐字归音的理论，把它移植于教师语言之中，是很有意义的。吐字归音，要求准确、清晰、圆润和流畅。其中，准确清晰为"字正"，圆润流畅为"腔圆"，吐字归音的理想要求就是"字正腔圆"，即读音正确规范，字音清楚，声音饱满润泽，发音集中不散乱，语音连贯自然。正如张颂教授所说的："规范的语言，带给人们的将是广阔、高远、独特、深邃的优美意境""它气盛言宜，字正腔圆，珠圆玉润，余音绕梁；它准确鲜明，情真意挚，清晰畅达，入耳动心；它形神兼备、声情并茂，声画和谐，赏心悦目；它刚柔相济，严谨生动，亲切朴实，落落大方"。要做到这些就要进行反复的练习。

(二) 吐字归音的练习

人类发音的咬字器官主要是双唇、舌头、上下齿、硬腭和软腭等。其中唇和舌动作最积极、作用最大；牙关的开合使口腔容积改变，使声音发生变化。要使字音优美动听，就要锻炼咬字器官。咬字器官的训练方法主要有：

1. 口腔开合训练

平时说话，口腔开合度较小，发声较扁窄。口腔开合训练可以改变这种状态，使声音圆润、响亮、饱满。这就要求打开牙关，下巴放松而略向后缩，上下槽牙间自然地开合。开口时，上下槽牙有向上打开的感觉；而闭合时觉得口腔上部像啃东西似的向下扣。为了使口腔开合灵活而有控制，可以做以下练习：

首先，提起下颚肌反复咀嚼，以加强两腮的咬劲儿。

其次，放松下巴，可用手扶住放松而微收的下巴，使其固定；缓缓抬头以打开口腔，再缓缓地闭合，体会下巴放松的感觉。

然后，以发"a"音的感觉为基础，带动各种音节的发音。因为在所有音节中，带a的音节开口度最大。以开带闭，以宽带窄，是把握打开牙关的重要方法。可单练如下音节：

lā(拉)　lái(来)　lún(兰)　lǎo(老)　làng(浪)

还可以在单练字音的基础上，练习绕口令来训练口腔开合。例如以下绕口令：

(1) 蓝蓝的天上白云飘，白云下面马儿跑。

(2) 碧玉妆成一树高，万条垂下绿丝绦。不知细叶谁裁出，二月春风似剪刀。

(3) 远上寒山石径斜，白云生处有人家。停车坐爱枫林晚，霜叶红于二月花。

(4) 白石塔，白石搭，白石搭白塔，白塔白石搭，搭好了白石塔，白塔白又大。

2. 舌的训练

字音的准确、清晰、集中、圆润、响亮，无一不与舌的状态紧密相关。舌头是活动最积极、影响最大的咬字器官。在普通话的所有因素中，除唇音b、p、m、f、以外，无不依赖舌的活动。

音节则全部都由舌积极地活动。由于汉语普通话语音多形成于舌的前部和中部，因而要特别加强舌前部及中部的训练，使之灵活有力。吐字时，舌要有向前活动的感觉，而不能向后缩；要加强舌前部、中部的收拢上挺能力，使力量集中在舌的中纵线。可做如下练习：

(1) 增强舌体活动的灵活性和弹动力。弹舌——舌尖上翘，同时快速地反复弹上齿下缘。刮舌——舌尖放在下齿背，上齿接触舌前部；舌前部逐渐挺起，将口腔撑开；上齿沿中纵线向前往后刮动。卷舌——将舌头伸出口外,使舌前端呈尖形,向上卷回。立舌——略张口,使舌在口腔内向左边立起,再向右边立起。转舌——闭唇,舌尖置于齿外唇内,舌尖在唇内齿外转动。

(2) 发音练习。用短促、有力的声音连续发 de……te……ne……le……舌的相应部分要有一定力度。

(3) 绕口令练习:

三月三,小三去登山;上山又下山,下山又上山;登了三次山,跑了三里三;出了一身汗,湿了三件衫;小三山上大声喊,离天只有三尺三。

吃葡萄不吐葡萄皮儿,不吃葡萄倒吐葡萄皮儿。

梁上两对倒吊鸟,泥里两对鸟倒吊。可怜梁上的两对倒吊鸟,惦着泥里的两对鸟倒吊,可怜泥里的两对鸟倒吊,也惦着梁上的两对倒吊鸟。

3. 唇的练习

双唇是吐字的重要器官。唇的控制对吐字质量有明显的影响。在发音时加强唇的力量可以使声音集中;双唇松懒,声音发出来则散漫、无力。唇形不正确还会使字音出错,影响语义。为了保证字音的清晰、集中,唇的撮、展要非常灵活;在发音时,唇的活动幅度不能过大,要唇齿相依;唇的力量要集中在上唇的中段,可以轻提颧肌,使嘴呈微笑状,以加强上唇中段的撮合力,不要整个嘴皮子用劲。吐字时,口型的动作要自然、美观、口角轻圆。为加强唇的力量和灵活。可做如下练习:

(1) 撮唇。开小口,轻提颧肌将唇撮合,再展开,反复动作。

(2) 转唇。合口噘唇,沿上、左、下、右方向转动,在反方向转,反复转动。

(3) 双唇打响。闭口提颧肌上唇向中间缩,力量集中于上唇中部,反复发不带元音的 b、p,有清晰的爆破声。

(4) 发音练习。可练习带双唇音的单音节:如 ba、pa、ma、fa,发音要短促、有力。

(5) 绕口令练习:

张伯伯,李伯伯,饽饽铺里买饽饽,张伯伯买了个饽饽大,李伯伯买了个大饽饽。拿回家里喂婆婆,婆婆又去比饽饽,也不知是张伯伯买的饽饽大还是李伯伯买的饽饽大。

八百标兵奔北坡,炮兵并排北边跑。炮兵怕把标兵碰,标兵怕碰炮兵跑。

白猫黑鼻子,黑猫白鼻子;黑猫的白鼻子,碰破了白猫黑鼻子,白猫的黑鼻子破了,剥了秕谷壳儿补鼻子;黑猫的白鼻子不破,不剥秕谷壳儿补鼻子。

第三节　小学教师语言表达的技巧训练

"教师教学用语"就是指教师在课堂上根据教学任务的要求，针对特定的学生对象，使用规定的教材，采用一定的方法，在有限的时间内，为达到某一预想的效果而使用的语言。它是知识的主要物质载体，是师生信息沟通的重要手段，是联系师生情感的重要纽带。为了吸引小学生，提高教学效果，小学教师须掌握一些教师语言的表达技巧。

一、音调控制技巧

语调是指讲话时声音的高低升降、抑扬顿挫的变化。语调能强化表情达意，增添口语表达的生动性。教学语言要求语调自然、适度，力争优美，尤其是在朗读与优美动听地讲述的时候，更要讲究音调的调节。这就要求教师做到：首先，音量、音速要高低相同、错落有致，一般以全班学生都能清晰入耳为准；其次，要选择"变换型"语调。教师讲课的语调千差万别，总的来说，可归纳为高亢、抑制、平缓、变换型四种。其中，变换型语调对学生学习效果最好。变换型语调是指根据教学内容不同而使语调富于变化，有起伏、有波澜，语调亲切自然、高低和谐、富有韵律感。

课堂教学语调控制除了要求教师讲话的音量强度适当、语音清晰外，还要求教师在教学流动过程中，语调要亲切自然。教师在教学过程中，亲切自然的语调能使学生体验到快乐、惊奇、赞叹等积极感情，以增强大脑的工作效率，克服脑细胞的萎缩、惰性，激发一种"乐学"的积极情绪。从心理学观点看，亲切自然的语调，能给人一种悦耳、轻松的愉悦感，能唤起学生积极的情绪，激发他们浓厚的兴趣，促使他们精神振作，注意力集中，产生强烈的求知欲望，从而积极有效地进行思维。学生机智之闪烁，出人意料的教学创造，都来自教师和学生双方高度的融洽。

目前课堂教学中通常的语调弊病表现是"命令调"、"报告调"、"首长"腔，居高临下，拉腔拉调，语气生硬，语调冷涩。声音是感情的使者，课堂教学中发出"感情"的音色，需要教师有高度的责任感和事业心，对学生要充满"爱"。我国著名教育家夏丏尊说："没有爱就没有教育。""爱"是贯穿教学活动始终的灵魂。缺乏对学生的"爱"，音色难免就装腔作势、拿腔拿调、官调十足，令人生厌，使人木然而无动于衷。只有语调融注感情，以神主声，以情主调，才能使人感到亲切自然。学生在感情融通和悦的语流信息的反复作用下，随之情迁意动，思绪纷扬。

二、韵律协调技巧

教师的语言表达应该具有美感，教师的口语表达应该具有韵律美。讲求语言音调的韵律美，对于课堂教学来说，也是至关重要的。这是因为课堂教学以有声语言作为载体，来达到知识或技能的传递的目的，这就在客观上要求语言的发出者教师，声调必须和谐、动听、富有情趣，以刺激学生的听觉快感，使学生保持注意力的集中。

为了使自己的教学语言富有韵律美，教师至少要在以下三个方面做出努力：

（一）恰当选用词语，可有意识地多用双声词、叠韵词、叠音词和拟声词

汉语中存在大量的双声词、叠韵词、叠音词、拟声词。双声的如：慷慨、仓促、踌躇、吩咐等；叠韵的如：灿烂、彷徨、从容、徜徉等；叠音的如：悄悄、苍苍、巍巍、红彤彤、绿油油等；拟声的如：叮当、扑通、乒乓、稀里哗啦等。古人云："叠韵，如两玉相叩，取其铿锵；双声如贯珠，取其婉转。"王国维说："双声宜促节，叠韵宜荡漾。"教师在选择词语时，有意识地选用上述这些词语形式，有助于形成口语表达的韵律美。例如，李清照《声声慢》中"寻寻觅觅，冷冷清清，凄凄惨惨戚戚"，这样的文字，使用叠词的语言形式，低廻舒缓的旋律久久回荡在读者的耳际。

（二）要注意音调的运用

汉语的声调，既有高（平声、上声）、低（去声、入声）之别，又有平（平声）、仄（上声、去声、入声）、舒（平声、上声、去声）、促（入声）之异。高低相间，平仄相宜，舒促得当，才能显示出语言声调的韵律感。

（三）学习用韵和修辞的知识

教师应有意识地用韵语教学，使用对偶、回环、排比等修辞手法锤炼自己的语言。韵律一般用来指诗歌中的声韵和节律。在汉语古典诗歌中，平仄、排偶、押韵等，都是构成诗歌音乐美的重要手段。在日常的教学活动中，教师同样可以借助押韵、对偶、回环等手段，使自己的教学语言听起来气韵顺畅，和谐自然、悦耳动听，以语言的韵律美打动和感染学生。押韵的语言会让听者感受到语言的回环美，也好听易记，如儿歌、谜语等都能增强语言的韵律美。

对偶、回环等辞格的运用，也会使语言产生韵律美。在我国传统语文教学中，常用韵语对童蒙进行教育，学习对偶（即对对子）是常用的方法。对偶音节匀称齐整，节律和谐优美，读起来朗朗上口，易记易诵，切合汉民族语言的特点和诗文阅读写作的需求。有的老师非常注重在教学中有意识地以对偶的语言形式进行教学。著名特级教师钱梦龙先生教《捕蛇者说》，在比较分析本文与《苛政猛于虎》篇立意相同的基础上，让学生进行对偶形式的言语训练，最后归纳出这样的对偶句："苛政猛于虎，赋敛毒于蛇。"有许多老师都在教学中有意识地运用对偶修辞对学生进行语言训练，如[1]：

  月下荷塘莲花神韵夺魄
  叶上月色光影妙律勾心（《荷塘月色》）

---

[1] 翟应增. 论教师语言的韵律美[J]. 文教资料, 2013(19).

大海边鲁彦伴妻听潮

高山上袁鹰陪友观竹（《听潮》《井冈翠竹》）

这种用对联的艺术形式概括课文单篇或双篇的做法既完成了对学生的语言训练，又让学生感受到了汉语之美。

如果教师能合理运用以上三个方面的韵律协调技巧，努力使自己的课堂教学语言韵律协调，就能使自己的声音和学生的听觉器官接受声波刺激的最佳范围相适应，从而增强授课的效果。老舍先生说："除了注意文字的意义而外，还要注意文字的声音与音节。这就发挥了语言的音韵之美。我们不要叫文字老爬在纸上，也须叫文字的声音传到空中。"在教师口语表达中，为了更好地把文字"传到空中"，通过作用于人的听觉器官的声音，把无生命的书面知识与活的声音美感体验紧密结合起来，让学生在语流中、在语言的线性呈现中感受汉语独特的韵律美。

三、速度控制技巧

教学语言是有节奏可言的，而节奏的快慢，直接影响着学生的思维活动。所以，教学语言的速度对整堂课的效果有着举足轻重的作用。其速度是不是合理，是不是科学，对于教学效果的好坏也有着直接的影响。

有些教师上课时说话的速度过快，发送信息的频率太高，使听课的人大脑对收取的信息处理不及，形成信息的脱漏、积压，导致信息传送活动的障碍，甚至中止。学生的思维跟不上，茫然不知所为，听课的效果自然不怎么好。而有些教师的教学语言速度则过慢，远远跟不上学生大脑处理信息的速度，导致课堂气氛沉闷，学生在课堂上如坐针毡。这样的教学语言速度处理，不仅会浪费学生宝贵的学习时间，也可能导致学生精力涣散，感官和大脑皮层细胞从兴奋转入半抑制状态，降低听课的兴致与效果，学习效率低下，久而久之，使学生养成慵懒的习惯。那么，怎样才能科学有效地把握教学语言的合理速度呢？教师的教学语言，就其语言速度来说，必须受课堂教学规律的制约，要受到教学对象、教学内容、教学环境、教学要求等各种因素的制约，即教师教学的语言速度要与各种因素相适应，才能取得良好的教学效果。

（一）教学对象的年龄因素

教学对象的年龄因素是确定教学语言速度的重要依据，语言速度的快慢，要考虑教学对象的接受能力。给不同年级的学生上课，教学语言速度也应有明显的差别，也就是说"到什么山上唱什么歌"。教学语言速度应该因"人"制宜，做到"对症下药"。对高学段学生而言，其感官功能、大脑发育情形与负荷能力都逐渐成熟，精力比较充沛、反应灵敏迅速，课堂上教学语言速度相应的快一点，整堂课节奏紧一些。这样，学生的注意力集中，学习效果要好一点。如果是给小学一、二年级的学生上课，要相应地放慢教学语言的速度，音节的时值长，语流中间停顿时间长，停顿次数多；而且避免使用过多结构复杂的句子，多重复重点、难点，力求让所有学生都接受所讲授的内容。因为他们的年龄小,接受能力有限,且大多数学生好动,注意力很难长时间集中。对同一年龄段的学生,也要视学生具体情况而语速有异,如果班上的学生普遍基础不好,上课的教学语言速度则以慢为主,以强调性的语调起到提醒作用;相反,如果班上学生基础普遍比较好,思维敏捷,教学语言速度则肯定要快,尽量在有限的时间内加大授课容量。

(二) 教学内容的因素

教学内容的因素也是确定教学语言合理速度的又一重要依据,即不同学科的课程或者同一学科的不同内容,由于教材内容有深浅难易、感情有激昂低沉之分,教学语言的速度也应有快慢之别。窦桂梅老师说:"讲到高兴处,慷慨陈词,语速快而高亢,学生就会随老师的情绪而跃跃欲试;讲到感人处,气定语咽,语速慢而含情,学生也会随之真情萌动,达到'未见花色先有香'的效果。"教学语言速度也跟文本的内容有关,应该视课文内容的感染而不断变化。如《口技》里的口技表演者,能够达到让宾客"意少舒,稍稍正坐",也能让宾客"两股颤颤,几欲先走"。除了口技技艺精湛,语速应该也起到了不可或缺的作用,尤其是"火起群乱"一节,语速应该是急促如一泻千里的瀑布。教师在朗读、讲解课文的时候,也应该语速加快,迎合课文的内容,让学生的心紧紧悬起来,如临其境,达到与文本内容共鸣的境界,这对授课的效果无疑大有裨益[①]。

(三) 教学环境因素

这也是制约教学语言速度的条件之一。语言的产生离不开环境,语言的速度也受环境的影响。教室的空间大小不同,干扰程度不同,教学语言的速度也不尽相同。空间大、距离远,语言速度就要相应地放慢。环境安静不安静,有无噪音干扰等,也对教学语言速度有影响。比如上室内课和室外课,就有不同。比如说,上室外写作课,空间大、距离远,语调除了高之外,教学语言速度也相应地要放慢一些,这样便于学生听清楚。如果是大班,教室大,学生也多,并且有骚乱的现象,教师就可用连珠炮似的语言把这种氛围压下去,这比批评、说教的效果还要好,达到"不战而屈人之兵"的效果。上室内课,环境相对安静,没有噪音干扰,教学语言的速度可以相对快一点。如果在课堂上有学生讨论的环节,讨论得激烈,需要教师做提示或点评,语速就可慢些,以强调为主。如果时间紧,教学目标要在规定的时间内完成,则教学语言的速度肯定要快。

(四) 教学要求的因素

具体教学要求也是教师控制教学语言速度要考虑的因素。如果是要通过描绘一件生动具体的故事,来激发学生的学习兴趣,教师讲述得就可以快一些,这样能较顺利地激起学生的学习兴趣;如果是要通过启发学生和教师共同思考得出一个科学结论,教师的语言就要放慢,好给学生以充分的判断与思考机会;当归结出了科学概念、科学结论时,则要逐字逐句地吐字清晰明确,使学生既明确又牢固地掌握基本概念和科学原理。

上述四个方面,都是小学教师教学语言速度控制应该考虑的重要因素。但总的来

---

① 郑旭.对语文课堂上教学语言速度的几点看法[J].学周刊,2016(9).

说,教学语言的速度控制,最根本的一点还是在于是否与教学对象对语言信息反馈的速度相适应。

本章小结

本章主要阐述了小学教师语言能力的训练技巧和方法。科学发声是教师的职业要求,教师应该学会科学发声。用气发声、共鸣控制、归音吐字是发声的基本方法。教师应该掌握音调控制、韵律协调和语速控制等语言表达的技巧。教师要努力提高自身的语言表达能力,必须采用多种方法反复训练。

思考训练

1. 试述声音的物理性质,并说说这些物理性质对普通话各有什么作用。
2. 试述人类发音器官的组成,并说说这些发音器官对发声各有什么作用?
3. 试述科学发声的具体方法。
4. 试述小学教师须着力训练哪些方面的语言表达技巧?

拓展阅读

1. 王子木,黄培玲.课堂教学中的教师语言与仪表美(小学篇)[M].沈阳:白山出版社,2012.
2. 马显彬.教师语言学教程[M].广州:中山大学出版社,2000.
3. 许讯.教师语言实践教程[M].南京:南京师范大学出版社,2010.
4. 杨亦鸣.语言能力训练[M].北京:高等教育出版社,2012.
5. 周新干.艺术发声与朗读训练[M].成都:四川科学技术出版社,1988.
6. 万里,赵立泰.汉语口语表达学教程[M].北京:北京师范大学出版社,1990.
7. 徐恒.播音发声学[M].北京:北京广播学院出版社,1985.
8. 张锐,万里.教师口语[M].北京:北京师范大学出版社,1994.
9. 郑旭.对语文课堂上教学语言速度的几点看法[J].学周刊,2016(09).
10. 黄伯荣,廖序东.现代汉语(增订本)[M].北京:高等教育出版社,1991.

第六章
小学教师口头语言

※ 章首语：

于漪老师说:"语言不是蜜,但可以粘东西,教师语言要锤炼、准确、生动、流畅、优美,像磁场一样,牢牢吸引学生的注意力。但最主要的是用自己的'心'去教,目中有学生,心中有学生,把对事业的满腔热情倾注到学生身上,就有巨大的驱动力。"正因为她对学生倾注"满腔热情满腔爱",课堂教学中,她那声情并茂、扣人心扉、凝练而亲切的语言,怎能不激起学生的共鸣,怎能不受到学生的爱戴?

※ 情境导入：

一个夏日,有位教师正在上课,突然窗口飞进几只蝴蝶。那几只色彩斑斓的蝶儿在教室里翩翩起舞,久而不去,学生为之哗然。这时教师突然机智发问:"你们谁知道蝶儿为什么不愿意离去?"学生默然。教师自答:"因为蝶恋花啊!你们是祖国的花朵,所以蝶儿才如此依恋你们。"一语拈来,学生恍然醒悟,急忙将注意力收回,集中到学习上。教师幽默机智的语言驱除了蝶儿对学生的诱惑。

根据声音的有无,可以将教师语言分为有声语言和无声语言。有声语言是教师在教书育人及其相关工作中所使用的口头语言,无声语言是指教师在教书育人及其相关工作中所使用的书面语言和体势语言。教师语言是以口头语言为主要形式,以书面语言、体势语言为辅的语言的总和,但在小学教师正常工作中,是以有声的口头语言为主,以无声的书面语言和体势语言为辅的。

第一节 小学教师口头语言概述

一、小学教师口头语言的界定

小学教师在教书育人及其相关工作中用声音表达出来的语言，都属于小学教师口头语言的范畴。口头语言是教师工作中所采用的最主要的语言形式，教师工作中的大部分活动，无论是课堂上对学生的知识教学，还是课堂外对学生的思想品德教育，抑或是为了促进学生的成长进步而与家长的交流，以及为了顺利教学和提升教研而与领导、同事和家长的交际活动，都必须要用声音表达出来，因而口头语言是教师语言最常使用的语言类型。

二、小学教师口头语言的种类

根据小学教育教学活动的性质，教师所使用的口头语言，可以分为教学口语、教育口语和工作交际口语三种类型。如本书第一章所述，教师在知识教学活动中也会适时穿插对学生的思想教育，在思想教育中也会偶尔涉及知识的教学，所以教学口语和教育口语二者交错，其实并不能截然划分。我们这里所阐述的教学口语主要是针对教师在课堂上传授科学文化知识所使用的语言形式而言，教育口语也主要是针对教师在课堂外对学生进行思想品德教育所使用的语言。工作交际口语则是指教师在工作中，与领导和同事交流、与家长进行访谈所使用的语言。

（一）教学口语

教学口语是教师在课堂教学过程中所使用的工作用语，即教师在课堂上根据某一教学任务，针对特定的教学对象，使用规定的教材，按照一定的教学方法，在有限的教学时间内，为达到某一教学目的和预期效果而采用的口头语言。张锐在《教师口语》中认为，教学口语是"教师在教学过程中用来'传道、授业、解惑'的工作用语，即教师在教学过程中，根据学生的特点和教学内容的需要，以传授知识、培养能力、进行思想教育为目的而使用的一种工作语言。"[1]郭启明先生也说："教学口语是指教师在把知识技能传授给学生过程中使用的语言，它是教师传递教学信息的媒体，是一种专门行业的工作语言。"[2]尽管具体说法有所不同，但是对教学口语的认识本质上却是一致的。

课堂教学是整个教学活动的主体，教学任务的完成、教学目的的落实，都主要是通

---

[1] 张锐,万里.教师口语[M].北京:北京师范大学出版社,1994:250.
[2] 郭启明.教师语言艺术[M].北京:语文出版社,1992:17.

过课堂教学来实现的,所以,教学口语在整个教师语言中占有重要的位置。教学口语,是教师传递知识信息的主要手段和桥梁,它对上联系教学内容的落实,对下联系学生的认知效果,是教师口语的重要组成部分。

(二)教育口语

这里所说的"教育"是指思想品德教育,所以,教育口语是教师对学生进行思想品德教育而采用的语言形式,"是教师根据党的教育方针,对学生进行思想品德行为规范教育的工作用语"[①]。教师的主要任务是教书育人,根本目的是把学生培养成德、智、体、美、劳全面发展的新人,所以,教师除了要对学生进行学科知识的教学以外,还要根据学生的思想实际,组织各种形式的教育活动,有目的、有计划、有针对性地对学生进行政治思想、道德品质教育。"教育口语"是相对于教师的"教学口语"而言的,主要是指教师根据国家教育方针政策,有目的、有针对性地对学生进行思想品德及行为规范教育时所使用的工作口语[②]。值得注意的是,由于教学活动中始终贯穿着教育,因此教师的教育口语也大量表现在各种教学场合之中。教育口语在整个教育活动中有很重要的作用,是教师进行思想教育的主要手段,贯穿于教师与学生相处的各个环节之中,对提高学生的思想觉悟,培养良好的道德情操,树立正确的人生观,协调学生之间的关系,提高学习的主动性、积极性都有很重要的作用。同时,跟教学口语一样,教育口语也是教师必备的基本功,是完成教育教学任务不可缺少的工具。

(三)交际口语

交际口语是指教师围绕教育教学工作需要,与领导、同事及家长进行交流所使用的语言。教师的工作交际口语和一般的交际语言不同,它必须是围绕教师教育教学活动所需而展开的,是为教育教学服务的。交际口语和教学口语不同,教学口语是以追求良好的教学效果、教育质量为目的的,交际口语则是为教学口语的选择提供依据;交际口语和教育口语也不同,教育口语是以教育学生,促其改正错误、健康成长为目的的,而交际口语则是为教育学生提供条件和信息,以使教育效果更好。可见,交际口语对教学口语、教育口语都有很好的促进作用。正如郭启明所说:"成功的交际语言,不仅可以为教师履行教学职责、完成教学任务奠定良好基础,还可以为教师树立良好形象,扩大社会影响发挥重大作用,创造必要条件。"[③]同时,交际口语也是教师各种修养和能力的综合体现,它反映了教师的道德水准、文化修养、知识水平、审美情趣、思维品质等,是良好教师形象的具体表现。

三、小学教师口头语言对教育教学的作用

古今中外许多学者都对教师语言(教师口语)的重要性做了精辟的论述。《礼记·

---

① 张锐,万里.教师口语[M].北京:北京师范大学出版社,1994:309.
② 杨亦鸣主编.语言能力训练——口语篇[M].北京:高等教育出版社,230.
③ 郭启明.教师语言艺术.北京:语文出版社,1992:295.

学记》云:"君子之教喻出,道而弗牵,强而弗抑,开而弗达。道而弗牵则和,强而弗抑则易,开而弗达则思。和易以思,可谓善喻矣。"著名教育家苏霍姆林斯基曾多次强调过教师语言表达的重要性,他说:"教师的语言是什么东西也不可取代的感化学生心灵的一种手段。教育的艺术首先包括说话的艺术。"在教师的各项教育教学能力当中,"言教"的能力首当其冲,是教师优质完成教育教学工作的重要前提、基础和媒介。可见,在教师职业成就的建树过程中,教师语言具有重要的作用。可以说,"工匠者,以利器为助;为师者,以语言为助。"实践已经反复证明,教师清晰准确、生动形象、富有感染力和启发性并自成一体、独具风格的语言表达,往往能够营造出一种轻松愉快的学习氛围,调动学生的学习积极性,使学生"安之,乐之,好之而行之"。具体而言,教师语言的作用主要体现在以下几个方面:

首先,教师口语可增强教育效果,提升教学质量。在影响教学质量的诸多因素中,教师语言作为达成教学目标的重要凭借,其工具性价值水平的高低是一个不容忽视的方面。教师主要通过语言手段来传播科学文化知识,语言表达能力的高低,直接影响到其教学效果。俗语说:"茶壶里煮饺子,有货倒不出来",说的就是如果教师语言表达水平欠缺,即使自身懂得的知识再多,也是教不好学生的。相反地,如果教师语言表达能力强,就能使课堂教学深入浅出,形象生动,牢牢抓住学生注意力,使学生容易接受和理解,从而获得满意的教学效果。著名捷克教育家夸美纽斯曾打过一个生动的比方:"教师的嘴就像一个源泉,从那里可以流出知识的溪流。"正是这一道道奔腾不息的溪流,滋润着学生求知的心田,灌溉其精神的沃野,使其知书达理、健康成长。

其次,教师口语可增强对学生的感染力,提高教育质量。教师对学生的思想品德教育效果也与语言表达的质量有关,与教育、说服学生的方法技巧有关。教师要动之以情,晓之以理,这样学生才会口服心服,否则,不讲究方法技巧,一味地"疾言厉色"、"良药苦口",冷嘲热讽,效果只会适得其反,甚至酿成严重后果。所谓"好言半句三冬暖,恶语伤人六月寒"说的就是这个道理。古希腊著名教育家德谟克利特说:"用鼓励和说服的语言来造就一个人的道德,显然比用法律的约束更能成功。"这充分说明,恰当的语言表达形式对学生养成良好的思想品德有着重要的影响。请看下面案例:

案 例[①]

有位政治老师平时表情严肃,上课没有笑容。在一次教学问卷调查中,有个学生反映,某老师上课板着一副脸,像我们欠他的什么似的,我们怀疑他是不是生来就不会笑。这位老师闻此意见后气急败坏,大发雷霆,骂这些学生是一群混蛋,甚至提出再也不上这个班的课了。可时隔不到两个月,又一位同学针对他同一问题给他递了一张纸条,题目是《老师,请你面带微笑》,纸条是这样写的:

---

① 摘自张锐,万里.教师口语训练手册[M].北京师范大学出版社,1994:2.

> ×老师：
>
> 我终于有点抑制不住自己的内心，我想了好久，冒昧给您提个意见。本学期自您给我们上政治课以来，我觉得你似乎格外严肃。一直阴沉着脸讲话，没有欢声笑语。好些同学都有一种压抑感，原来的 A 老师上课很愉快，而今却使人觉得有点透不过气来。也许您是位严肃的老师，也许各种社会活动和家务使您很劳累，也许是我们这些不听话的弟子惹得您不开心……但不管怎样，我们还是要说：老师，请您多一点微笑。微笑的春风会吹开我们这些晚开的花朵！微笑也会使您驱走烦闷，增进健康。而您的快乐和健康更是我们坚持学习的基础和保证。
>
> ×老师，为了您的健康，为了您的工作，为了我们——您的学生，请您面带微笑，让微笑滋润我们求知的心田……

这张纸条不但没激起这位老师的反感，他还到处说这个学生懂事，知道如何尊敬爱护老师，之后这位老师的微笑也开始出现在课堂上了。学生针对老师同一问题的批评或请求，只是因为语言的不同，效果竟大相径庭。这正如俗语所说："人不爱奉承，只要话说得好。"老师作为一位教育者、成年人，尚且如此，更何况作为受教育者的未成年学生呢？

最后，教师口语可融洽师生关系，为学生营造祥和的学习环境。学生学习需要一个好的环境，学习环境是教育教学活动重要的外部条件。学习环境包括的因素很多，师生关系是学习环境中一个极其重要的因素。师生关系是否和谐，直接影响到学生学习环境的好坏，进而影响学生学习效率的高低。师生关系的好坏主要是通过语言交流来实现的，如果教师言语适当，则容易与学生建立起良好的关系；反之，如果言语粗劣、出口伤人，则会造成师生关系紧张，甚至产生严重对立和矛盾。《孔子家语·颜回》曰："终身为善，一言则败之。"所以，教师应注意自己的语言表达，与学生建立良好的师生关系，为学生营造一个温暖祥和的学习环境，也为自己打造一个和谐舒心的工作氛围。

第二节　小学教师教学口语

一、小学教师教学口语概说

教学口语是教师在教学过程中使用的工作用语，是教师教书育人的重要工具。教学口语的正确使用是教学技能的核心，也是教学艺术的核心。因此，对小学教师来说，进行教学口语的训练，有意识地提升自己的教学口语水平，显得尤为重要。

（一）小学教师教学口语的特点

由于教学活动只发生在教师和学生之间，因此课堂教学口语是一种特殊的、有别于其他口语表达方式的话语形式，它受到教学内容、教学任务、教学对象、教学环境等多种客观因素的制约，同时还直接受到教师的思想品德、学识能力、审美情趣以及语言运用水平等主观因素的影响。因此，教师教学过程的复杂性决定了教学口语特点的多样性。教学口语除了必须满足教师口语的基本要求以外，还具有以下一些特点：

1. 规范性

规范是教学口语的第一要素。教学口语的规范性指的是教学时语言要准确、规范、精练，具有逻辑性和系统性。这主要体现在以下几个方面：第一，语音方面，要用标准的普通话来表述，发音准确，吐字清晰。第二，在词汇以及语法方面，要求措辞恰当，具有精确性，要符合语言逻辑，修辞规范，不带语病，不引起歧义。第三，要求用学科专业术语讲授，无论讲述的是哪一方面的内容，都必须讲述各自特有的概念、术语和原理，不能随便用日常词语来代替专门术语。

2. 知识性

教学口语的知识性是指教师在教学过程中，能恰当而广泛地引起相关的知识，尽可能地给学生比较多的信息，使学生由此及彼，不局限于一节课、一本书，从而增加学生信息量，完善学生的知识结构。知识性是指教学口语中包含了丰富的知识和信息，教师在讲解教学内容时能够恰当地旁征博引，使学生扩大知识面，加深对教学内容的了解。

知识性是教学口语的最大特点，因为教师所传的"道"、所授的"业"都是科学文化知识的结晶，学校开设的各种课程都是独立的文化知识体系，这些独立的文化知识体系又构成了不同阶段文化知识的整体。教师要恰当地运用通俗、准确、科学的教学口语把科学文化知识教给学生，同时，小学教师在运用教师口语传授课程知识的同时，也在给小学生以语言的示范，使学生感受和认识语言的魅力及社会价值。因此可以说，教师的教学口语无论是内容还是形式都是科学文化知识信息的载体。

3. 情感性

特级教师于漪曾说过："教师语言的美丽来自于善于激趣、深入传情、工于达意，对学生产生吸引力、感染力，产生春风化雨般的魅力。"于漪老师的这段话点出了教学口语的一个特点——情感性，即教学口语应力求使学生为之动心，为之动情。教师课堂上的每一句话，乃至每一个词都要反复推敲，既要准确、深刻，有哲理，又要饱含情感，亲切、自然，娓娓道来，表现出教师对学生真挚深厚的爱，使师生之间产生心灵的沟通、情感的交流。

4. 启发性

启发性是指教师的课堂教学口语能诱发学生的思考并使之有所感悟。教师用语言教学，不只是简单地向学生灌输知识，还要引起学生的思考，发展学生的思维能力，使学生跟随教师语言叙述的思路思考问题、分析问题和解决问题。在教学过程中，如果一味运用"注入式"、"填鸭式"的教学方式势必引起学生的厌倦情绪。而如果用启发性的教学口语去激励、启迪学生,多用提问语、提示语、引导语,让学生置身于由一个个问题串联成的、富有启示性、富有情趣的情境之中,这样学生求知的欲望就会被点燃,学习的主动性就会被激发,学习的效率也就提高了。

5. 反馈性

反馈性是指教师在授课时,必须根据不同学生的接受能力和接受情况,及时、灵活地调整自己的语言表达,以驾驭错综复杂的课堂教学。

课堂教学时,教师把储存的信息输送给学生,必然引起学生的反应,表现为把教师输入的信息再输送出来。而学生输出的信息,又反过来影响教师新的信息输入。这种现象,我们借用物理学的一个术语——"反馈"来说明。教师教学口语具有反馈性。教学过程本质上是一个"输出——反馈——再输出"的过程。在具体运用教学口语时,教学对象的个性、心理、知识等方面各不相同,实施教学所面临的情况千差万别,为了使教学顺利进行,教师必须针对差异及时地予以调整。即使是对不同的班级讲授同样的内容,使用的口语也要有所区别,这样才能适应不同的教学需要。这就要求教师要善于从学生的一举一动、一言一语、一颦一笑中透视出他们的内心活动。同时还要注意,由于学生知识基础和智能的差异,对教师输入信息的反应是不同的,教师不能"一刀切",而应该认真观察,根据具体情况,迅速做出判断,及时进行调整。例如,有个语文教师在讲授《少年闰土》一课时,告诉学生:"不能把课文里的'我'看成是鲁迅,因为这是一篇小说。"他注意到很多学生不解的表情,就进一步讲道:"小说的人物和情节都可以虚构,当然必须是生活中可能有的人和可能发生的事,而不是随意瞎编的。这篇课文是小说,作者采用的是第一人称的写法,虽然文中'我'与作者鲁迅的经历有很多相似之处,但文中的'我'是作者在自身经历的基础上进行了加工的产物,并不等于作者自己。"这样一讲,学生就明白了。可见,教师上课并不是一字不差地背诵讲义,而是在充分准备的基础上,一边按预定计划讲解,一边注意观察学生的反应,从学生的表情洞察一切。如果发现学生有难于理解的问题,应能随时选用学生易懂的词句,或更改叙述的结构再次说明,直到学生理解为止。

教学口语的反馈性,是加强课堂教学中师生双方信息交流的保证,它使学生更加顺利地接收教师输入的信息,使教师从学生输入的信息中得到下一步骤教学活动的依据。

(二) 小学教师教学口语的要求

不同对象、不同课程、不同教学环节具体运用教学口语时,尽管有着不同的技巧、策略,但不论哪一种情况,运用教学口语的基本要求都是一致的。教师一定要能够准确流畅地把文化知识用语言表达出来,做到"说能得人心"。所谓"说能得人心",是指说话一能抓住人心,二能打动人心,三能深入人心。教师语言的基本要求可以概括为以下几个方面:即语音音量适中,语速快慢适度,表述流畅自然,表意精确易懂。

1. 语音音量适中

音量主要是指声音的强弱大小。教师上课,传授知识,是交流思想、传授知识的活动。为了提高教学效果,要努力寻求教学口语的合理音量,也就是使自己说话的音高、音强、音长控制在最适当的程度。具体标准是使每一位学生都能毫不吃力地听清楚教师讲的每一句话、发出的每一个音节,并且感觉舒适。音量过大或过小,都会妨碍信息的传递,影响教学效果。同时,教师还应从学生听课的反应中了解语音响度的效果,及时调控。

2. 语速快慢适度

语速是指说话的快慢。语速适度是指教师应根据学生的年龄、说话内容、教学环境等与教学相关的诸多因素,以合适的语速来讲课。一般来说,语速是否适度通常以学生能否接受为标准。语速过快,学生听不清楚,也没有思考的时间;语速过慢,教学信息传达不足,就会影响教学效率和教学效果。

3. 表达流畅自然

流畅自然是指表达时语意连贯、语音自然,不能出现过多的"卡壳"、重复。教师口语出现不流畅的情况,一般是思维不顺畅造成的。加强这方面的训练首先要注意从改善内部言语向外部口语转化的环节入手,并多练习快速朗读、快速解说等口头表达,提高话语的流畅度。

4. 表意精确易懂

精确易懂是指教师的语言表述应在学生能接受的情况下,尽可能做到精练确切,明白易懂。这是因为科学知识本身是严密的、系统的,而教学又要求在规定的时间内完成一定的授课任务,这就要求教师语言精确。同时,教师口语中既要有精确的书面语言形式,又要有顺口悦耳、明白易懂的口头语言形式,以便于听说识记。教师上课时如按讲稿一字一句地念,会影响学生的思考,记笔记也不方便。教师在上课时必须考虑语言是否得当,考虑课堂教学的特点和教学效果。文辞过雅,组织过严,概念太多,抽象深奥等都会影响教学。

二、小学教师教学口语的类型

苏霍姆林斯基说:"课堂教学口语的主要任务是承传教学信息,启发学生求知,开拓学生视野,指导学生学习。"[1]课堂教学口语是教师传递知识信息的主要手段和桥梁,它是教学活动中最基本、最重要的方式。一般情况下,课堂教学包括新课导入、讲授阐释、提问答疑、评价引导、课堂总结等教学环节,因此,教学口语也包括导入语、讲授语、过渡语、提问语、评价语、总结语等形式。

(一) 导入语

导入语是教师在讲课之前,围绕教学目标而精心设计的一段简练的教学语言,是引入课程新内容的第一个重要的课堂教学环节用语。"良好的开端是成功的一半",适宜的导入语在教学过程中起到铺垫、定向、引趣和启思的重要作用。精彩的导入能够明确

---

[1] 苏霍姆林斯基. 和青年校长的谈话[M]. 上海:上海教育出版社,1983:78.

教学目的,引起学生的注意,激发他们的学习兴趣,还可以连接新旧知识,沟通师生感情,能为课堂教学的顺利进行奠定良好的基础。所以,导入又称为教学环节中的"黄金段"。

1. 导入语的要求

(1) 符合教学目的。导入语用于授课伊始,是完成教学任务的一个必要而有机的部分,有提起全课教学的作用。一定要根据既定的教学内容和教学目标科学设计导入语,或设置氛围、沟通情感;或开门见山、提纲挈领;或设计悬念、激发兴趣;或温故知新、承上启下。与教学目标无关的不要硬加上去,不要使导入语游离于教学目的之外,切忌为导入而导入,盲目随意,不知所云。

(2) 切合学生实际。导入语首先要从学生实际出发,做到"因材施教"。导入语的设计要从学生的年龄差别、性格特征、知识能力水平等实际出发,做到恰当贴切,灵活新颖。

(3) 针对教学内容。导语的设计要从教学内容出发,做到"因课施教"。违背教学内容的导入,尽管生动精彩,也不足取。随着教学内容的变化,导入语也应灵活多变,不拘一格。不能每一堂课都用同一种模式的导入语,否则就起不到激发学生兴趣、引人入胜的作用。

(4) 设计要简明扼要。导入语的目的是激发学生兴趣,启发学生思维,引入新课的教学,但其本身并非教学的内容,更不是教学的重点难点。因此,导语的设计要短小精悍、简明扼要。一般一两分钟就要转入正题,时间不宜过长。否则就会喧宾夺主,影响下面教学内容的讲授。

2. 导入语的类型

随着教学内容、教学对象、教学场合等的变化,导入语也不同。一般来讲,导入语有以下几种常用的类型:

(1) 直接式导入语。这种导入语,开门见山,和盘托出,由教师直接点出课题,点明学习目的或方法,它简洁明快,能迅速帮助学生把握学习方向。

案 例

在讲授《廉颇蔺相如列传》一文时,某教师开门见山地说:

今天我们来一起学习《史记》中的著名篇章——《廉颇蔺相如列传》。看看蔺相如是如何在虎狼成群、险象环生的环境中,置个人生死于不顾,以国家利益至上,凭自己的勇气和智慧,保全了国宝和氏璧,赢得了国家尊严的?又是如何处理和同是赵国栋梁之臣的廉颇之间的矛盾的?

案例中教师开门见山,以提问激趣的方式,一下子就使学生了解了本课的学习目的,下面就可以有针对性地进行课文内容的学习了,这样在上课伊始就激发了学生对新课的探究愿望,从而有利于教学任务的完成。

(2)解题式导入语。解题就是解释课题。题目是文眼,是了解一篇文章的窗口,透过它,可以了解文章的思想内容,继而发掘文章的中心。这种方法要求单刀直入,开宗明义。解释题目常常能够帮助学生把握学习方向,明确学习重点,迅速领悟教学的主要内容,或把握教学内容的结构线索,收到纲举目张的效果。

解题式导入语,要抓住重点词语进行解释。费解的概念,要作深入浅出的说明;关键词语,要"重锤敲打";需要时,还可引导学生联系已有知识去理解新课题。教师在表述这类导入语时,应当事先查找资料,做好充分准备,切勿未做准备,临场发挥,以致解题不清。

案 例

一位小学语文教师讲《飞夺泸定桥》一课时,先在黑板上板书"泸定桥"三字,并简单介绍一下泸定桥的地理位置。接着在"泸定桥"前写"夺"字,指出这里地势险要,是兵家必夺之地。然后在"夺"前面写上"飞"字,说明红军为了北上抗日,用"飞"一样的速度,抢时间占领这个天险。

案例中教师的导入语,虽然用语不多,却画龙点睛,突出了课文的重点,使学生对这篇课文的主要内容和写作思路有了初步了解,为课文的讲读打下了良好的基础。

(3)介绍式导入语。介绍式导入语是教师通过介绍与课文内容有关的知识或案例等导入课文,比如简要介绍文章的作者生平、时代背景、社会影响等,或介绍相关学术研究成果及教师的经验心得等。通过概要的介绍能让学生了解教学内容全貌,把握重点,能激发学生的求知欲,为顺利完成教学任务创造条件。这种导入要求准备充分,介绍准确科学,语言流畅自然,整个导入语要有明确的导向。

介绍式导入新课在人文社科类课程教学中使用较为普遍。

案 例

一位教师在讲授《李广射虎》一课时的导入如下:

师:李广是西汉名将,今甘肃秦安人,尤其善于骑射。汉文帝时,镇守北方边境,参加反击匈奴贵族攻掠的战争,他前后和匈奴作战大小七十次,以勇敢善战著称,致使匈奴数年不敢攻掠,被人称为"飞将军"。今天我们就来学一个有关李广的故事。

教师通过对李广的简单介绍,引起学生的浓厚兴趣,激发起学生急于了解课文内容的学习动机,效果自不待言。

(4)复习式导入语。复习式导入语是指教师在讲新课之前,由学生已有的知识过渡到新的学习内容,从而导入新课的方法。其中,所复习的知识点就是新课的教学切入点。这种方法通过新旧知识对比,有助于整合知识结构,在原有知识结构与新的知识之间架起一座桥梁,有效提高学生的学习能力。

案 例[①]

于永正老师在教学古诗《草》时的导入语如下:

师:小朋友以前学过三首古诗。一首是《锄禾》,一首是《鹅》,一首是《画》。还记得吗?谁能把三首诗背给老师和同学们听听?(学生背,略)

师:学完这么长时间了,还背得这么流利,而且很有感情。小朋友们,我国古代出了很多诗人,他们写了许多许多的诗。这些诗写得可美了,今天,咱们再来学一首。

于老师这个教学导入设计得很好,既复习了原来学习的诗词,又极其自然地和即将教授的古诗有机地联系起来,真正做到了"温故而知新"。而且,于老师亲切鼓励的口吻大大调动了学生学习新知的积极性。

(5)情感式导入语。对于思想感情比较强烈的文章,教师可以在课前用饱含深情的言语,创设出一种与教学内容相协调的意境,营造出一种情绪,创设出一种氛围,使学生受到感染,在不知不觉中置身于特定的情境之中,想象优美的意境,体验美好的情感,感受心灵的震撼。这不仅有利于学生领会作者情意和文章主旨,有利于课堂教学目标的达成,更有助于学生心灵与人格的塑造和发展。这种导入方法要求语言优美,感情充沛,节奏抑扬顿挫。

案 例

在讲授《向往奥运》一课时,教师使用了这样的导语:

2001年7月13日,是一个值得纪念的日子,让我们再一次回顾那激动人心的时刻!(播放天安门广场欢庆的场面)请同学们说一说你当时的心情。(指名说)是啊,多少年的追求,多少年的渴望,今天终于实现了。我们的心为之所感,情为之所动,血为之沸腾。现在就让我们一同去体会一下一名曾亲临奥运赛场,采访过奥运明星的体育记者向往奥运的这种感受吧!

教师在讲授新课前,用动情的语言抒发了作者多年来对奥运的向往和亲临奥运的激动心情,使学生受到作者激情的感染,从而产生学习新课的浓厚兴趣。

(6)故事式导入语。故事,是小学生最喜爱的形式之一。故事性导入语,就是通过讲故事的方法导入新内容的一种形式。在课堂导入阶段,使用生动、形象且和教学内容

[①] 于永正.于永正课堂教学教例与经验[M].北京:人民日报出版社,1995.

相关的故事,能极大地吸引小学生的注意力,激发学生学习兴趣,还能活跃课堂气氛,往往能收获生发联想、引发思考的效果。这种导入方法要求语言流畅自然、生动有趣,讲述绘声绘色。

案 例[①]

于永正老师讲授《新型玻璃》一课的导入语如下:

师:同学们,在一个伸手不见五指的夜晚,一个人影蹿进了陈列着珍贵字画的展览馆,准备划破玻璃,偷里面的字画。当他的玻璃刀刚刚触及玻璃的时候,院子里便想起了急促的报警声,警察立即赶到,把这个小偷给抓了。同学们一定奇怪地问:"这是什么玻璃呀?怎么一接触它就发出报警声呢?同学们,这是一种新型玻璃。拿出本子来,跟于老师写字:新——型——玻——璃。

于老师这种以故事导入课文的方法既可以一下子抓住学生的心,诱发学生的情境体验,激起学生强烈的学习兴趣,又可以让学生对课文内容有深刻的印象。

该方法不仅文科常用,理科的教学也可以在讲某个定理、原理之前,把发明或发现该原理的科学家的故事讲一讲,或讲讲与该原理有关的趣闻,同样也能起到很好的导入效果。

案 例

在讲授人教版数学三年级下册"求平均数"时,书上知识简单的一张图:4个杯子,杯子里装有不同量的水,问4个杯子水平面平均高度是多少,这些抽象的知识,学生肯定不感兴趣。于是,教师这样导入:

熊妈妈要小熊从井里打上水,倒进4个杯子里,按杯子上的刻度,第一个杯子装6厘米高的水,第二个杯子装3厘米高的水,第三个杯子装5厘米高的水,第四个杯子装2厘米高的水,然后熊妈妈让小熊算出4个杯子中水的平均高度,小熊想了半天也没算出来。小朋友们,你们能帮帮小熊吗?

像这样运用小故事创设一个问题情境来导入新课,学生的兴趣陡然上涨,个个跃跃欲试,争着要帮助小熊解决难题,从而产生了探究问题的欲望。

要注意的是,作为导入语的故事,一定不能太过冗长。但是,尽管短小,教师仍要花费心思,剪裁细节,安排层次,斟酌词语,如能配以多媒体声音、图像等创设悬念,就更能深深地吸引学生的注意力,诱发他们的学习兴趣,从而提高学生学习的主动性,为授课

[①] 于永正.于永正课堂教学教例与经验[M].北京:人民日报出版社,1995.

的成果奠定良好的基础。

（7）设疑式导入语。有些新课，教师可根据课文的内容以设置问题的形式来设计课堂导入语，以激发学生学习课文内容的兴趣，调动他们急于解决问题的好奇心。亚里士多德说："思维是从疑问和惊奇开始的。"疑问是思考的发端，探寻是兴趣的源头。课堂之初，如教师能结合教学内容合理设置扣人心弦的问题与出人意料的悬念，便会吸引学生，引发学生思考。这种方法的关键处在于设计的第一个问题要新颖有趣，悬念的设置要恰到好处，要能激起学生的联想和思考。

案 例

一位教师在教《卖火柴的小女孩》一课时的导入语如下：
师：同学们，你们的大年夜过得开心吗？
生：开心！有很多零食吃，有新衣服、新鞋子穿。
师：可是，有个小女孩就没大家这么幸福了。（讲到这里同学们都觉得惊奇）这一年大年夜，天气很寒冷，天又飘着大雪，小女孩又冷又饿，可是还要赤着脚到大街上卖火柴。
师：（进一步设疑）她究竟遭遇了什么事情呢？后来又怎么样了呢？今天，我们学习了安徒生的《卖火柴的小女孩》，大家就知道了。

老师用一段简短而且引人入胜的悬念式导入语，激发了学生的兴趣，很自然地进入新课教学意境。这一段导语在结束时设置了两个悬念："小女孩为什么大年夜还要在街上卖火柴？""小女孩后来的命运怎么样了？"学生们欲知答案，便要注意下面的内容，学生参与课堂的积极性和主动性得到了充分调动。

（8）引用式导入语。引用式导入语，即利用名人名言、对联、古诗词等导入。名人名言虽形式简短，但内容博大精深，富有哲理、耐人寻味、发人深省、给人以启迪。用诗词导入，可以增强讲课的韵味和吸引力。导入新课时，教师可以直接引用古今中外现成的名诗、名句，也可以自己编写。这种导入语，要求与课文内容联系紧密，针对性强，并富有启发性。

案 例

一位教师在讲授《我的母亲》一课时的导入语是这样的：
师：母爱，一个饱含柔情的永恒话题。"谁言寸草心，报得三春晖。"是的，不论年长年少，也不论天涯海角，高飞后心的另一端永远牵挂的是对母亲的不尽思念。今天我们一起走进胡适的童年，去感受母爱的伟大力量。

这段导入语,在与课文内容吻合的情况下,恰当化用了学生耳熟能详的诗句,达到了言简意赅的效果,既提升了学生的兴趣,又增加了导语的文化底蕴。

（9）直观式导入语。直观性导入语,即以实物、图片、歌曲、录像等为媒介进行课堂导入,变枯燥无味的说教为生动直观的形象,绚丽的色彩、直观的道具、旖旎的画面、悦耳的音乐,可以刺激学生的感觉器官和思维器官,带来学习兴趣的高涨。

案 例

于永正老师教学《惊弓之鸟》时的导入语是这样的:

师:小朋友,老师在黑板上画一样东西,你们看画的是什么。(于老师用彩笔在黑板上画了一个弓)

生:于老师画的就是一个弓。

师:这叫什么呢?(师指弦)

生:这叫弦。

(师便又画了一支箭,学生做了回答)

师:大家知道有了弓,有了箭,才能射鸟。可是古时候,有个叫更羸的人只拉弓不射箭,就把大雁射下来了,这是怎么回事呢?今天我们来学习第27课《惊弓之鸟》,学了这篇课文,大家就明白了。

于老师以画导入课文,调动学生的视觉器官,既激发了学生的学习兴趣,又调动了学生学习的积极性和主动性,充分发挥了学生的学习主体性。

导入语的设计方法多种多样,除了以上的导入方法外,还可以采用谈话导入、创设情景导入、简笔画导入、描绘式导入、悬念式导入等方法。无论使用哪一种方法,都要符合教学目标、针对教材内容,结合学生实际,紧扣课堂教学中心,注意导入语的科学性、目的性、趣味性和启发性。只要能收到良好的课堂效果就是好方法。

(二)讲授语

课堂教学的过程是一个信息传递的过程,信息传递的主要载体是语言,讲授语是教学中教师用来系统连贯地向学生阐述教材内容、传授知识和技能,传达情感和价值观念的教学语言形式,它包括对事物的描述、分析、归纳等。讲授语贯穿整节课,是课堂教学中最基本的语言表达形式,是教学口语的主体。讲授语言的好坏,直接关系到课堂教学的质量与效果。教师若能驾驭讲授语的艺术,对课堂教学的顺利开展、活跃课堂气氛、达到师生互动有很大帮助。同时,还能消除师生之间的心理距离,牢牢吸引学生的注意力,激发学生学习的兴趣,增进学生的求知欲,获得教与学的高效益。小学教师的讲授语,要求严谨准确、简明流畅、生动形象,并带有启发性、灵活性、趣味性。

1. 讲授语的要求

课堂讲授是教师向学生叙述事实、分析推理、揭示事物的本质特点,然后再上升到概念、理论的过程,是课堂教学中的主要环节。教师的讲授语,要讲清"是什么"、"为什么"、"怎么样"等问题,因此,讲授语除了符合教师教学口语的基本要求外,还必须做到以下几点:

(1)准确恰当,通俗明白。对教材的解释要准确无误,选用的事实和材料要精确恰当,语言要清晰,条理要分明,并且侧重启发。学生第一次接触到难懂的字词、句式,陌生的概念、定义,抽象的原则、道理等,都需要教师用浅显易懂的话语,深入浅出地讲解,以帮助学生有效地接收全新的知识。

(2)提纲挈领,突出重点。课堂教学的内容要有主有次,教学重点难点是课堂教学活动中师生共同的主攻方向,是教师讲授的核心部分和组织教材的主要线索。在课堂讲授中,教师应抓住要点,突出重点,提纲挈领、言简意赅地表述。这样,既有利于加深学生对教学内容的理解和记忆,又启发和点拨了学生,让他们成为课堂的主角,还可以节省教学时间,收到事半功倍之效。

(3)形象生动,轻松愉快。由于小学生身心发展的特点,对抽象理解的能力不强,所以教师在讲授时要力求形象生动,深入浅出。教师要把教科书上深奥的知识讲述清楚并不难,难就难在要让学生听得懂,记得牢。这就要求教师不能板着脸说教,在讲授时语言要形象生动、深入浅出,运用多种表达方式,力求具体化、形象化,有立体感,有吸引力,有感染力。讲授语一般比较长,课堂上占用时间也较多。如果语调平直干巴,讲授容易陷入枯燥乏味之中,使学生失去学习的兴趣。朱熹说:"教人未见意趣,必不乐学。"因此,教师还要极力创造一种轻松愉快的气氛,让学生在一个比较轻松愉快的环境里学习。做到这一点,教师要充分发挥幽默语言的作用,有意识地准备一些与讲授有关的幽默素材,把课堂搞活。此外,好的讲授语还应有悦耳的语音、起伏的语调、适宜的节奏,抑扬顿挫,娓娓动听。

2. 讲授语的类型

从不同角度出发,可以把讲授语划分为不同的类型。

(1)根据讲授用途的不同,讲授语一般包括:讲解语、讲析语、解说语、介绍语、归纳语和评点语等。讲解语主要用来讲述基本理论知识,如讲解作文的方法,讲述英语的时态变化等。讲析语主要用来分析有特殊含义的内容和比较复杂的现象,分析的目的是抓住中心或本质,如分析人物形象及其社会意义。解说语主要用来解释说明有关问题或事物,如介绍时代背景、人物生平、实验用的各种仪器,人与人之间的相互关系,等等。归纳语主要用于从一系列具体的事实中概括出一半原理,由局部到整体,由具体到抽象,由感性到理性地综合、总结,以把握事物的本质。评点语用于对重要的概念、关键词或段落进行画龙点睛式的点评分析,以引导学生展开联想,积极思考,加深理解。

(2)从所使用的方式上划分,讲授语又可分为叙述式、论证式、说明式、描写式讲授语。

其一,叙述式讲授语。叙述式讲授语是用叙述的方法对某人、某事、某概念等进行阐明、解释的教学用语。叙述式在文科教学中用于叙述学习要求、政治事件、社会面貌、时代背景、人物关系、故事概要、写作方法、历史事实、地理状况等;在理科教学中用于叙述学习要求、数量之间的关系、自然现象的变化、物体结构和功能、生物种类和遗传、实验过程和操作方法等。叙述式的语言简洁明快,朴实无华。

> **案 例**
>
> 《长城和运河》的教学片段:
>
> 师:有一道墙建造了两千多年,是人类历史上建造时间最久的建筑;有一条河开凿了一千七百七十九年,是世界上开凿时间最久的人工河流。沐千年风雨,历世事沧桑,它们的名字将永远地刻在每一个中华儿女的心上。
>
> 师:有谁知道这道墙的名字?
>
> 生:这道墙的名字叫万里长城。
>
> 师:(出示万里长城的图片)让我们大声说出这道城墙的名字!
>
> 生:(个个表情严肃,声音洪亮)万里长城!
>
> 师:有谁知道这条河流的名字?
>
> 生:这条河流叫京杭大运河。
>
> 师:(出示京杭大运河的图片)让我们骄傲地呼喊这条河流的名字!
>
> 生:(个个精神饱满)京杭大运河。

案例中教师的这段讲授语,用满怀深情的语言叙述了长城和大运河的悠久历史,表达了对万里长城和京杭大运河的赞美,烘托了课堂气氛,激发起学生的热情,为课文教学奠定了感情基调。

其二,论证式讲授语。论证式讲授语是指用论证的方法对某问题、某观点进行讲授的教学用语。它要求观点鲜明,论证充分,逻辑严密,语言干净利索。

其三,说明式讲授语。说明式讲授语是指教师在教学中解释某观念、某事物、某项知识时,用说明的方法所构成的教学用语,以此说明事物的性质、结构和功能等。要求清晰、流畅、准确,安排好说明的次序,不可主次不分,也不可前后颠倒。

> **案 例**
>
> 《小交通员》的教学导入[①]:
>
> 师:今天我们学习新课文(板书:29 小交通员),请打开课本。什么叫交通员?国民党反动统治时期,在地下党(板书:地下党)组织里担任送信任务的人。那个时候,白色恐怖笼罩,共产党组织不能公开活动,只有秘密地进行斗争,因此叫作"地下党"。

---

① 杨九俊,姚烺强主编.小学语文课程与教学[M].南京:南京大学出版社,2013:345.

由于现在的学生对我国革命期间的那段历史所知不多,所以教师先简略说明了课题"交通员"的意思和课文故事所发生的时代背景,为学生理解课文的内容和人物形象提供了必要的背景知识,起到了很好的铺垫作用。

其四,描写式讲授语。又叫形象式讲授语,即运用形象化的手段对教学内容进行讲解的教学用语,可以化难为易,变抽象为具体。用于刻画人物、描绘环节、介绍细节、渲染气氛、表达感情等。描述式的语言细腻形象,生动有趣。

(三) 过渡语

过渡语又称为课堂衔接语、转换语等,指教学过程从一个环节到另一个环节,由一个问题到另一个问题,由一个知识点到另一个知识点之间的过渡用语,是教师在讲授新的内容之前,有目的、有计划并用一定方法所设计的简练概括的教学语。巧妙的过渡语是黏合剂,在课堂上能够起到承上启下、衔接组合的作用,能把各环节的教学内容、教学方法有机串联起来,使整个课堂上下贯通,结构紧密,浑然一体,让学生随着教师的引导步步深入,自然流畅地完成学习任务。它与导入语同中有异:相同的是它们都有承上启下的作用,不同的是导入语单纯启下,一般用于一节课的开始,过渡语则既承上又启下。巧妙的过渡语,对于提高课堂教学质量,增强课堂教学效果,将起到有益作用。

1. 过渡语的要求

(1) 顺当。过渡语的作用是实现课堂教学的不同章节、不同知识要点间的衔接转换,自然而然地把学生的思维活动由一个要点引导到另一个要点上。这就要求过渡语必须用语顺畅,用词妥帖。

(2) 简洁。过渡语并非是教学口语的主要语言,只是需要时才运用;而课堂教学的时间是有限的,过渡语只起到辅助、引导的作用。这就要求过渡语必须精当、简洁。

(3) 自然。恰当的过渡语能使课堂教学环环相扣,把学生掌握的知识要点连接起来,这种"连接"应当是自然而然、水到渠成的,使学生于自然之中系统地理解、掌握所学内容,这就要求过渡语的设计需巧妙自然。

2. 过渡语的类型

(1) 顺流式。此种类型的过渡语,是一种基本用语形式,可用于课堂教学的各个环节。如用于课堂教学中间某环节,教师说刚才我们学习了什么内容,下面接着继续学习什么内容之类的语言过渡。顺流式过渡要求上下衔接自然。

案 例

《音乐巨人贝多芬》的过渡语:好。我们刚才通过文章中的外貌和语言描写,初步了解了贝多芬。下面,让我们一起来看看人们对他的评价。

(2) 承接式。指承接上文,直接过渡到下面所讲授的内容,或者上一个问题自然为下一个问题做了预备和铺垫。这种方式的过渡语简短,内容鲜明,入题迅速,给人以明确的提示。

案 例

于漪老师讲《变色龙》一课,她引导学生分析完两个"变"的环节后,过渡道:"变的背后,本质变不变?"

简短的一句话,联系起"不变"与"变"的环节,更巧妙的是,该过渡语还触及文章的中心:不变的是"阿谀奉承"、"谄上压下"。

(3) 归纳式。这类过渡语多用于教学环节之间或课堂教学环节之末。教师在上一环节教学内容结束后,用简明扼要的语言,择其重点作一小结,然后过渡到下一环节的教学内容,承上启下,自然带出课堂教学的下一环节。这样的过渡语能把教学重点再现出来,给学生加深印象,巩固教学效果。归纳式过渡语要求语言简洁,重点突出。

案 例

某教师在讲授《中国石拱桥》时,对石拱桥特点的分析讲授是这样过渡的:

前两段说明了石拱桥出现较早、形式优美、结构巩固的特点,在写法上体现了从外到内的写作顺序。下面一段开始说明中国石拱桥的特点,让我们一起根据课文内容看看中国石拱桥的独到之处吧!

教师让学生用填上去的词语实现教学进程的跳跃,串联起课文的本质信息,直奔文章主旨。

(3) 悬念式。教师用一句话把上下教学环节的内容说出来,然后提出一个悬而待解、富有诱惑力的问题,以引出下一环节的施教内容。这类过渡语可以提高学生注意力,启发学生思维,激发学习兴趣,吸引学生去深入学习来解开这个富有诱惑力的疑团。这类过渡语要求教师能够深入研究问题的提出方式,把握问题的层次和梯度,激发学生的探索欲望。

案 例

《丰碑》的教学片段:

师:(出示一组填空题):"这位老战士之所以被活活地(冻僵)在冰天雪地里,是因为(他的御寒衣服单薄得像树叶、像箔片),但是他毫不畏惧死神的降临。因此在临死的那一刻,却显出(镇定自若的神情)。"

(同学们结合课文和教师先前的讲解读一读、想一想,填上合适的诗句。)

师:同学们从所填的词语中会想到哪些问题呢?

(学生很自然地想到:老战士在这么冷的冬天为什么穿这么薄的衣服?他的御寒衣到哪里去了呢?这位老战士到底是谁?军需处长怎么会不发给他棉衣呢?由此进入下一环节的教学)

这段过渡语简单总结了已学内容,并利用此知识自然过渡到另一个知识,启发学生利用已学知识去思考、推理新的内容。

(4)提问式。教师用一句话把上环节内容说出来,然后提出问题,引入下环节施教内容。这类过渡语可以提高学生注意力,启发学生思维,激发学习兴趣,是课堂教学中常用而又较好的一种过渡手段。如果教师能够深入研究问题的提出方式,把握问题的层次和梯度,配以声情并茂的表述,将会给课堂教学润色不少。

案 例

某老师在讲授著名作家冯骥才的散文《珍珠鸟》时,就采用了提问式的过渡:

刚才我们对描写小鸟外形、动作、神态的句子进行了有感情地朗读和初步的分析品味。大家觉得作者对小鸟充满了什么样的感情?能具体说说吗?又是如何知道的?难道作者仅仅是为了给我们讲述一个故事吗?他想告诉我们什么呢?

教师依据教材的特点,设计一连串富有启发性和艺术情趣的问题,用提问引导学生阅读后面的精彩文章,推进教学的进程。教师的讲述、学生的讨论和探究融为一体,使学生怀着欣喜、新奇的心情来学习这篇优美的散文。带着疑问自然进入下一环节的教学活动。

(5)粘连式。利用语言材料之间的内外部联系,通过联想、类比,进行粘连,以起到紧密衔接的作用,这类过渡语要求能激发学生的想象力。

案 例

特级教师贺诚在讲授《再见了,亲人》时的教学片段如下:

师:"是啊,这是一份份以生命和鲜血为代价的情意。如果你是被大娘从敌机下救下的伤员,如果你是被小金花妈妈用生命换来的老王,如果你是吃过大嫂亲手挖来野菜的志愿军战士,那么在这离别的时刻,还会怎样对这些朝鲜亲人们说?"

教师启发学生换位思考,学生通过联想,自然进入课文情境,积极进入下一环节的学习之中。

(四) 提问语

提问语是教师根据教学内容、教学目的和要求或者针对学生学习中存在的问题而提出的询问,以促使学生集中注意力、开动脑筋、深入思考,参与教学活动的教学语言形式。恰当的课堂提问,可以增进师生交流,活跃课堂气氛,集中学生注意力,激发学习兴趣,开阔学生思路,启迪学生思维,获得信息反馈,提高教学质量。教师提出问题时,有时是直截了当,有时在提出问题前做一些铺垫,有时在提出问题后做一些补充。不论是哪种方式,教学提问语都需要经过一番精心设计,要有明确的目的性、较强的针对性和很好的启发性。

1. 提问语的要求

(1) 明确。提问语首先必须要"明确"。一是提问目的要明确。提问语的设计,必须要有明确的目的,要围绕教学目的,体现教学难点和重点,精心准备,以达到预期效果。二是问题本身要明确。所提问题一定要明确具体,不能表意不明,含糊不清,模棱两可。因此,教师提出的问题不宜太空、太大,要具体生动。太空、太大的问题,学生难以把握,无法入手。例如"谈人生"、"谈理想"等问题,涉及内容多、面又广,小学生受知识水平限制,很难说清楚这样的问题。一般而言,对小学生提问,问题要在两三分钟内说清楚为宜。

(2) 适时。教师在提问时要选择合适的时机,要在学生有了思考,有了疑问,想问又不知如何表达的时候适时提问。提问早了,学生可能回答不出来;提问迟了,提问又失去了意义。应该在学生已经基本理解的基础上发问,这样才能起到"更上一层楼"或者"另辟蹊径"的作用。

(3) 适度。适度是指教师所提问题,既要难易程度适当,又要数量合适。首先,提问应注意难易要适度,既不能太难,学生经过思考也回答不出来;又不能太简单,闭着眼也能回答出来。当然,难易还要根据不同的学生来定,难易是相对的,对不同的学生,难易程度也就不同,对甲是难,对乙则是易。例如"什么是动物?"这个问题,对一年级的学生是难点,而对初中生、高中生则不是难点。所以,教师要站在学生的角度来设计课堂上所提的问题,要与学生思维水平相一致,提出的问题应当有一定的难度,要设法把学生带入一个可以理解而又不是很容易理解、有障碍而又可以逾越的境界。如果问题太容易,就达不到思维训练的作用,学生也会觉得没有挑战性。如果问题太艰深,很可能会打击学生的自信心,从而影响学生的情绪和参与度。其次,提问要适量。如果教师在课上提问过于频繁,不断地问、随意地问、无目的地问、无节制地"满堂问",必然会使学生疲劳,产生厌倦情绪,而对老师的提问失去回答的兴趣。所以不能一个劲儿地问,也不能一个也不问。

(4) 得体。一是面向全体。课堂提问是为了调动全体学生的思维,不能只盯着几个优秀学生。如果每次都只让几个优秀生回答问题,时间久了,其他学生就会产生事不关己、高高挂起的心理,成为学习的局外人、旁观者,只是机械地接受他人现成的思维成果。所以,应该根据学生学习的实际,通盘考虑,设计水平递进的问题,既让部分优秀学生"吃饱",又让多数普通学生"吃好"。二是因人而问。学生知识水平不可避免地存在差异,教师对不同的学生应该提出不同的问题,以切合学生的能力水平。要设计阶梯式的问题,既有简单的,又有繁难的,对不同的学生,难易要适当。特别是对后进生要多鼓励,教师可以用和蔼的目光注视着学生,边用话语引导:"别着急,想一想再说。""相信自己,试试看。""可能是紧张了吧?一会儿想起来再说,好吗?"从而鼓励其积极思考,激起他们前行的勇气。

2. 提问语的类型

提问的方法多种多样,教师应该根据教学内容的不同,在合适的课堂教学环节,合理采用不同的提问方式。根据提问方法的不同,提问语主要有直接式、迂回式、选择式、比较式、连环式、递进式、扩展式等常见提问类型。

(1) 直接式提问。也叫正面提问,其发话形式一般是一个问句。在记忆型提问中,教师通常使用的提问动词有:说出、写出、辨认、选择、识别、匹配、分辨、识记,常用的标志语气词有"谁"、"是什么"、"哪里"、"什么时候"、"为什么"、"有没有"等。记忆型提问要求学生回忆或再现所学知识,考查学生概念、字、词、公式、法则等基础知识记忆情况的提问方式,是一种最简单的或低层次的提问。这种提问能训练学生的记忆力和表达力,可以确定学生是否记住了所学的内容,它所涉及的心理过程主要是回忆。例如:

"这个故事讲了哪几个人物形象呢?"
"'大灰狼'的'狼'和'恶狠狠'的'狠',写法上有什么不同?"

这种提问,虽看似简单,但如果能提到关键处,也同样可以启发思维,起到强化教学效果的作用。

(2) 迂回式提问。有些复杂的问题,学生不易理解,直接提问难以回答,这时不针对疑点难点直接发问,而是变换角度,从某一个侧面发问,进行迂回式提问。和直接式提问相比,它旁敲侧击,更富启发性。

这种问法一般包括由此及彼、由浅入深、由现象到本质的提问,是按照"此问——引导问(在此和彼之间架起桥梁)——彼问(结论和意图)"的顺序来提问的。

案 例

一位教师在讲到"动物"的含义时,提出了一系列问题:
教师:为什么说鸡、鸭、猪都是动物?
学生:因为它们会叫唤。
教师:对吗?蚯蚓不会叫唤,可是它也是动物啊!
学生:蚯蚓会爬,会爬、会走的都叫动物。
教师:鱼不会爬,不会走,只会在水中游动;鸟会飞,不是动物吗?

> 学生：它们是动物，因为它们会活动，能活动的生物叫动物。
> 教师：能活动的动物叫动物，可是，飞机会飞是不是动物？
> 学生：飞机自己不会飞，是人开动的，它没有生命，不是动物。
> 教师：对了，能自己活动的生物叫动物。

什么是动物？对小学生来讲是学习的重点，也是理解的一个难点。教师为了把这个问题讲清楚，设置了一系列问题，逐步把学生引到正确的答案上来。如果教师一开始就直奔主题，问"什么是动物？"恐怕小学生一时之间就会难以回答了。

（3）选择式提问。同时提出几个相近、相关甚至相反的选项或问题，让学生从中做出选择或判断，以增强学生的分析能力和辨别能力。例如：

> 在"（　　），乌云密布。"这句话中，是用"突然"好呢，还是用"忽然"好呢？
> 是王刚的回答正确，还是李月的回答正确？

（4）比较式提问。即用比较的方式提问，可以是词语的比较，也可以是段落篇章的比较，还可以是不同观点、不同方法、不同风格的比较。这种提问，能使学生在比较中发现问题，不仅可以使学生在比较中加深对知识的认识和理解，还可以增强和提高学生的发散性思维能力和辨析事物的能力。例如：

> "小孩儿"和"儿童"虽然所指相同，但还是有着细微的差别，请同学们比较一下这两个词语在语体色彩上有什么不同？

（5）递进式提问。又称层次式或爬坡式提问。教学中的不少难点，都要分成几个部分才能解答清楚，教师按照教学内容的逻辑层次和学生的认知能力，将几个连贯性的问题由易到难依次提出，层层递进，逐步深化，前一个问题是后一个问题的基础，后一个问题是前一个问题的深化，两个或几个问题在知识上是层层递进的，就像爬坡一样，把学生的思维一步一个坡地引向求知的新天地，以强化学生对教学内容的理解。教师所提问题环环相扣，由浅入深，由易到难，首尾相连，一追到底，最后水到渠成。这样的提问，给学生留下了更多思考和理解的余地，便于逐步消化所学的内容。这种提问法，有利于培养学生思维的条理性和逻辑性。

例如，某教师在教《雪落在中国的土地上》时，为了使学生了解侵略战争给中国造成的苦难和诗人艾青的赤子情怀，设计了以下几个环环相扣的问题，以引起学生的思考：

> 全诗写了什么内容，怎样来写侵略战争使中国人民蒙受的苦难的呢？表现了作者什么样的情怀？

这一系列的问题,环环相扣,层层剖析,步步深入,教师是课堂的主导,只做必要的引导和指点,学生则是课堂的主人,他们要自己探索、寻找、分析、总结。随着问题得到最终解决,整个学习任务也就顺利完成了。

　　在课堂提问中,教师要保护学生回答问题的积极性,想方设法充分调动学生学习的积极性,这就应做到:

　　一是以表扬为主。即使批评也要体现爱心,不能出现伤害学生自尊心的字眼。在课堂提问中,常常会遇到会说想着说、不会说抢着说的现象,也许一个抢答的学生根本就未答对,还干扰了正常教学秩序,对此教师也不应怒形于色,而应循循善诱。

　　二是鼓励求异。应允许学生有不同的见解,不要轻易下"不正确"、"错误"的结论。即使课堂不允许深入探究,也应该在课后对学生有所交代。

　　三是引导启发。学生站起来说"不会",情况是复杂多样的,有时是对题意没有正确领会,有时是由于紧张无从说起,有时是虽掌握但还不够满意,因而不敢回答,等等。这时,教师不应马上叫学生坐下,可以再复述一遍问题,鼓励作答;也可以改变提问的角度或添加辅助性的问题,引导作答。作为一位有爱心和责任感的教师不应该放弃任何一个回答问题的学生,即使多次启而不发,也可请学生先坐下,让他听别人的回答,然后请他复述一遍,这种评价的做法对转变差生、大面积提高教学质量是大有益处的。

　　总之,课堂提问是教学中不可或缺的一个重要环节,是启发学生思维、传授基本知识,控制教学过程,进行课堂反馈的一个重要手段。它贯穿于课堂教学的始终,直接影响着课堂教学的成败。可以说,没有好的提问就不会有成功的教法,也就达不到理想的教学效果。因此,慎重地对待课堂提问应该是每个教师义不容辞的责任,切不可把提问当作课堂教学的点缀,只求表面上轰轰烈烈,而不讲求实效。

(五) 评价语

　　课堂教学评价语,是教师在课堂教学过程中对学生的学习行为及表现做出口头评价时所使用的评价性语言。对于学生来说,课堂教学是他们接受知识、感受教师课堂教学魅力的重要过程,精彩、真诚的课堂教学评价语会给教学带来事半功倍的效果,真诚自然、丰富灵动的课堂评价语言也能够营造良好的教学氛围和融洽的学习环境。

1. 评价语的要求

(1) 尊重理解。教师的评价语首先要表现出对学生的尊重和理解。教师在进行评价时不能有意无意地使用嘲讽的词语或语气。嘲讽和表扬的区别是:表扬的命题内容与事实是相符的,而嘲讽的命题内容和事实是相悖的。例如:

　　"你的测试成绩不错,我为你整天在课堂上漫不经心而能考出好成绩而感到十分惊讶!"

　　"不错,你能准时到这里,平时你总是磨磨蹭蹭,我还以为你不会准时到呢!"

显然,这种貌似表扬的评价语缺乏对学生的尊重和理解,教师以一种隐蔽的方式伤害了学生的自尊心和人格,这不仅不会让学生产生激励和成功的喜悦感,还可能会对学生的成长产生非常坏的影响。

教师对学生的尊重和理解,还表现在针对不同个性的学生,用有区分度的语言对学生进行差异化的评价。对外向型的学生可以说:"你的回答经过了深入思考,很有思想。"对敢于创新的学生可以说:"你的想法别具一格,很有新意。"对于胆子很小,难得举手发言的学生可以适当表扬,多鼓励,说:"你大胆发言,很勇敢。"

案 例

欣赏"每一个"学生——刺丛中也有花

花园里,同学们都纷纷说了自己喜欢的花,这时全校闻名的"调皮大王"李刚发话了:"老师,我最喜欢的是仙人掌,它虽然全身长满了刺,但它的生命力最旺盛,而且刺丛中还能开出美丽的花儿呢!"

他的话立即遭到同学们的反驳。

"你们就看到它的刺了!你仔细看看人家刺中也有花,也值得我们去喜欢呀!"平时从不受欢迎的调皮大王,见同学们都不赞同他,便据理力争。

"刺中有花!刺中有花!"调皮大王的话如一股电流触动了我的神经,赏花与育人不也同样吗?我激动地走到李刚身边,搂着他的肩对同学们说:"李刚说得对。仙人掌虽然浑身是刺,但是它刺中也有美丽的花,我们不能只看到它的刺,就看不到它的花啦!更不能因为它刺多就不喜欢它的花。我们对待同学也应像赏花一样,应该正确看到同学身上潜在的闪光点。'花'有千万种,各有优缺点,你们说对不对!"说着我拍了拍李刚的肩,我的话赢得了一片掌声,李刚也不好意思地低下了头。

案例中,我们可以看到教师亲切地鼓励了一位平时表现不太好的学生,以引导同学发现他身上的闪光点,化解了课堂中的尴尬,小心翼翼地保护了学生幼小的心灵。在充满关爱的课堂气氛中,让学生消除了内心的自卑,品尝到被人尊重的喜悦。这说明教育学生,特别是后进生的转化教育,需要我们发掘学生身上的闪光点,唤起自信,促其转化。

(2)简洁明了。教师评价语要简洁明了。学生在课堂上有所表现之后,总会满怀希望地期待教师的评价,尤其是小学生更是如此。因此,教师应该以简洁明了的语言,给学生一个明确的评价。比如,在学生回答问题后,教师首先要肯定学生回答得对不对?通常教师应复述一遍完整的答案,不能用学生的回答代替教师应做的工作;然后,回答得好不好?通常教师都要给出相对客观的评价;最后无论是赞赏还是批评,都要对事不对人。有的教师在评价时常常涉及学生的个性品质,并好与其他学生做比较性评价,这可能会给回答问题的同学和其他同学带来很不好的影响。还有的教师在学生回答问题之后不作任何评价就让学生坐下,并立即转入下一环节的教学活动。学生到底回答得对不对？好不好？学生并不知晓。有的甚至不请学生坐下，使学生处于尴尬境地，坐立不安。这样的做法都不符合简单明了的评价要求。

（3）恰如其分。恰如其分是教师进行评价时的重要原则。小学教师应对学生的表现做出恰如其分的评价，有的教师评价言过其实或夸大其词，如"谁都比不上""无人能比"等。这种过度评价只会让学生不能正确认识自我，甚至造成学生对自我认识的偏差。尤其是对现在的独生子女一代来说，这种过分拔高的评价，更容易滋生小学生骄傲自负、目中无人的不良习惯。

小学教师评价语不恰当，经常表现为评价语的"一刀切"现象，即没有考虑到学生的个体差异，未能做到因人、因时进行评价。低年级的小学生喜欢教师的当众表扬，渴望教师夸自己聪明可爱，但如果是在过于简单的问题上当众表扬五六年级的小学生，学生会感觉自己很"弱智"，会被同学嘲笑，还不如不被表扬。因此，在小学课堂教学中，教师的评价也要根据学生性别、年龄、性格的差异，做出不同的评价。

不恰当的评价语还体现在教师在评价时未能对学生的言行与价值观进行正确的引导。小学生的人生观、价值观正处于形成的阶段，需要从成人那里获得正确引导。如果教师只顾着提倡赏识教育，而不顾对学生进行正确价值观的引导，那就违背了教书育人的原则。

案 例

教师：学习了《狐狸和乌鸦》这篇课文，同学们有什么想法？大家想怎么说，就怎么说。（学生沉思片刻，纷纷举手）

学生：我觉得爱听好话不好，容易上当。

教师：你说得真好。

学生：我觉得乌鸦自不量力，也不撒泡尿照照自己长什么样，还得意极了！（哄堂大笑）

教师：（较尴尬，但是为了不打击发言同学的积极性，还是选择鼓励）你说的有道理。

学生：我觉得狐狸很聪明，而且我懂得了如果你想要得到别人的东西，而别人不给时，你要多动脑筋骗他高兴，让他自动送上门来。

教师：你的想法很有创意，能联系生活实际，真聪明。

新课程理念强调尊重学生的独特体验，但学生的体验并不都是正确的，学生的多元反应也不全是合理的，他们对生活价值观的体验也可能是消极的、不健康的。案例中，前一个学生言语粗俗、过激；后一个学生的体验偏离了社会主义核心价值观，带有投机取巧的不良思想，教师需要正确加以引导。学生固然需要鼓励，但很多时候，这种无原则的课堂表扬容易把学生引向思维的歧途，甚至步入误区。

(4) 丰富多样。课堂教学是灵活多变的,小学教师课堂评价语也应该是丰富多彩的。教师每天面对的都是一个个鲜活的生命,课堂教学就如泉水般一样灵动变幻,因此,教师的课堂评价语言也应该是机敏灵动的、丰富多彩的,应该富有个性,态度鲜明,丰富多变,包含语气语调的变化等等。有的教师对学生课堂表现进行评价时,语言形式贫乏,评价内容单一。面对学生很有创意的回答,教师的评价总是简单的"不错""很好""对的"等常用语,这种没有具体内容,没有具体细节和程度区别的评价语,不仅空洞无效,也难以让学生深入掌握知识,解决疑惑,更不利于培养学生独立思考和创新的意识。单调的评价语不仅不能发挥评价语的作用,还会产生不良效果,因此,教师应当尽量用丰富多彩的言语,真诚地对学生的表现进行恰如其分的评价。

案 例

《美丽的小兴安岭》教学片段:

教师:今天我们来学习课文《美丽的小兴安岭》,请同学们读课题。读了课题,你想知道什么呢?让我们把真正的问题提出来,好吗?

学生1:小兴安岭的美丽在哪里?

教师:提得好。

学生2:为什么小兴安岭是美丽的?

教师:这其实与第一个问题是一样的,重复一遍没有意思。

学生3:小兴安岭里有些什么?

教师:这么简单的问题是真正的问题吗?以后请听清老师的要求再提问。

学生4:为什么小兴安岭是绿色的海洋?

教师:老师问的是你读了课题后想知道些什么,你怎么扯到课文里面去了?上课没有专心听讲。

案例中教师笼统、空洞的评价语言,形式单调、内容空泛武断专制,忽视了学生个体发展的独特性,扼杀学生的创造力和想象力,根本不能起到点拨和激励学生的作用。课程改革提倡重视过程性评价,尊重学生在学习过程中的独特体验,这就要求教师真正站在素质教育的高度,多角度、多层面地去评价学生。

2. 评价语的类型

每个学生都是独立的个体,学生的年龄、个性和学习风格都有着显著的差异,所以,教师应该根据教学对象的差异,合理采用多样化的评价语。根据评价方法的不同,评价语主要有表扬式、引导式、比较式、批评式等常见类型。

(1) 表扬式评价。表扬式评价是用赞赏性的语言对学生的表现进行充分肯定和赞扬,这是小学教师最常用的一种评价方式。饱含热情的表扬确实能激发学生的学习积极性,促其奋发向上。小学课程标准强调评价学生宜以正面鼓励为主,因此,在小学课堂教学过程中,教师应该善于运用表扬的各种手段和策略,关注每一个学生在课堂上点点滴滴的进步,并及时给以真诚的表扬与鼓励,以调动学生学习积极性与主动性。

但表扬式评价也要客观适度。如今,在赏识教育的理念下,表扬已经成为教师的一种思维定式和习惯。很多教师表扬过多,即使学生没有突出的表现,也习惯性地把表扬挂在嘴边,或者对学生的表现过分拔高地评价。过于频繁和过分拔高的表扬会使学生的心理达到饱和状态,而不能自我评价,久而久之就会干扰学生的判断力,使其不能正确认识自我,也会使学生形成急于求成,不能承受挫折等不良性情。教师应该将学生接受表扬或批评的原因归于学生内部因素,如努力、毅力、过程、方法等,而非运气、环境等外部因素。比如,"你真聪明!"这句小学老师常用的评价语将学生所取得的成绩归为"智力"这一先天因素,而"你优异的成绩是和你努力好学分不开的"则是将学生的成绩归为"努力"这一内部因素。外部归因,往往不利于小学生的健康成长,它强调的是外在因素,有外部归因倾向的学生往往杞人忧天,寻找各种借口推卸责任,即使在取得成绩时,也归因于运气好或聪明。因此,教师在说"你真聪明!"这句评价语时,会让小学生误以为学习成绩好是先天的,一旦学生成绩不理想时,便觉得自己很笨而丧失自信。而类似的评价"你真努力!"强调的是后天的努力,被表扬者听了会奋发向上,如果成绩不理想,学生也会归因于自己不够努力,以后会更加努力,迎头赶上。

教师对学生的表扬还必须真实自然。如果是内容空洞的表扬,不但起不到激励学生的作用,还会让学生觉得索然无味,对教师的评价与激励产生淡漠感。这种过度且内容空洞的表扬,结果只能适得其反。

(2)引导式评价。课堂教学中对学生做评价,有时也不只是为了对学生做出肯定或否定的判断,而是要让学生意识到或者发现自己的表现或回答是否正确。所以,教师可以在评价中有意识地对学生给予正确知识或观念的引导,启发学生明白道理或掌握知识。教师在评价时,通常可以采用幽默机智的语言,或采取拟人、比喻的修辞格,或运用含蓄暗示的手段,来引导学生会心地领悟学习的要求和教师的期待,同时也使评价语言新颖独特、妙趣横生。

> **案 例**
>
> 一位小学教师当堂批改课堂作业时,发现一位学生作业本上的字写得又大又宽,格子塞得满满的。于是,教师对这个学生说:"你该让你的字减肥了。"当改到另一位女生的作业时,发现她的作业本被她用橡皮擦得黑一块、灰一块的,难看极了。于是,这位聪明的教师又说:"给你的作业本美美容,好吗?"

这位教师没有直接斥责学生的问题,而是巧妙地使用了"拟人"这一修辞格,委婉地对学生提出了批评,引导性地提出了正确的要求,保护了学生的自尊,使学生愉快地接受了批评。教师机智幽默的评价语犹如涓涓细流,滋润着学生,在亦庄亦谐之间,学生不仅感觉到教师的良苦用心,也心服口服,由衷敬佩老师。

（3）比较式评价。比较式评价包括横向比较和纵向比较两种策略。传统的教育重视学生间的横向比较,在纠正学生不良行为时常常采用表扬其他孩子、以其他孩子作为榜样的方式来加以评价。横向比较的后果可能是让学生越来越沮丧,越来越觉得不如人。纵向比较的评价策略是指教师评价学生时,比较学生的现在和他的过去,而不是和其他同学进行比较。

我们应该提倡纵向比较的评价策略,而慎用横向比较的评价策略。纵向比较注重学生自身的发展,用发展的眼光来评价孩子,并鼓励孩子进一步发展。纵向比较的关注点在于未来,其基本理念是今天未能实现目标是暂时的,未来一定会比现在好,所以往往能够给人更多的憧憬和激励。比如,"我对你今天早上的朗读非常满意,你把两个人物之间的对话读得活灵活现,希望继续发扬这个优点。"教师在评价中鼓励孩子发挥优点,相信他未来可以做得更好。再比如,"我注意到了你现在会在作文中使用各种类型的比喻,这使得你的作文读起来非常生动有趣。请保持这个风格。"这句课堂评价语,教师指出了学生学会了在作文中使用"比喻"这一知识技能,是用发展的眼光,用纵向比较的视角在评价学生。

（4）批评式评价。批评是一种有伤学生面子的行为,如果批评不当,不仅起不到应有的效果,还会产生极大的负面效应,使学生对教师产生逆反和对抗心理。在表扬中批评,减少了对学生面子的损害,让批评温情脉脉,使学生易于接受,乐于接受。

在表扬中批评,可以先褒后贬,先表扬学生,再指出学生的不足和错误。在教学实际中,很多有经验的教师经常采取这一方式。请看下面两个案例：

案例1

在上《跳水》一课时,教师请一个学生读一段课文,朗读过程中这个学生停顿了两次,读错了三个地方。读完后,教师评价说："你读得很努力,第一遍能读到这样不容易。如果再多读几遍,你会读得更流利。"这个学生连连点头。

案例2[1]

教学名师孙双金执教《天游峰扫路人》教学片段：

学生：我抬头望了望天游峰,上山九百多级,下山九百多级,一上一下一千八百多级。我不由倒吸一口冷气。

教师：读得真流利,声音响亮,口齿清楚,而且没有一个字读错。如果你能读得让我感到天游峰台阶多、爬起来累,那就更好了。

---

[1] 杨九俊,姚烺强主编.小学语文课程与教学[M].南京大学出版社,2013:268.

上述两个案例中,老师在朗读训练时没有直接指出学生朗读的不足,而是以幽默的方式进行评价和暗示,使学生自然地意识到课文朗读的要求和自己的不足,学生下一次再读时就会有意识地修正,从而获得进步。这种"先褒后贬"的批评,先肯定学生的努力,再指明提高或改正的方法,委婉含蓄地给学生以指点,这对于学生的知识掌握、情感的发展都较为有利。

教师课堂中的教学评价语就如同一把双刃剑,恰如其分的评价语能有效地调动学生的学习热情,同时也能拉近师生之间的距离;反之,不恰当的或者说不合理的课堂评价语会严重挫伤学生的学习积极性和主动性,阻碍学生潜能和认知能力的发展。在课堂教学过程中,评价是一种不可缺少的提高教学效率的手段,它不仅可以鼓励学生勇于发表自己的看法、积极参与,还能培养学生的自信心。如何在授课过程中恰当地运用评价语,是每一位教师所追求的一门语言艺术。只有当教师的评价语走进学生的内心,才能使每个学生在舒适愉悦、宽松自在的课堂教学中得到成长与进步。

(六)总结语

课堂教学主体部分的最后一个环节是总结。一堂成功的课,不仅要有引人入胜的导入和环环相扣的讲授,还要有精致的总结语。总结语,是教师在教学活动中对一个知识点、一节课、一个单元甚至一学期的教学内容做出的系统而扼要的总结性或归纳性话语。在教完一节课或一部分内容以后,说一段起到"点睛之笔"作用的总结语,很有必要。

总结语在广义上包括小结语、课堂总结语和教学阶段总结语等形式。小结语一般是指一节课中某个知识点的教学讲授完成后的小结;课堂总结语,也叫断课语,是即将结束一节课时说的总结性话语;而教学阶段总结语则是在一篇课文、一个单元或一类知识完成教学任务后讲的。这里主要讨论狭义的总结语,即课堂总结语。

1. 总结语的要求

(1) 简洁精当,忌拖沓。总结语的表述必须内容精当,干净利落,显而易见,泾渭分明。相反,如果小题大做,用语啰嗦,要点不清,拖沓冗长,不仅不能加深学生的理解,反而会产生副作用,让学生感到厌烦,不利于学生对学习内容的记忆,影响教学效果。

(2) 巧妙深刻,忌仓促。总结语是对学习的主要内容、要点的总结、提示,具有帮助学生理解、巩固和记忆的作用。因此,总结语一定要巧妙而有深度,紧紧扣住教材,体现教学目的,并且符合教学对象的特点和水平。要防止因为事先没有准备好或教学节奏没有把握好而导致的仓促总结或放弃总结的现象。信口开河、画蛇添足、草率收场的负面作用是显而易见的,要注意避免。

(3) 灵活多变,忌平淡。总结时应当根据教学目标与教学语境的需要,灵活调整,及时变换总结语的内容和形式,力求精当,余味无穷,切忌语调平淡,模式单一,千篇一语。

2. 总结语的类型

优秀的教师在设计总结语时都非常讲究艺术性,他们的总结语有的概括归纳,强调重点;有的语言优美流畅,富有感染力;有的含蓄深远,回味无穷;有的启发诱导,铺路搭桥,显示了各种精湛的教学艺术。

总结语的设计方式可以多种多样,下面列举几种常见的形式:

(1)归纳式总结语。教师讲授完教学内容之后,对主要内容、重点、难点进行大致概括的、纲目式的总结所用的话语。归纳的目的是向学生提出学习要求,或是突出一个应特别注意的中心问题。在做归纳总结时,可以由教师直接讲述,也可以用提出问题、学生回忆及师生讨论的方式予以说明。这样就可以增强学生对教材的系统记忆和深入理解。

归纳式总结语的设计,看似容易,实际难度较大。它对教师驾驭各种知识的能力要求较高,教师必须对所讲授的知识和技能做到烂熟于心,驾轻就熟;同时,归纳性总结语格外讲究逻辑性,使用的概念要准确,语言组织要有条理,能明晰地透视事物的本质和各种事物之间的联系和区别,高屋建瓴地加以归纳总结。

案 例

《骆驼和羊》的总结语:

师:"这篇课文写了四段。第一段写了骆驼长得高,说高好;羊长得矮,说矮好,争论起来了。第二段写了骆驼用一个事实证明高比矮好。第三段写羊也找了个事实证明矮比高好。他们俩都不肯服输。最后一段写了他们去找老牛评理,老牛说,只看自己的优点也是不对的。这是一个寓言故事,寓言是要教育帮助人们懂得道理的。那你读了这个故事,懂得了什么呢?(让几个学生发言)对,我们要记住老牛的话,现在我们再读读老牛的话。"

这段总结语以概括段意为线索,简明扼要地归纳了全文的内容,突出了中心,并强调了这个寓言故事的寓意,给学生留下了鲜明而深刻的形象,这对帮助学生理解课文,巩固刚学过的知识有很大的作用。

(2)延伸式总结语。这种总结语是指教师除了常规的内容总结外,还引导学生将具有某种内在联系的知识加以比较,在新旧知识之间架起联系的桥梁,引导学生向课外扩展,再在此基础上延伸到课堂以外,指导学生进行研究和探索的活动。这种总结语要求富有启发性,具有诱导作用,既为学生指出思考的方向,又能培养学生研究的兴趣。

案 例

某科学课的小结语:

师:研究昆虫是一件很有意义的事情,世界上有很多人在研究昆虫。昆虫这门学问不简单呢!知道大科学家达尔文吗?知道著名的昆虫学家法布尔吗?我这里有好多讲他们研究昆虫的书。老师这里还有好多昆虫的标本,下课后我把它们展览在生物角,请同学们仔细观察。下一课,我们开个昆虫研究座谈会,到时要请大家谈谈看了这些书后学到的知识,谈谈你所知道的关于昆虫的事情,特别是要谈谈你对昆虫生活进行的观察研究以及发现。

教师在总结了教学内容后又启发性地进行诱导,鼓励同学们课后去阅读、去观察、去研究,使教学从课堂延伸到课外。这样的总结语,不仅诱发了学生对探索大自然奥秘的兴趣,丰富了学生的课外知识;同时,还培养了学生合理利用课程资源、网络资源的能力,使学生的语文素养和探究能力也逐步得到提高。

(3)联系式总结语。联系式总结语是指从课堂教学内容出发,适时地进行联系性的思想教育或以对社会热点的关注等方面的话语作为总结。要求联系的内容与课堂所学知识联系紧密,过渡自然,能引起学生的兴趣,切忌生拉硬扯。

案 例

《第一次抱母亲》的总结语:

师:文中"我"在母亲生病时把母亲抱上病床,深深地体会到母亲的辛劳,深深地感激母亲。我们大家也一定对妈妈怀着深深的感恩之情,那么,你会做些什么事来表达对妈妈的感激呢?

生:给妈妈煮饭、洗衣服。

生:帮妈妈做家务。

生:给妈妈洗脚。

生:讲笑话给妈妈听,让妈妈开心。

师:听了你们的话,老师也对你们说:真是懂事的好孩子。

(拓展延伸,对学生进行热爱母亲的教育)

师:同学们,你们每一个人都很爱自己的妈妈,那就用你们的实际行动来回报你们的母亲吧!

教师借助对课文内容的总结,很自然地过渡到如何回报母爱的话题上,过渡自然,学生有感而发,教育效果可以想见。

(4)对话式总结语。这种小结语是以教师提问、学生回答的方式来总结教学内容的。这种总结方式,既可以由教师的一个问题作为引子,引出教师最后的总结;也可以是通过问题启发学生互问互答来归纳教学内容;还可以是引导学生讨论,教师最后评述,提出要求,进行总结。这种总结语要注意方法的灵活性。

案 例

《燕子》的小结语：

师："这篇课文从燕子美丽的外形，写到它在百花争艳的春天里赶来了，使春天更有生趣。接着又从燕子飞行的动态美，写到燕子停歇的静态美。同学们想想，作者为什么把燕子写得这么美？（学生答：因为燕子是益鸟）对，燕子是益鸟，我们要爱护它，要爱护一切益鸟。"

这一段总结语从各个角度概括了燕子的美丽，以及它给春天带来的生趣，又揭示了作者赞美燕子的原因，水到渠成地向学生进行了"爱护一切益鸟"的思想教育。这样的总结语既生动形象，又饱含感情，可谓精彩。

（5）启发式总结语。在一堂课结束时，教师用富有启发性又意味深长的语言对所教内容进行总结，既增添了浓郁的色彩，又使学生感到"言已尽而意无穷"，课后仍然不由得咀嚼回味，深受启发。

案 例

一位教师讲完《辛苦的蚂蚁》一课之后，这样启发学生：

马克·吐温笔下的蚂蚁并非咱们平时所认为的辛苦的代表，相反它们总是干一些毫无用处、莫名其妙的傻事，并且是重复工作、爱慕虚荣、迷惑世人的欺世盗名之徒。作者并非仅仅在讽刺蚂蚁，而是讽刺生活中有像蚂蚁这样的人。同学们应该从蚂蚁身上领悟到一些为人处世的道理。

一段富有思辨的结语，给学生留下无限想象空间，启发学生思考自己在今后生活中的角色定位，引导他们树立正确的人生观和价值观。

（6）点拨式总结语。在教学过程中，通常需要教师根据学生所掌握的实际情况，用精练的语言对教学重点、难点、关键点做必要的点拨，帮助学生对重点知识认识到位，对主要技能的掌握达到预定标准。如果学生对教学难点掌握不够好，教师还有必要引导学生运用已掌握的知识和方法去理解新知，在关键之处适时点拨，化繁为简、化难为易，帮助学生理解难点，掌握重点，使学生完成从感知到理解、到运用的飞跃。点拨式总结语一定要点拨得巧妙，切中要害。教师要有针对性地点拨而不是泛泛地议论，要提出切实可行的建议，使学生真正有所领悟。

案 例

　　某教师在教授《鸿门宴》时，曾提出问题让同学们分组讨论：范增听到刘邦逃走为什么大怒，并且"受玉斗，置之地，拔剑撞而破之"。当这节课将要结束时，教师进行了点拨释疑："同学们的发言很不错，都言之有理，各有侧重，已经比较接近问题的实质了。范增之所以听见刘邦逃走大怒，并用剑打碎了刘邦进献的玉斗，实际上是因为有三气：一气项羽昏庸糊涂，二气痛失良机；三气养虎为患。"

　　教师对学生学习的程度、知识的掌握和难点所在以及认识易产生偏差之处等，所有这些，教师都应该了然于胸。只有这样，教师的点拨，才能切中肯綮，方法对路。案例中教师察觉到学生对范增"大怒"不解这种情况，进行了点拨式总结，话虽不长，但却句句说到了点子上，可谓巧妙，使学生豁然开朗。

　　（7）游戏式总结语。学生上完一节课后，身心有时可能会很疲劳，用提问、复述等方式巩固所学知识有可能达不到满意的效果。这时，总结语就应当尽量生动活泼一些，不妨采用游戏的方式。这种总结语遵循"寓教于乐"的原则，在趣味盎然的情境中达到检验、巩固知识的目的，这种总结语对低年级学生特别适用。

案 例

　　某教师在教完因数和倍数以后，设计了"找朋友，离教室"这样的游戏式结尾：教师先后出示数字卡片"2"、"3"和"5"，说："你们可以为我出示的这些数'找朋友'吗？如果你的座位号是卡片上数字的倍数，你就找到了'朋友'，就可以离开教室了。在离开之前，你要走上讲台，为你的座位号再找出两个'朋友'，并大声说出来，才能走出教室。这两个'朋友'，一个是它的因数、一个是它的倍数"。"那出示什么数时，你们就都可以出去了呢？""如果老师出'1'时，我们就都可以出去了"。最后教师出示卡片"1"，在欢快的下课铃声中，同学们依次做完游戏走出教室。

　　当然，总结语的设计策略还有很多，但无论怎样设计，我们都要做到干净利落、自然流畅、不落俗套。

三、小学教师教学口语的调控原则

　　教学口语在教学活动中占据主导地位，反映出教师对教学过程的能动把握和主动驾驭，这就要求教师适应不同学科的要求，围绕特定教学目标，从学生、教材的实际出发，根据课堂上的各种变量因素，灵活调控教学语言，以取得理想的教学效果。

(一) 根据不同课程需要调控教学口语[1]

现行小学课程体系大体上可以分为社会课程、自然课程、技能课程三大类。社会课程主要是关于人类社会现象及其本质的课程,如语文、外语、历史、思想品德等;自然课程是关于自然界物质存在及其运动、变化、发展规律的课程,如数学、科学等;技能课程是关于专门技能的课程,如体育、音乐、美术、劳动技能等。

不同课程的教学口语除了存在着共同性之外,还有着不同的特色。一般来讲,社会课程的教学语言需要形象生动、饱含热情;自然课程教学语言需要准确严密、条理清晰;技能课教学则需要指导演示、边讲边做。因此,从事不同课程教学的教师,要有充分的准备,切实提高自己的语言表达技能,以适应不同课程教学的需要。

1. 社会课程教学口语的特点

社会课程教材内容、教学目的及其课程自身内在规律等,决定了在教学此类课程时,教学口语应具备如下特点:

第一,形象性。社会课程中大量的教学内容,有着各色的人物形象、各种的情景和各自的意境。形象的教学口语,具有立体感、直观感,能准确、鲜明、生动地再现有关客观事物的形式、声音、色彩以及人们的感觉,使学生如临其境,如闻其声,如见其人,不仅能吸引学生深刻感知教材、理解教材,而且能发展学生的形象思维,引发学生的学习兴趣。

为了在社会课程教学中更好地运用形象化的语言,教师对教学内容必须有深入的理解、感受、想象和体验,这样才有可能用生动、形象的语言再现教学内容中的人物形象、情景意境。例如,特级教师于漪在讲朱自清的《春》时,用的是这样一段开场白:"我们一提到春啊,眼前就仿佛展现出阳光明媚、东风浩荡、绿满天下的美丽景色!一提到春,我们就会感到无限的生机,有无穷的力量!所以古往今来,很多诗人就曾经用彩笔来描绘春天美丽的景色。"[2]这段话说得绘声绘色,有景有情,可谓精彩。

> **案 例**[3]
>
> 特级教师林伟彤老师针对学生刚开始学写议论文感到枯燥、难懂、不会写的情况做辅导。他说:"议论文并不神秘,我三岁的小孙女也会写议论文。有一次小孙女说:我最喜欢爷爷了(论点)。爷爷喜欢我,不骂我,买冰棒给我吃,还带我到儿童公园去玩(四个论据),所以我喜欢爷爷(结论,与开头呼应)。"

林老师用一个清新活泼的事例,让学生在轻松的笑声中理解了议论文的基本特征,消除了对议论文的畏难情绪。

---

[1] 杨亦鸣主编.语言能力训练——口语篇[M].北京:高等教育出版社,2012:223-229.
[2] 谢文举.教师语言艺术手册[M].济南:山东大学出版社,2006.
[3] 王子木,黄培玲.富有魅力的教师语言艺术(小学篇)[M].沈阳:白山出版社,2012.

第二,情感性。由于社会学科本身蕴含着比较强烈的感情因素,所以在教学中应注意通过运用情感性的语言来帮助学生对知识的消化吸收,促进学生认识水平的提高和思想情操的陶冶。富于情感性的教学口语,能振奋学生的精神,激发学生相应的情绪体验,引发学生感情上的强烈共鸣,产生巨大的感染力。这也是社会课程对学生陶冶情操、塑造心灵、培养正确的人生观和价值观的优势。

教师要使自己的语言有感染力,必须在理解和处理教材内容过程当中融入自己的情感,必须自觉地调控情感,以丰富的感情贯穿于教学过程中。社会课程教学口语从字词句式,到声音语调,再到体态表情,都应自然渗透和显示出教师内心的主观感受与精神体验。

案 例

师:同学们,我们生活在地球上,宇宙中唯一的地球,地球跟我们朝夕相处,你了解地球吗?下面请同学们谈谈你对地球的了解。(学生做出各种回答)

师(总结):是呀,人类世代在地球上繁衍生息,把地球称为人类的母亲、生命的摇篮。今天我们就来学习课文"只有一个地球"。

案例中教师在介绍地球时,用了拟人的手法、动情的语言,把地球称为"人类的母亲,生命的摇篮",激发了学生热爱地球之情和想要保护地球的愿望,较具感染力。

2. 自然课程教学口语的特点

自然课程是关于自然界物质存在及其运动、变化、发展规律的课程,其中涉及大量的概念、定理、公式等,因此,这些课程的教学口语和社会课程的相比,更讲究语言的准确性和逻辑性。

第一,准确性。自然学科的内容是经过不断提炼、抽象而得到的,是对客观事物及其运动规律的科学概括和总结,其内容本身的科学性对教学口语的准确性提出了很高的要求。准确把握概念的内涵和外延,剖析定义、定理和法则中关键性词语的含义,准确表述有关公式、定律和数据,是自然课程教师语言的重要标志。

准确的语言来自对教学内容的准确认识,来自对教材的准确把握,这就要求教师认真备课,吃透教材,准确地把握各概念的内涵与外延,抓住各概念的本质,必须做到措辞准确,决不可模棱两可,似是而非。

案 例

蚊子的一只眼睛中有五十只小眼睛,苍蝇的一只眼睛中有四千只小眼睛,蝴蝶的眼睛是由一万五千只小眼组成的,蜻蜓则有两万只小眼,天鹅的一只复眼甚至有两万七千只小眼。眼那么多,也就比较大,所以说昆虫的眼睛一般都比较大。

这段讲授语先是摆出许多实例,列举具体的数字,然后通过实例,总结出"昆虫的眼睛一般都比较大"这个结论,用语准确,结论可信。

第二,条理性。自然课程重在揭示规律性的知识以及事物的特性、联系、变化,具有很强的条理性、层次性和严密性。同时,自然课程还担负着培养学生逻辑思维,发展智力的特殊任务。所以,自然课程的教学口语更讲究逻辑性,必须有条有理,层次明晰。

在自然课程的教学中,教师要在掌握教材内在规律的前提下,用事实或理论论据来证明其真实性、正确性。而论证必然要合乎推理规则,体现逻辑性。教师通过逻辑推理的方式,在已知前提下引导学生利用所学知识进行严密推理,使学生随着教师清晰的语言链条,环环相扣,顺水寻源,达到领会、掌握和牢记知识的目的。在自然课程教学中,切忌用想象和猜度来代替严密的推理和科学的论证,也不能用语言的夸张和思维的跳跃来代替由浅入深、由感性到理性的严密阐述。

3. 技能课程教学口语的特点

技能课程是实践性很强的学科,教学多融入于各种技能、技巧的实际训练之中,这就要求教学口语带有明确的指导性和演示性。

第一,指导性。教师在指导学生进行某项技能训练时,多用指导性语言,指出动作要领,提醒注意事项。指导性语言要简明确切,通常采用肯定性的、命令式的语言形式,用"要……""不要……""注意……"等祈使句,也可以通过语气、语调、语速等的灵活变化以及必要的重复、适时的强调来加深学生的印象,使学生听后,能够迅速把握要领,学会如何操作。

> **案 例**
>
> 下面是某小学美术课《美丽的鱼》的课堂教学片断:
> 师:现在我们照着这条鱼来涂色。(指着画在黑板上的一条鱼)大家看仔细,这条鱼的身体和头是橙色的,尾巴和鱼鳍是紫色的,眼睛是黑色的,身体上还有许多五颜六色的圆点儿。好!下面老师发画纸。(发画纸)同学们要认真涂色,一定要记住:要均匀涂色,不能出框。咱们先涂鱼的鱼鳍和尾巴,看看黑板上的鱼鳍和尾巴是什么颜色?
> 生:紫色的。(在学生涂色过程中,老师个别指导)
> 师:涂色时要注意:先描边,再涂色,要一笔一笔有顺序地涂色,不能乱涂。不要着急,要均匀涂色,不能出框。对,很好……

这段教学语言准确简洁,指示明确,干脆利落,对学生的动作行为有很强的导向和规范作用。

第二,演示性。技能的传授有别于知识的传授,具有极强的实践性,它重在要求学生去掌握和运用某种技能,而对技能本身的起源、传承、发展及其背后蕴藏的深刻原理等,并不需特别强调。因此,教师在指导学生演练某种技能时,常常边演示边讲述。

案 例[1]

一位小学教师上体育课时,向学生边示范边讲解"站立的姿势":"请看老师。站的时候,要两腿并拢,双脚分开,成一个小八字形,身体挺直、挺胸,收腹,头要直,肩要平,双臂自然下垂,两眼平视前方,就如一棵挺拔的松树,纹丝不动……(学生练习,教师纠正)这位同学的双脚分开的角度大了,两脚跟成了直角。要这样,两脚自然分,形成一个小八字形,两脚之间是小锐角。"

这位体育教师既要讲解动作要领,又要指出学生动作的不足之处,语言简洁、直观,带有很强的指导性和演示性,符合技能训练的要求。

(二)围绕教学目标调控教学口语

教学口语调控必须绝对服从教学目标,教学目标是教学的方向、核心和灵魂,对教学口语进行科学调控,有助于教学目标的顺利圆满达成[2]。

首先,语言需繁简得当。区别语言繁简的标准,主要是根据不同教学目标,教学使用的语言量也不同。每个教学总目标必然分解成若干子目标。这些子目标,都与总目标相连,但所占地位不同,紧密程度不同,关联方式不同,解决的难易程度不同,因而教师投入的语言量也应该不相同。当然,无论繁简,教师的语言都要做到切到精详。

案 例

小学语文《燕子》一课将春天里的美景写得非常精彩:"阳春三月,下过几阵蒙蒙细雨,微风吹拂着千万条才舒展开黄绿眉眼的柔柳。"下面是特级教师李吉林的一个教学片断:

师:"微风吹拂着柔柳"有什么感觉?
生:我觉得柳枝好像在摆动。
师:微风吹拂着什么样的柔柳?
生:微风吹拂着才舒展开黄绿眉眼的柔柳。
师:才舒展开黄绿眉眼的柔柳,好像柳树怎么样?
生:好像柳树刚刚从梦中醒来,睁开了眼睛。
生:好像柳树也长了眼睛和眉毛。

---

[1] 陈利平,王仲杰.新课堂背景下的教师课堂语言[M].北京:高等教育出版社,2005:164.
[2] 陈之芥.论教学语言的调控艺术[J].修辞学习,2008(5).

> 师(加重语气,边说边画,用简易画再现春天杨柳万千条的情境):不是一条两条,而是千万条才舒展开黄绿眉眼的柔柳。

在这一教学片段里,教师一步一步引导学生细致体验、感悟春天的美景。倘若只是简单地让学生明白"舒展"、"柔"等字词的意思,学生缺乏思维感悟的过程,教学也就难以达到理想的目标。

其次,教学口语须直曲结合。"直",就是平直、显豁;"曲",就是曲折、含蓄。教学口语不能不平直、显豁。但是在许多场合下,教师的语言却不能一味直白显豁。为了明确,需要经历曲折;为了深刻,需要层层铺垫;为了完整,需要塑造残缺;为了探索,需要适当保留;为了体验,需要巧妙蕴蓄。无论选用直笔还是曲笔,都必须根据教学目的难易程度而定。

案 例

> 一位中学语文老师在上《最后一课》时,讨论韩麦尔先生在课的最后时说的话"我……我……",声音哽住了。经过热烈的讨论,教师做出了归纳:"所以,这里韩麦尔先生说'我……我……',此时无声胜有声,蕴含了极为复杂的情感:第一,对国土的爱;第二,对敌人的恨;第三,对祖国充满着信心,充满着希望。"

教师这一结论性的概括平直而准确,对学生讨论中出现的片面性观点也做了纠正。像这种归纳、概括的结论性意见,通常教师应该运用平直、浅露的语言来表述。

(三)遵循学生认知规律调控教学口语

教学口语不仅要适应课程和目标的不同,还必须适应教学对象的差异,要在教学活动中做到"胸中有书,目中有人","因材施教"。这就要求教师不能将教学内容按照自己的理解直接照搬给学生,而应该遵从学生认知规律,设身处地,从学生实际出发,对教学口语进行精当的调控。

教师教学时,常常不直接道出结论,而是根据学生认识的规律,不断设疑,逐步引导。所以,疑问句的运用在教学口语中有着十分重要的地位,是教师调控教学的主要语言手段之一。提问大体可以分成两种类型:一类是直觉性问题,另外一类是思考性问题。前者的主要目的是激发兴趣、提示重点、过渡衔接等。这类提问不可或缺,但随着年级的升高,数量上、质量上应该恰当控制。后者主要用于引导学生把握重点、理解难点。

> **案 例**
>
> 有位教师这样帮助学生理解"嫩绿":
> 生:老师,"嫩绿"一词是什么意思?
> 师:这个词你懂得。(生愕然)
> 师:不信吗?我问你,你吃过葱吗?
> 生:吃过呀!
> 师:葱的外面的叶子是什么颜色?
> 生:是黑乎乎的绿。
> 师:那中间刚钻出来的新芽呢?
> 生:是黄莹莹的绿。
> 师:一棵葱上的颜色为什么不同呢?
> 生:那外面的叶子老,中间是刚钻出来的新叶,嫩啊!
> 师:对呀,我说你懂得嘛!(生点点头,会心地笑了)

这位教师没有给"嫩绿"下抽象的定义,而是利用学生已有的知识经验,启发学生积极思考,让学生在已有知识的基础上探求新知。如此释义既有色感、质感,又有形象感,怎不印象深刻,记得牢呢?

但是,不同的学生,其心理发展水平、理解接受能力并不是同步发展的,因为学生接受水平不同,学习态度不同,个性倾向不同,其认知能力和水平也不同,对教师教学语言的感受与理解也必然存在差异。教师应重视并适应这些个体的差异性,恰当运用相应的教学口语。

对低年级或理解能力较差的学生,在运用教学口语时要深入浅出,多用直观、形象的语言来增强学生对概念、原理等的理解;对某些重点难点内容应必要的重复,并通过语气、语速的变化突出其地位;应注意多用一些浅显明了、形象生动的语言,加强启发引导,激发他们的学习兴趣,可适当采用小故事、小谜语、小游戏等活泼的教学形式,以便在轻松的氛围中调动其学习的主动性和积极性;在课堂提问时应注意降低难度,为其回答作适当铺垫。对高年级或理解能力较强的学生,在教学口语的运用上,一是适当提高话语中知识信息的密度和讲解的深度,遣词选句更为精练概括,逻辑性强;二是较多地运用精当的点拨语、诱导语,激励诱发,投石扬波,促使他们开动脑筋;三是通过在话语中穿插一些哲理性的语句等方式,使话语含蓄、浓郁,促使和引导他们细细品味,深入思考。

对性格内向的学生,针对其内向、不爱举手发言或提问的特点,应注意增强教学口语的激励作用,诱发学生的学习主动性,语言要热情、有耐心。对性格外向的学生,针对其感情外向、活泼,上课时好提问、联想丰富等特点,要注意适当增强用语的指令性,并通过及时的提示、提醒,控制他们在学习活动中的注意力。对教学中一些需要强调的重点、难点问题,在表述时应做到灵活多样、引人入胜,切忌重复啰唆。

(四)适应不同教学环境调控教学口语。

学生的思想性格、文化基础、接受能力等方面必然存在各种差异。每节课都有新的内容、新的要求,教学过程中什么事情都可能发生。这就需要教师在牢牢把握教学目标的基础上,随机应变,灵活调控。

> **案 例**
>
> 下面是特级教师支玉恒上《晏子使楚》课上一个因势利导的例子:
>
> 师:不紧张?好,那谁敢到黑板上写几个字?(学生无人举手)
>
> 帮:你们不是说不紧张吗?(有一个学生举起手)
>
> 师:好,你过来。我就喜欢勇敢的孩子!请你把今天要学的课题写在黑板上。(学生写字,但"晏子使楚"四个字写得大小不匀,台下学生哄堂大笑)
>
> 师:你们别笑,也许他这样写是有所考虑的。我们今天学的这一课的主人公是谁?(生答"晏子")所以嘛,他把"晏子"这两个字写得很大!(众笑)你讨厌不讨厌楚王这个人?(生答:讨厌)所以他把"楚"字写得最小!(众笑)

学生将"晏子"两个字写得很大,"楚"字写得最小,引起哄堂大笑,教师是不可能在课前准确预测的。教师的调控语言是一种"即兴"之作,随机应变,巧妙得当。一是鼓励了学生积极参与的精神;二是不露痕迹地抚平了写字学生的心理压力;三是幽默地把一种偶然现象转换为写字与情感的内在联系;四是机智地渗透、点明了对课文人物的认识。

教学口语的调控艺术是生动灵活的,但也是有规律可循的。归根结底,教学口语的调控艺术是教师综合修养的反映,教师只有真正掌握先进的教育理念,懂得教学的真谛,具有深厚的修养,才能游刃有余地进行教学口语的调控。

第三节 小学教师教育口语

教师的"教育口语"是和"教学口语"相对而言的一个概念,指的是教师在教育学生的过程中所使用的语言。具体地说,是指教师旨在使学生思想道德品质、行为习惯、身体心理健康水平向着教育者所期待的目标变化所进行的全部教育活动、教育过程中所使用的口头语言(这里不包括书面语言和体势语言)。值得注意的是,由于教学活动始终贯穿着教育,因此教师的教育口语也大量的表现在各种教学场合之中。本节主要是就教师在对学生实施思想品德教育、行为规范教育中所使用的语言进行讨论。教师要注重教育口语,因为教师的教育口语不仅是教师人品、内心世界和文明程度等综合素质的外在表现,更是教师实行育人功能、达到教育目的的基本工具。

一、小学教师教育口语概说

教育口语是教师对学生实施思想品德教育、行为规范教育过程中所使用的具有说服力、感染力的工作用语。它同教学口语一样,是教师的专业用语,是教师完成教育教学不可或缺的工具。

(一)小学教师教育口语的特点

教师的教育口语应体现出以下几个方面的特点:

1. 说理性

教师的教育口语首先是富有说理性的。教育口语的核心是一个"理"字。教师在实施教育的过程中,对学生的启迪、说服或者褒扬、批评都要以理服人。教育不能采取"压服"的方法,甚至讽刺、咒骂、乱扣帽子。"压服"的效果只是表面的、暂时的,学生只是口服心不服,甚至对教师产生敌对情绪。教育口语要用摆事实讲道理的方法指明是非曲直,以正确的理论为依据,抓住问题的本质;掌握说理方法,触动学生心灵;态度要尊重、爱护、热诚;循循善诱地说理。所以,教师要坚持对学生进行说服教育,帮助学生明辨是非。即使对那些有不良习气的学生或错误性质比较严重的学生,也要以理服人,通过长时间的教育、耐心细致的思想工作,使他们改正过来。

2. 情感性

教育的过程,并不纯粹是理性征服的过程,它应该是理性的启迪、感情的交流碰撞,并引起深刻共鸣的过程。教师对学生怀有真诚的感情,学生才会"亲其师,信其道",才会自觉愉快地接受老师的教诲。所以,教育口语不能变成一种空洞的说教,教师在晓之以理的同时,还要动之以情,要从关心学生,爱护学生,从学生的切身利益去说服学生。列宁说:"没有人的情感,就从来也不可能有对于真理的追求。"教育是一种情感交流的过程,所以教师的教育口语应是一种带有强烈感情色彩的情浓意深的语言。教师要始终用积极健康的情绪感染学生,想办法寻找拨动学生情感的兴奋点,努力引起学生在情感上的共鸣。

案 例

有个高二学生因不假旷课了半天,班主任十分气愤,待学生到校后,班主任追查其原因,学生告诉老师是因为他原来一个玩得好的初中同学突然出车祸进医院进行开颅手术,当时急得不知所措,没有想到请假。于是班主任狠狠地瞪了学生一眼,说:"一个初中同学而已,有什么了不起!"学生听了十分反感,觉得班主任太不近人情了。

案例中教师的行为是错误的。学生犯了错误,教师要善于站在他们的角度,设身处地替他们着想,要多理解、多引导,不能以空洞的教条或者凭自身经验去指责学生,而要以情感为手段,把"热爱"与"要求"结合起来。孔子所谓"爱之,能勿劳乎?忠焉,能勿诲乎?"的道理也在这里。

3. 诱导性

教育诱导,是指教师对学生进行思想教育时,给学生启发、开导和指引,让学生通过自己的思考,提高对事物的理解和认识。有效的教育诱导是以教育、感化学生为目的的,教师由浅入深、由表及里地诱导学生自己分析和解决问题,用辩证统一、一分为二的方法,促使学生思想转化。

4. 客观性

教育口语的客观性,就是教育口语要尊重事实,实事求是地反映客观实际。教师教育学生之前,一定要进行充分调查,搞清楚事实真相,然后再依据事实说话。要注意的是,客观地反映实际,也应看场合、对象而灵活选择表达方式。学生最反感老师不调查研究,凭随意得来的信息就对学生做出评价或批评。

案 例

一位女生在教室里吃了瓜,把瓜皮掉在了地上。教师发现后,立马指责说:"一张馋嘴,乱扔乱丢,你真是个不文明的学生。""你在家里也是这样的吗?你父母一定不讲卫生,家里收拾得一团糟。"

案例中的教师,批评语言不客观,导致学生对老师产生对立情绪,还哪里谈得上教育效果?教育学生应该就事论事,不能主观臆测,信口开河,上纲上线,尤其不能轻易牵扯到对学生父母的评议。

5. 平等性

师生之间应该是平等的、互相尊重的。尊重与平等不受年龄、地位等因素限制,学生虽然不够成熟,但他们也和教师一样具有独立人格,也有着尊严。因此,作为教师,应该放下架子,尊重学生,避免一些随口而出的"语言伤害"的发生。我们这个民族自古以来就十分强调"师道尊严",而缺乏对学生的尊重。现代主体教育理论认为:只有唤醒学生的主体意识,营造民主、平等、宽松的教育氛围,才能收到好的教育效果。我们老师在开口说话之前,应先换位思考,多站在学生的角度想一想,做到"三思而后说"。不要居高临下,唯我独尊。

案 例

一位班主任老师看到教室满地废纸,他没有发火和训斥学生,只是说:"同学们,当我看到教室满是废纸时,就觉得心里不舒畅,我的心情就变得像这个地面一样糟糕,连上课的劲都没有了。我不知道大家是否与我有同感?"

案例中教师对学生的错误只是作一下客观的描述,不做主观的决断,并坦承学生的行为给教师造成的影响,传达教师内心对学生行为的真切感受,让学生觉得老师与我们是一起的。这位教师从"我"的角度出发,充分体现了以人为本的教育理念。这样的教育口语,构建了师生之间相互尊重、理解,相互平等、交流的平台,而不是老师置身问题之外,简单地将责任归咎于学生。这样做,学生往往也会心领神会,心服口服。

6. 激励性

马卡连柯说:"培养人,就是培养他对前途的希望。"教育口语作为一种感人的力量,它真正的美离不开言辞的热情、诚恳和富于激励性。尤其是对于小学生来说,其自我判断的能力尚未形成,他们对自我的认识还完全依赖于成人的评价,所以,教师对他们的教育,语言上更要多一些肯定和激励。"罗森塔尔效应"是一个教育激励的经典事例。"罗森塔尔效应"也被称为"皮格马利翁"效应,它来源于古希腊神话,大意是:塞浦路斯国王皮格马利翁性情孤僻,一人独居,但爱好雕刻,他用象牙雕刻了一座美女塑像,日夜凝望,对其产生了爱慕之情。爱神被感动,赋予雕像以生命,使之成为活人。

案 例

美国心理学家罗森塔尔受其启发做了一个的实验:一天他和助手们来到一所小学,说要进行7项实验。他们从一至六年级各选了3个班,对这18个班的学生进行了"未来发展趋势测验"。之后,罗森塔乐以赞许的口吻将一份"最有发展前途者"的名单交给了校长和相关教师,并叮嘱他们务必保密,以免影响实验的正确性。其实,罗森塔尔撒了一个"权威性的谎言",因为名单上的学生是随便挑选出来的。8个月后,罗森塔尔和助手们对那18个班级的学生进行复试,结果奇迹出现了,凡是上了名单的学生,个个成绩有了较大的进步,且性格活泼开朗,自信心强,求知欲旺盛,更乐于和别人打交道。

显然,罗森塔尔的"权威性谎言"发挥了作用。这个谎言暗示了教师对这些学生产生了期待,而教师又将自己的这一心理活动通过自己的语言、情感和行为传递给了名单上的这些学生,教学中不断激励他们,使他们变得更加自尊、自爱、自信、自强,从而在各个方面都得到了异乎寻常的进步。后来人们把这种由他人的期望和热爱,而使人们的行为发生与期望趋于一致的变化的情况,称之为"罗森塔尔效应"或"期待效应"。

(二) 小学教师教育口语的基本要求

教育环境,直接影响着孩子的个性发展方向,并决定着他们能否健康成长。教师的教育口语是构成教育环境的一个重要方面,因此教师在运用教育口语时,决不能随心所欲,能讲什么话,不能讲什么话,要谨慎权衡。具体说来,教师教育口语应遵循以下要求:

1. 内容要纯净健康

教育口语首先必须内容纯净健康。小学生正处在身心发展阶段,容易受外界影响,教师应对他们进行正面、积极的影响,教育口语必须内容纯净健康。教师的教育口语要纯净,没有污染。纯净的首要要求是文明、健康,即用语要文雅、优美,语调和谐、悦耳,语气亲切、和蔼,使学生听后能产生愉快感,从而乐于接受教师的教诲。要切忌一切低级、粗俗的污言秽语。语言是一个人文明程度的表现。教师教育口语的修养是其为人师表的重要因素,会对学生的道德品质培养和审美修养产生极大影响。

小学生正处于身心发展阶段,价值观、人生观都在形成之中,容易受外界影响,教师应对他们进行正面、积极的影响。所以,教育口语表达存在价值取向问题。教师应该根据教育目的、教育方针政策来决定和取舍自身教育口语的内容。内容上具体应注意如下几点:

(1) 正确的政治方向。热爱祖国、热爱人民,坚持社会主义核心价值观,拥护党和国家的各项方针政策。

(2) 良好的道德品质教育。培养学生讲文明,爱劳动、尊老爱幼、感恩孝老、团结友爱、与人为善等优秀品质。

(3) 形成科学的人生观。让学生正确看待人生、对待人生,实事求是,积极进取,培养学生有责任、有担当的意识。

2. 要坦诚以待

教师在做小学生思想工作时,应"蹲下身子",与学生平等对话,以诚信为出发点,敞开心扉,讲真话,创建和平、民主、平等的师生关系,这样学生的内心才会有安全感,才能感觉到师生间的关系是亲密的,和教师是没有距离的,从而心悦诚服地接受教育。

3. 要把握时机

说服教育的成败,取决于谈话时机的合适与否。试想,假如你情绪不佳,家长或其他人又用批评的方式与你谈话,你能在此时平静地接受批评吗?因此,当发现学生情绪良好时,不妨谈谈他(她)的不足;而当学生处于烦躁状态时,就不要轻易再去增加他们新的心理负担;当发现学生情绪沮丧时,就暂时先不要去指责他们,而是想办法替他们排忧解难。"良言一句三冬暖",此时不应吝啬体己话、赞扬话。

4. 要公正评价

调查发现,最不受学生欢迎的老师之一就是不能公平处理问题、公正评价学生的老师。这就要求我们处理学生问题时,要公开、公平、公正。谈话前需充分调查事情的真相,然后遵循实事求是的原则,客观公正地评价人与事,正确的都要给予充分肯定,错误的也要明确指出。要不偏不倚,公平对待每一位学生,不能因为某一位学生向来表现好,就偏袒他一时的错误,也不能因为某位学生一贯表现不好,就对他抱有偏见。不管在什么情况下,教师都应该一视同仁地对待每一位学生,这样才能赢得学生的普遍尊敬和信服。

5. 要尊重隐私

教师与学生谈话的内容,若涉及隐私部分,我们应严格为他保密,绝不外传。这样既维护了学生的尊严,又尊重了学生的人格,同时,也提高了自身的威望,获得了学生的信任。

> **案 例**
>
> 有一个学校,老师们在努力地学习和运用心理学知识。一位班主任请人对自己班里的学生做了一次智力测量,结果出来后,一位学生的测量结果大出所料,因为这个学生平时在班上学习成绩突出,能力很强,可他这次测量的智商却是全班最低。这位班主任老师没有检查测量的准确性怎样,比如这个学生当天的身体情况,测量工具是否可靠,测量结果处理是否正确等,而是当着全班同学的面说这个学生的智力在班上是倒数第一,可他的非智力因素如何如何的好,所以他的学习成绩才好,并号召全班向这位同学学习。

案例中的教师以为自己是在肯定学生,实际上他的做法已深深伤害了这个学生的自尊心。教师在和学生个体或学生群体的交往沟通中,一定要注意斟酌自己的语言,避免泄露学生的隐私,否则会引起学生反感,甚至对学生心灵造成伤害。

6. 要迂回委婉

所谓委婉,指的是进行批评教育时,要委婉含蓄,切忌伤害学生的自尊。小学生的心理承受能力尚处于较低水平,古语"良药苦口利于病,忠言逆耳利于行",可能并不适合于小学生的思想品德教育。所以,小学教师教育口语应以退为进,先肯定优点,再婉转提出建议,这样学生心理上才更容易接受。

二、小学教师教育口语的类型

教育口语的方法多种多样,主要可以有沟通式、说服式、评价式、启发式、激励式几种。

(一)沟通式教育口语

教师和学生谈话,是教师向学生进行教育的重要手段。感情沟通不畅,学生满脑子抵触情绪,是很难接受教师的教育的。怎样才能谈得拢,使学生乐于接受教诲,关键在师生之间的沟通是否顺畅。特别是要使有缺点、有错误的学生接受批评教育,师生间感情的沟通就更重要了,通情方能达理。那么,教师应该怎样与学生沟通呢?

> **案 例**
>
> 有一位教师是这样和学生谈话的:
> 有个学生偷了同学的两元钱。当老师准备追查这件事时,学生悄悄地把钱扔在

> 地上,然后又从地上拾起钱对老师说:"是谁把钱扔到这儿了?"这一切老师都看在眼里,但当时并没有说什么。课后,他叫住了那个学生。那个学生马上紧张起来,左顾右盼,生怕别人看见。到了一个僻静的地方,老师问:"今天的事你能如实地告诉老师吗?"他没有吭声。老师又问:"是你把钱扔在地上的吧?"他满脸通红,不敢正视教师一眼。老师把看到的一切告诉了他,并说明了当时没有点明的原因:"你想想,如果我当着大家的面说钱是你拿的,同学们将会怎样看待你呢?"那位学生的眼泪夺眶而出。老师见教育时机已经成熟,便进一步讲道理,帮助他认识错误的严重性和危害,鼓励他改正错误。后来,这个学生再也没有出现过偷窃的行为。

这个教师对学生所犯的过错,没有大惊小怪,更没有怒气冲冲地训斥,而是心平气和地和他交谈,帮助他认识错误,因而取得了良好的教育效果。从这位教师的谈话中可以看出,和学生谈话,应注意以下几点:

第一,要控制自己的感情。当学生犯了错误,特别是当学生不听规劝,甚至顶撞你时,应竭力控制住自己,千万不要说过火的话。因为教师一两句训斥、嘲讽、挖苦的话,虽然仅在几秒钟时间里,有时却可能影响学生的一生。

第二,要保护学生的自尊心。每次谈话,教师必须事先想好谈话的目的和内容,对学生的接受能力也要做到心中有数。对犯错误的学生要循循善诱,细心开导,启发学生自觉接受批评。

第三,要注意谈话的时间和场合。和学生谈话,最好不要在学生刚犯错误之后。因为这时双方的情绪都容易激动,控制不住就容易发生顶撞。可在双方情绪稳定之后,或稍隔一段时间进行。谈话的场合也要注意,应尽量避免在人多的场合。有的教师喜欢把学生叫到办公室,在众多的教师面前谈话,结果造成学生思想紧张,这样也达不到预期的效果。一般情况下,可利用课外活动或劳动时间,也可借故与学生同路,装作随意地与其进行沟通和交谈。

案 例

> 有一天晚上,教师去寝室检查就寝情况,发现有两个学生熄灯后,还在议论当天的伙食情况。一个说:"天天吃白豆腐,真难受。另一个说:"白豆腐好是好,就是煮得太淡。"见到这种情况,是不能大声训斥的,因为这不是训斥的场合,一是影响其他同学休息,再则这样也会扰得他俩心神不宁,甚至整个晚上失眠,影响第二天的学习。于是教师悄悄走到床边,轻声柔和地问道:"白豆腐多少钱?"两个学生听出是我的声音,忙缩起头,睡了。[①]

---

① 谢文举.教师语言艺术手册[M].济南:山东大学出版社,2006:101.

遇到类似的情况,如课堂上、集会上、大庭广众面前,教师千万不能大发雷霆,以免挫伤学生的自尊心。轻轻地提醒一下,或许要比大声训斥效果好得多。正如苏联教育家苏霍姆林斯基所说:"有时宽容引起的道德震动,比惩罚更强烈。"

第四,教师的语言要灵活多变,切不可千篇一律。对于那些性格开朗、易于接受意见的学生,可直接指出他们存在的缺点;对于那些"吃软不吃硬"或性格倔强的学生,教师要力求心平气和地和他们谈话,避免引起学生顶撞;而对于那些"吃硬不吃软"或轻率的学生,就不能过于迁就或温存,批评可以言词严厉,但不能辱骂训斥、讽刺挖苦。

第五,和学生谈话,还要动之以情。有些学生听到的经常是批评、训斥,因而往往心虚、有戒心,认为人们都轻视他、讨厌他,对教师有对立情绪。所以教师要关心他们,信任他们,尊重他们,用爱的情感去开启他们的心扉。当老师真心实意地爱他们时,他们也就乐于敞开心扉,愉快地接受老师的意见了。

(二)说服式教育口语

说服式教育口语就是通过正面引导、摆事实、讲道理,从而使学生信服,达到提高思想认识、培养良好道德情操的语言运用效果。说服有两种情况:一是对学生常规的正面说服;二是对犯了错误或有错误观点的学生指出错误并从正面说服他。

运用说服法要注意摆事实、讲道理,引导学生逐渐改变,最终达到说服的目的。说服式教育口语,除了要遵循教育语言的一般特点、原则外,还要注意以下几点:

1. 要注意说话时的语气、态度

教师对学生说话时的情绪、态度、语气都要见势而行,有所讲究。教师要显得亲切、随和,让学生感到亲近和信赖。对学生既热爱又严格,刚柔相济,让学生感到教师的热情、诚恳和亲切,从而在心里接受认可教师,也就容易达到说服学生的教育目的了。

2. 要替学生着想

人与人之间有不同的认知和行为是正常现象,这本身反映了个体之间的差异。学生做什么事都有一定的动机、目的,对一些新观点、新现象都有自己的认识。为什么学生要那样做、那样说,在他本人看来肯定有着合理性的地方,只是学生由于受自身意识水平的限制,对合理性中存在的不合理因素未能觉察出来。所以,教师不能只从自己的观点去分析对待学生,先要善于通过细致的工作,努力发现并掌握学生的心理活动,设身处地站在学生的立场上思考问题,理解他的合理性因素,然后才能抓住问题的关键,对症下药。只有这样,才能唤起学生的认同,取得说服学生的效果。

3. 要抓住机会

说服并不是一件容易的事。有时机会抓得不好或者没有抓住机会,说服的效果也不好。抓住了机会,利用好机会,往往能取得事半功倍的效果。这一点在说服犯有错误的学生时尤为重要。学生思想意识的转变是一个渐变的过程,抓住了转变的最佳环节就能促使学生逐渐向好的方面发展。所以,教师在说服学生时要选好时间、地点,不能盲目地进行教育。

4. 要严密准确

说服重在"服",要让对方心服、口服。教师在说服的过程中一定要有逻辑性,归纳推理要严密,事实要准确。这就要求教师要充分调查事实,谈话思维要严密,逻辑关系要合理,做到无懈可击,有充分的说服力。简单粗暴地发一顿脾气固然无用,大道理、空理论,倾盆大雨,不着边际地训一通也没效果。每一个判断、每一步推理都实事求是,有理有据,合乎情理与逻辑,才会令人信服,否则说话就缺乏力量。

(三)评价式教育口语

教育评价是教育活动的重要环节。评价式教育口语是教育语言的重要组成部分。评价式教育口语是教师在教育过程中对学生的行为表现做出评价时所使用的评价性语言。它主要包括批评语和表扬语两种类型。

1. 批评语

没有批评就不是完整的教育。学生犯了错误,老师予以批评教育是老师的职责。但有的老师尽管旗帜鲜明,理直气壮,却不能收到好的效果,为什么?关键是没有掌握学生的心理,没有掌握批评学生的诀窍,措辞过于激烈,引起了学生的对立情绪。因此,要使学生接受批评,教师就必须分析和了解学生的心理特点,慎重选择批评的方式。

(1)批评的方式。批评的方式有多种,教师要根据学生错误的性质、造成的影响和学生个体差异,选取适当的方式。一般来说,批评主要有以下几种方式[1]:

一是设问诱导式。学生偶有缺点错误,教师切忌简单粗暴地指责和训斥。刺伤学生自尊心的做法是愚蠢的。人人都要面子,青少年学生也是如此。所以有时明知学生不对,教师也不宜开门见山地批评,特别是不宜在大庭广众面前批评。设问诱导不失为一种对学生批评教育的好方法。

案 例

一位学生,上课迟到了。下课之后,老师找到这位学生和颜悦色地问:"是家里有什么情况?还是身体不舒服?可以告诉我吗?"(学生摇摇头,表示既没有什么情况,也没有身体不舒服)"这么说,是你今天起床迟了?是晚上睡得太晚了吧?以后可要早睡早起啊!"

案例中教师用的就是设问诱导的批评方式,没有一句训斥、指责的话,没有一个讽刺、挖苦的词,既问清了学生迟到的原因,又使迟到的学生受到了教育,认识到了自己的错误。

二是激发勉励式。请比较下面两段话:

---

[1] 谢文举.教师语言艺术手册[M].济南:山东大学出版社,2006:102-104.

第一段话:"期中考六门功课,你竟有三门不及格!上课开小差,作业不肯交,我看你根本不是读书的料!如果期末仍然考不好,那你就干脆不要再读下去了!"

第二段话:"这次你三门功课没有考好,真出乎我的意料。有人说你天资低下,我认为并非如此。恰恰相反,你反应很快,就是舍不得用功。一次考试失败了并不可怕,可怕的是无动于衷,自甘落后。我相信你一定能吸取这次的经验教训,发挥你的聪明才智,在期末考试中打个翻身仗,让事实证明你是好样的!"

这两段话表达的基本意思是相同的,都是批评这位学生学习不努力,希望他期末能考好。但由于语气、措辞的大相径庭,效果也就完全不同了。第一段话对学生进行了全盘否定,冷若冰霜,犹如下最后通牒,这种批评不可能产生积极效果,反而会引起学生的反感。第二段话既有批评又有肯定,既有冷静的分析,又有热情的勉励和殷切的期望,言辞恳切,让人感动。这种批评使学生感到老师是信任他、尊重他的,是真心实意地为他的前途着想的,怎么能不激起学生自尊自强、奋发向上之心呢!

三是不露声色式。不露声色地批评,是寓批评于意味深长的话语之中,促使学生深思、自责的批评方式。这种方法特别适用于那些天真幼稚、年龄较小的学生。

案 例

著名教育家孙敬修见几个幼儿在折树苗,便把耳朵凑过去,装出听什么的样子。孩子们好奇地问爷爷在听什么?他说是在听小树苗哭泣。"小树苗也会哭吗?""是呀,你们折了它,它当然要哭。它们说,它们要快快长大好为祖国四化建设服务,请你们不要损害它们。"孩子们听了,都脸红了。[①]

孙敬修老师可谓懂幼儿的心了。他未出一句责备之言,却取得了一般批评所难取得的效果。

四是分析利弊式。分析利弊式批评,是教师和学生一起,站在学生立场上帮学生分析错误利弊、分清是非的方法。这种批评方式能让学生感到教师是在为自己着想,从而信服地接受教育。

案 例

一位成绩优秀的学生,一次考试竟得了零分。原因是他帮同桌作弊,同样以作弊论处。他当时的想法是"同桌要我帮助他,我怎能拒绝呢"?班主任找他谈心,跟

---

① 谢文举. 教师语言艺术手册[M]. 济南:山东大学出版社,2006.

他一起分析如此"帮助"对同桌对自己各有哪些利弊。分清利弊之后,老师做了简短的小结:"从根本上说,这种'帮助'对人对己有百弊而无一利。这种害人害己的蠢事以后千万不能再干!"

案例中教师为学生分析了帮助同桌作弊的害处,帮助学生分清是非,提高认识。认识提高了,学生就会自觉地改正缺点错误,其效果是任何训斥和处分所不能比拟的。

除上述四种方式外,还有欲抑先扬式、自我批评式等。不管运用何种批评形式,都要以尊重学生为原则,达到沟通双方感情为目的。

(2) 批评的语言技巧。社会心理学认为,人的行为一经发生,都希望得到肯定的反应。即使是成年人,也大多喜欢被表扬而不愿被批评,何况稚气未脱的中小学生呢!有的教师感情冲动,不考虑事实先摆出教师的架子,狠狠地训斥一通,只能适得其反,事与愿违,刺伤学生的心灵,使教育工作越做越难做。那么,怎样才能使被批评者乐于接受批评而又对批评者没有反感呢?

一是注意选择语句、语气,爱护学生的自尊。俗话说:"箭伤肉体,话伤灵魂。"教师在批评教育学生时要处处从爱护学生出发,最大限度保护孩子的自尊心。把严格要求与尊重人格结合起来,注意语言艺术,触动学生心灵深处。首先要选好批评的语句,其次要使用合适的语气。批评的语气要诚恳、温和、亲善,不能用指责、训斥的语气,如"你怎么搞的,把黑板打坏了,太不像话了!"也不能用讽刺嘲笑的语气,更不能用威胁的语气,如"还不安静,就把你赶出教室去!"

案 例

1981 年 8 月 31 日《人民日报》介绍了优秀营业员李盼盼巧妙批评顾客剥菜叶的自私行为。李盼盼说:"同志,请您当心一点,别把菜叶碰下来了。"[1]

案例中营业员用"碰",使有意剥菜叶的行为变成无意的行为,维护了顾客的面子,顾客自然容易接受。教师要根据不同的学生、不同的错误性质选择批评的词句,要尽可能减少对学生自尊的伤害。教师的批评应给人鼓气而不是泄气,应讲究点语言艺术,才能达到教育目的。

二是注意语言幽默,启发自我教育。德国著名演说家海因·雷曼麦说过:"用幽默的方式说出严肃的真理,比直截了当地提出来更能为人接受。"所以,批评同样需要幽默,幽默可以成为批评者和被批评者之间的润滑剂。批评时注意语言幽默,即不直接表明意思,而是用风趣、诙谐而意味深长的言语使人领会其意。这种方式既可以避免直接

---

[1] 马显彬.教师语言学教程[M].广州:中山大学出版社,2000.

指斥学生错误而使其产生抵触情绪,同时也能使被批评者在轻松愉快中接受批评,在笑声中完成心理沟通,从而不伤害学生的自尊心。

教师如果不重视教学机智和幽默感的培养,评价语就会贫乏单调。教学中的幽默要求教师具有理解、宽容的心理和自嘲的能力,要求教师具有丰富的学识和创造性的思维。优秀的教师在使用评价语时不仅清晰准确,还机智风趣。

> **案 例**
>
> 于永正老师在教学《小稻秧脱险记》时的"幽默之举",令人记忆犹新[1]。
>
> 文中写到杂草被大夫用除草剂喷洒过后,说:"完了,我们都喘不过气来了。"有一个学生朗读这句话时声音非常响亮。于老师笑了笑,说:"要么你的抗药性强,要么这除草剂是假冒伪劣商品。来,我再给你喷洒一点。"说完,于老师就故意朝那位学生做了个喷洒农药的动作,同学们和听课老师都笑了。该同学也会心地耷拉着脑袋,有气无力地又读了一遍,这次读出了效果。

特级教师于永正的课堂语言是丰富多彩的。这样的幽默语言调节了课堂的气氛、激发了学生的兴趣、启迪了学生的智慧,让学生在和谐愉悦的氛围中得以发展,更让课堂增加了浓浓的人文气息。这种幽默显示的是教师的智慧、传递的是教师的关爱、承载的是生动的启示、激活的是愉悦的情感,真是令人折服、耐人寻味。

总之,要记住,批评法有"十忌":一忌与事实不合,二忌无限乱上纲,三忌抱整人态度,四忌多而杂,五忌用绝对词,六忌嘲讽,七忌不及时,八忌不讲场合,九忌不留情面,十忌不让人说话。这些对我们运用批评法教育学生很有启发价值。

2. 表扬语

表扬语是教师对学生良好的思想品德行为给予肯定的评价和赞扬的话语,是对学生进行正面教育的评议性教育语言形式。恰当适度的赞扬,对鼓励先进、鞭策后进、激发士气、培育学生的良好行为,推动良好风气的形成,是一种积极有效的动力。这种方法既可以用于个人,又可以用于集体。表扬法能够使学生进一步认识到自己的优点,增强其进一步发展的信心,使优点得到巩固和发展。表扬要及时,学生取得成绩或有进步后,特别是在长时间没有进展的情况下尤为如此,否则学生取得进步却未受到应有的肯定就会失去进一步努力的进取心。表扬要适量,不能不分轻重、大小一律表扬,表扬太多会使学生觉得无足为奇,失去表扬的教育效果,也可能滋长骄傲自满、不求上进的心理。

(1) 表扬语的类型

表扬语从内容来看,可以有表示满意、描述学生的正确行为和解释表扬的原因三个方面的内容。从形式上看,表扬有以下三种:

---

[1] 于永正.于永正课堂教学教例与经验[M].北京:人民日报出版社,1995:306.

①当众表扬。当众表扬是指在公开场合当着众人的面进行的表扬。这是教师运用表扬手段时最常用的形式。一般说来,当众表扬因为受众多,影响大,更能使受表扬的学生产生一种荣誉感;特别当受表扬的是后进生时,更能帮助他们找回自尊,树立自信心。当众表扬也能为其他同学树立榜样,充分发挥激励作用。

②迂回夸奖。迂回夸奖就是不当面表扬,而是绕个弯子,通过他人之口传达赞美信息。这种方法适用于不喜欢当众受表扬的学生,用于激励后进生也有效果。人人都讨厌别人背后说自己的坏话,但都愿意听到别人背后说自己的优点,所以有时迂回夸奖,不失为一种激励学生的好办法。尤其是一些对待批评、表扬都不在乎的"差生",教师背地里的一次夸奖,可能会收到意想不到的效果。

③随时夸奖。教师在与学生的频繁接触中,会随时看到学生言行中的闪光之处,这时老师及时表扬他们的点滴进步,能够强化学生的意识,巩固这些好行力,培养学生形成良好的习惯,而不必拘泥于是否在正式的集体场合予以表扬。

(2)表扬语的要求

①要实事求是。表扬要实事求是,体现在两方面:一是表扬时教师的感情要真诚,二是表扬事实要准确。如果离开事实基础,言过其实、随意拔高,不仅起不到激励斗志、弘扬正气、鞭策后进的作用,而且还会让人感到表扬"贬值",挫伤学生的积极性。表扬要实事求是,不能夸大或缩小。夸大的表扬会使人感到小题大做,甚至会引起其他同学的嘲讽,缩小的表扬会使受表扬的学生觉得教师轻视自己,降低了表扬的效果。

案 例

一位语文教师在讲授《秋天的雨》时提了一个简单的问题"现在我们这儿是什么季节?"并指名让学生回答。学生答对了,教师顺口表扬学生说:"你真聪明!"其余学生听了全是不屑的神色,有的学生甚至小声嘀咕:"这么简单,傻子都会,还聪明呢!"听到同学的议论,回答问题的学生脸都红了。

案例中的教师就一个很简单的问题点名提问,又随口表扬学生"真聪明",小题大做,不仅起不到激励的效果,反而挫伤了学生的积极性,使得表扬"贬值"。

②要区别对待。表扬不能同等对待,不同的学生要给予不同的表扬。对那些经常取得进步的学生,教师要减少表扬的次数和程度,而那些很难取得进步的学生或经常犯错误的学生如果取得了成绩,就要抓住时机及时表扬他们,激励他们不断进步。

案 例

一个学生趴在桌子上睡着了。教师发现后走到他身边,轻轻地拍了拍他,然后转身平静、柔和地对所有学生说:"你们知道老师上小学的时候上课打瞌睡有什么快速清醒的办法吗?"学生们都答"不知道",并好奇地看着教师等待答案。教师笑了笑,说:"我会悄悄地站到墙角,清醒过来后再悄悄回到座位上。"说完,便微笑着看着那位学生,那位学生默默地站起来走到墙角站着,两分钟后又悄悄地回到座位上,课堂又恢复了正常。此后,在这位教师的课堂上,打瞌睡的学生便自觉地用起了这个快速清醒的办法。

为了让打瞌睡的学生清醒过来,认真听讲,教师的表达得体、睿智,让学生了解到"老师小时候上课也会打瞌睡,只要想办法马上清醒过来认真听讲就行",无形中拉近了师生间的距离,将"罚站"变成了自我提醒,这样更容易让学生接受,也更容易执行。教师亲切温和的话语,很快让课堂恢复秩序。

③ 要防止对他人的伤害。有时乙同学与甲同学相反,表扬甲时,就造成明里是表扬甲,暗里有责备乙的意思,因为肯定一个必否定另一个。如果没有必要这样一箭双雕,就应避免发生这种情况。有位校长在教师会上表扬某教师,说他课上得好,而且班上的学生也乐意与他谈心。这就使得坐在旁边的班主任尴尬了,因为与学生谈心本来应该是班主任的职责,弄得受表扬的教师很不好意思,这位校长这样表扬教师,很容易造成教师之间的矛盾。

④ 要适时得当,把握分寸,注意方式。表扬是一种激励,对学生中值得肯定的人和事,应及时表扬。但表扬的场合和方式必须有所选择:从表扬的场合来看,个别表扬比较随便自然,当众表扬比较正式庄重;从表扬的人称来看,用第二人称直呼对方,针对性强,比较亲切,用第三人称则比较间接、慎重。不同的表扬形式有不同的效果,采取何种表扬形式,要根据表扬的对象而定:属于个人进步,对其他同学影响不大的可采用个别表扬,反之则采用当众表扬;对性格外向的学生,可用热情洋溢的赞美之词当众肯定他们的进步;对性格内向的学生,可用个别谈话或无意表扬的方式来鼓励;对有逆反心理或长期处于压抑状态的学生,则用第三人称间接暗示的方法予以肯定。

⑤ 要热情真诚,话语褒义色彩鲜明。表扬作为一种肯定性评价,满足了小学生被尊重、被肯定、被赞赏的需要,能激起小学生愉悦的情绪体验。因此教师表扬的话语要热情真诚,对学生进行表扬时,一般说来,语调要昂扬一些,语速较快,措辞褒义色彩鲜明,有时需用重音强调,并大多辅以点头、微笑、挥手等体势语。

三、小学教师教育口语的运用原则

教育口语的原则是教师在进行思想品德教育时语言表达所需遵循的基本原则,是指导小学教师教育口语运用的基本准则。

(一)积极引导,正面教育

目前,社会上不良现象频出,人们的素质良莠不齐。这些不良现象和社会习气往往与教师在课堂上讲的有出入,甚至完全相反。而小学生是非观尚未形成,辨别能力尚低,很容易受到影响和蒙蔽。面对这种情况,教师要积极引导,坚持正面教育的原则,给学生指明正确的方向,以减少或避免不利因素的干扰,使学生能够正确对待社会上的不良现象,自觉抵制社会上的不良习气,塑造自身良好形象。为此,教师必须做好耐心细致的正面引导工作,帮助学生从小树立起正确的道德行为标准和价值观念,形成正确的人生观、价值观。

(二)平等尊重,力避语言伤害

对学生进行思想品德教育,在严格要求的同时,又要充分尊重学生,尊重他们的身心发展规律,尊重他们的个人情况,尊重他们表达自我的权利,切忌使用语言暴力。教师语言暴力不仅不能产生任何教育效果,反而可能挫伤学生学习的主动性与积极性,严重影响师生关系,也可能造成学生人格尊严伤害,严重者会导致学生病态心理问题,甚至会导致学生自杀。

(三)循序渐进,耐心等待

思想品德教育过程具有循序渐进的特点。学生思想品质的形成是一个由量变到质变的过程,要培养学生良好的道德品行,需要长期的教育和培养,不能寄希望于一蹴而就。同时,由于受不良环境的干扰,思想品德教育还有曲折反复的特点,具体体现为学生思想品格进步较慢,并且时有反复和倒退。所以,教师要正确对待学生成长过程中偶尔犯的一些小错误,反复地对学生进行教育,苦口婆心地引导学生,并且,要有充分的耐心和信心,要有"打持久战"的准备,不要试图一次性解决问题,允许有"反复"的情况出现,这样日积月累,才能见到成效。

(四)因生而异,区别对待[①]

教师对学生进行思想品德、行为规范等各方面的教育活动,除了要遵循教育口语的一般规律外,还应当注意坚持因人而异、因事而异、因时而异、因地而异的区别对待原则,结合具体情况,有区别、有差异地灵活运用教育口语。特别是要针对不同的教育对象和教育场合,采取不同的方式方法,有的放矢,才能取得良好的教育效果。

1. 教育口语要适应不同教育对象

作为教育对象的学生个体之间,在兴趣爱好、个性心理、知识能力等方面都存在着一定的差异。教师在对其进行教育时,要因生而异,区别对待。

首先,要适应不同性格的学生。心理学认为,所谓性格指的是一个人对现实稳定的态度和与之相适应的习惯化行为方式方面的个性心理特征。根据个人倾向于外部世界还是内部世界,通常可以把人的性格分为外向型和内向型两类。教师要根据学生性格特征和类型的差异,采取灵活而有原则的方法,有针对性地进行个别施教,以培养和发展其优良的性格倾向,而摒弃不良的方面,促其健康成长。

性格外向的学生心理活动倾向于外部世界。他们经常对周围的人和事表示关心和

[①] 杨亦鸣主编.语言能力训练——口语篇[M].北京:高等教育出版社,2012:267-270.

兴趣,善于把握周围人的期待、自己的状况和世间的动向。他们情感外露,自由奔放,不拘小节,善于交际,独立性强,能很快地适应外部环境。他们对语言的理解反应比较敏锐,但有时会轻率武断。他们的直觉判断占主导地位,易于接受外部影响而改变自己的认识和态度。他们经常为激励性和鼓动性言语而冲动并转化为行动,对赞扬、褒奖等正面评价的愉悦体验溢于言表,对负面的批评、鞭策则经常做出对抗性回应。根据这些特点,对外向型性格的学生一般可采用直接说理和情感激励的教育方式。

内向型性格的学生心理活动倾向于内心世界。他们珍视自己的内在情感体验,对内部心理活动的体验深刻而持久,情感含蓄,表现欲望不外露。他们处事谨慎,深思熟虑,不善交际,富于幻想,反应较慢,应变能力差。他们行为主观性强,为人处世多以自己的所欲所感为出发点,按自己的意志行动,不盲从、不跟风,不为周围所动。他们对他人和社会多采取批判和敌对的态度,因此容易与周围的人产生摩擦,适应环境能力较差。他们一般不善言谈,对语言的回应比较迟缓,但对批评、否定性的语言却特别敏感,容易产生偏执、自卑的心理。对这类学生,常用的教育口语方式可以是正面诱导和委婉暗示两种。

案 例①

于永正老师借班上公开课,请一位叫何超的同学朗读课文。何超不是丢字就是添字,不是读错就是把句子读断。但他不怕错、不气馁,当着那么多听课老师的面,竭尽全力地去捕捉每个字,大声地念每个字,在于老师的指导下,终于读下来了。于老师说:"何超,你真是好样的,有了这种顽强的精神,何愁超不过别人!"课间,何超坐在位子上,一字一字地大声读课文,于老师劝他"放松放松",他说:"我要读书。"第二节课,于老师又给了他一次朗读的机会,他竟然较流畅地朗读完了。

于永正老师在公开课上,无意中请到一个朗读能力很差的学生,把好端端的文章读得支离破碎。于老师不仅不批评,反而幽默地用他的名字来激励他。果然唤起了学生的自信和坚持,后来果然成功了。所以说,注意语言幽默,启发自我教育,不失为一种好的教育手段。

在现实生活中,典型的外向型性格和内向型性格并不是特别多,大多数人更多的是外向型和内向型兼而有之的混合型。有时还会遇到一些非正常环境下成长或有心理障碍的特殊学生,比如在单亲家庭中成长的学生、留守儿童等。不管是何种类型的性格,教师的教育口语表达都要与之相符合才能顺利进行,才能取得预期的教育效果。因此,教师要善于观察,听其言、观其行,透过现象、洞悉心灵,了解学生的内心世界,准确把握每位学生的个性心理特征,然后再选择恰当的表达内容和表达方式,"对症下药",实施差异化分类教育。

---

① 于永正.于永正课堂教学教例与经验[M].北京:人民日报出版社,1995.

其次,要适应不同水平的学生。这里的"不同水平"主要是指学生在智力、能力和道德行为方面所达到的高度及其与其他个体的差异。我们反对把学生分为所谓的"好学生"和"坏学生"、"差生",但学生之间的确存在水平上的差异,我们暂且称之为"后进生"、"中等生"和"优等生"。教学口语需要"因材施教",教育口语同样要针对不同水平的教育对象,选择和采取不同内容和方法。

"后进生"的智力、能力或道德认识水平大都比较低,行为习惯不良,不遵守纪律,不能完成学习任务。但实际上,他们的想象力、思维力、观察力、记忆力等一般都处于正常水平,之所以落后是因为一些心理品质方面的非智力因素造成的。对后进生,教师在进行教育时必须坚持正面诱导,以理服人,具体可表现为:尊重和信任他们,多用积极的话语,采取肯定性评价的语言策略,在良好的谈话氛围下,晓之以理,动之以情;提高他们的道德觉悟和上进心,培养其是非观念和坚强的意志;善于发现学生的长处,调动其潜在的积极因素,引导他们制定适宜的阶段性奋斗目标,激励他们不断进取。对后进生切忌简单粗暴,讥笑、挖苦或斥责他们,不要总将后进生与优秀生相比,更不要轻易给后进学生贴标签,以免引起学生情绪压抑,限制个性发展,丧失上进的信心。要坚信,后进生的落后只是阶段性的,而不是永久的。只要教师给予充分的耐心和付出足够的爱,后进生是可以向中等生,甚至是优等生转化的。

"中等生"在一个班级中智力能力水平处于中等,思想觉悟、道德品行等方面的表现平平,既不突出,也不落后。他们既可能是优等生的后备军,也有可能成为后进生的预备队。中等生在班级中往往占了大多数,同时,往往也是教师最为忽视的群体。针对中等生的这种"中间"状态,教师在施教中,要敏感发现和创造激发中等生的上进愿望,及时积极引导,随时捕捉他们上进的需要与教育时机的切合点,用榜样的力量启发他们的觉悟,激发他们奋进的愿望,激励他们不断追求卓越。对于自身水平较差,但经过顽强努力达到中等水平的学生,则应在充分肯定他们已有成绩的同时,鼓励他们继续"逆水行舟",不懈努力,切不可安于现状。总之,教师掌握中等生的特殊心理,消除他们的心理障碍,对中等生进行扎扎实实的教育,激励他们发挥内因作用,向优等生转化。

"优等生"在智力、能力、道德等方面表现优良。由于"千般宠爱在一身",优等生也容易滋生一些毛病,比如有的自以为是,不能正确评价自己;有的埋头读书,不关心集体;有的清高冷漠,看不起甚至脱离同学;有的习惯于听取赞扬,受挫能力较差等等。由于各方面表现较为突出,优等生身上的缺点不容易被发现,因此,教师不能只盯住优等生的优点,更应该关注他们可能出现甚至已经存在的缺点和弱点。对这类同学评价时一定要注意分寸,既要肯定已有的成绩,更要提出努力的方向。与这类同学进行谈话教育时,可适当提高话语中的信息含量和讲解的深度,可采用内涵深刻的暗示性言辞委婉提醒,或用哲理性强的语句诱导说理,启发他们正确评价自己,扬长避短,向更高更新的目标迈进。

除了性格、水平上的差异之外,学生在年龄、家庭、行为习惯等方面也存在很多差别,这些也都是教师在运用教育口语时必须切实注意的问题,做到因生而异,区别对待。

2. 教育口语要适应不同场合

教师对学生进行思想品德教育的场合，大致有私下场合和公众场合两种。教师在不同的场合里所采用的教育方式、方法和语言策略也各不相同。

首先是私下场合的教育口语，即个别谈话。教师在私下场合和学生交流的最常见形式是个别谈话，也可以称之为谈心，它是指为了达到一定的教育目的，师生面对面、一对一地进行思想和感情交流沟通的教育口语表达方式。一般来说，比较严肃的事或涉及学生个人思想情绪的事，应单独找学生交谈，以引起学生重视。个别谈话在切实了解学生内心真实情感、培养和促进学生良好思想品质形成、抑制错误思想行为的发展等方面具有重要意义。

个别谈话有针对性、交流性、私密性三个特点。第一，个别谈话是教师和学生一对一地面对面交流，是教师针对某特定学生，有的放矢地进行引导教育，从而有利于真正解决学生思想上或道德品质方面存在的问题。第二，由于个别谈话是教师和学生的双向交流，师生之间可敞开心扉，互相倾听交流，说出内心的真实想法，这样便于老师了解学生潜在的思想问题，了解他们隐秘的内心世界。第三，师生进行个别谈话时，应该具有私密性。不管是在校园还是在校外，都应该没有第三方在场。谈话的目的、内容和结果，老师绝对要保密。教师既要帮助学生认识错误，辩明是非，又要为学生保密，不让学生面子扫地，背上思想包袱。这样才能够保护学生的自尊，有利于学生接受老师的批评教育。

其次是公众场合的教育口语，即集体谈话。公众场合的教育口语是指教师在群体性的班级、团队活动等时空环境下对学生进行教育交流时所采用的教育口语形式。在这些场合下，教师运用教育口语的主要方式就是集体谈话。集体谈话面对的是班级、年级、全体或部分学生，常常是在班队集体活动中出现，它常常以会议的形式进行，如晨会、班会、校会、座谈会、报告会、团队活动等，因而具有很强的目的性、计划性、时效性和针对性。

相对于个别谈话，集体谈话主要有以下特点：一是代表性。集体谈话的内容所涉及的多是班队集体中具有代表性的人或事。集体谈话的话题，涉及的教育主题要典型，有代表性，而且是学生真正需要或存在的问题。做到目标明确，内容精当，态度明朗。二是公众性。集体谈话面对的是全体或部分同学，教育的面广，它能够引导学生提高认识，形成正确舆论，树立良好班级风尚，有利于加强班集体的建设。所以，谈话的内容应面向所有同学，无论说话的内容、形式和语言表达都应尽可能适应学生整体。三是公开性。集体谈话的教育内容为全体或部分同学所普遍知晓。所以，集体谈话中，教师一方面要善于调动学生中的积极因素，树立榜样，让学生之间互相学习；另一方面，也要避免顾此失彼，如进行表扬时，切记不要因为表扬这一部分同学而打击、伤害了另外一部分学生。要慎用否定性评价，特别要掌握批评的分寸和尺度。如果在大会上过多地对学生进行否定性评价，容易打击学生的积极性，使学生大面积产生反感、抵触情绪。

教师的教育口语是教师在全部教育活动及其实践过程中形成的符合教育需要、遵循语言规律的职业语言。只有当这种语言纯净而未被污染时，才能产生最好的教育效果。教师应该自觉遵守教育口语的运用原则，持之以恒地修养自身教育口语艺术水平，锤炼自身教育口语表达技巧,杜绝教育过程中不当的语言表达,甚至是语言暴力的发生,方能达到理想的教育效果。

第四节 小学教师交际口语

为了完成教育教学任务,在面对学生的同时,也要与家长、同事和领导等沟通。因此,教师交际口语是教师口语的重要组成部分,也是教师因工作需要而必须掌握的口语形式。

一、教师交际口语的含义

教师交际口语指的是教师以完成学校工作为目的,在直接的教育教学活动之外,以教师身份参与的在其他工作语境中所采用的口语交际形式。它是一种与教师平时使用的教育、教学口语不同的口头语言形式[1]。

教师在不同的场合说出合适得体的交际口语,是作为一名合格教师必须具备的基本素质。教师交际口语的作用主要表现在三个方面:第一,可以让教师顺利开展自身工作;第二,可以让教师创造和谐的人际关系;第三,可以为教师自身的发展创造机会。

二、小学教师交际口语的类型

教师的工作比较特殊和复杂,除了在以学生为对象进行的课堂教学和校园教育活动中要运用教学口语和教育口语之外,还有很多学校工作要做,比如进行家访时与学生家庭成员谈话,召开家长会议时与学生家长交流,接触领导、同事时与领导、同事谈话交流;参加座谈调研时与参会人员谈话交流;有时还会联络社区、组织社会实践活动,等等。所以,小学教师交际口语主要包括接触家长、接触领导、接触同事、联络社区等主要类型。这里主要介绍教师和家长、领导、同事之间的交际口语。

(一) 与家长的交际口语

学生的健康成长离不开教师的谆谆教诲,也离不开家长的关怀爱护。家长是教师教育工作的主要合作者,教师与家长的谈话是教师交际口语中的重要组成部分,它包括家访谈话、家长会上的讲话和接待家长来访时的谈话等,教师对家长的谈话可为教师顺利开展教育工作提供方便,也间接地影响着教育效果。

1. 家访谈话

家访是教师为了特定目的到学生家中,与学生家长就学生教育进行单独交谈的一

---

[1] 杨亦鸣主编.语言能力训练——口语篇[M].北京:高等教育出版社,2013:281.

种家庭与学校的联系方式。家访是学校教育不可缺少的一部分。它是教师为了协调学校与家庭教育,代表学校对学生家庭所进行的具有教育性质的访问。通过家访,可以让家长获得孩子的在校信息;教师可以了解学生在家的表现;教师也可以借此与家长沟通教育方式,为教育学生创造一个良好的家庭教育环境。

那么,什么情况下需要对特定学生进行家访呢?一般来说,以下三种情况,教师最好要对学生进行一次家访。

(1)当与过去相比学生有了大的进步或者做出了显著成绩的时候,教师可以家访。教师家访时把孩子取得进步的原因、情况告诉家长,以寻求家长的进一步支持,促进学生取得更大进步。但是赞扬学生要适度,否则会助长学生乃至家长的骄傲自满情绪,不利于学生的进一步发展。教师还要充分肯定家长在学生进步中所起的积极作用,要感谢家长对学校工作的支持,不能把学生的成绩看成是自己一个人的功劳,甚至以此向家长邀功。

(2)当与过去相比学生有了大的退步或者犯了重大错误时,教师必须家访,此时家访,一是及时把学生不正常的变化反映给家长,二是与家长共同商量,分析原因,寻求解决的办法。在反映学生退步时,教师要实事求是,不能缩小,尤其不能夸大,不能因该生给教师工作带来极大麻烦和重大消极影响而感情用事,夸大错误的性质和程度。在家长面前要减轻学生压力,避免家长对学生动武。三是看到不足,指出希望。学生的不足要指出来,决不包容袒护,但是也不宜一叶障目,只看到不足,还要看到希望,给家长进一步教育学生的信心。四是主动明确责任在教师,不要怪罪家长。学生犯了错误,教师在与家长交谈时,不能把责任推到学生一个人身上,更不能责怪家长,要主动承担责任,并提出解决的办法,希望得到家长的支持。

(3)当需要了解学生在家里的生活、学习条件和情况,以便与家长共同为学生创造一个良好的学习环境时,需要家访。在了解学生家里情况时应注意:一是只了解学生家里的一般性情况,如父母工作情况等,不宜打听私事,更不能对私事品头评足,这样易使家长为难,甚至反感;二是关心学生生活、学习条件,尽可能让家长给学生提供一个较好的家庭学习条件。有的学生家庭经济状况不好,学习条件很差,教师应告诉家长在可能的条件下优先保证学生学习的基本条件。三是要摸清学生在家里受影响的性质以及影响的大小。家长究竟对学生学习产生了什么影响,影响是好是坏,影响大还是小,教师要通过与家长的交谈一一了解,以便对症下药;四是对家长不好的做法,只能建议、协商,不能批评、指责,更不能强迫家长接受自己的建议。

教师要想使自己的家访获得成功和良好效果,须做好以下几项工作①:

一是,扎扎实实做好班主任工作,是"家访"成功的前提。在学生心目中,班主任除了教学时应该称职外,还必须负责和公正。只有这样,才能赢得学生的信赖和尊敬,为"家访"的成功奠定基础。很难想象一个平时不认真工作,对学生极不负责的班主任在

---

① 谢文举.教师语言艺术手册[M].济南:山东大学出版社,2006:84-88.

"家访"中会受到欢迎。因为,学生一定会在家中毫无顾忌地向父母谈论老师,对班主任会谈得更多,因而家长不可避免地要受到孩子感情、观点的影响。也就是说,当你还未踏入学生家门时,学生家长已对你有了先入之见。对你的到来,或喜出望外,热情接待;或心怀戒意,不冷不热;有的甚至会讽言相讥,拒之门外。在这种情况下,很难获得"家访"的成功。

二是明确"家访"的目的,突出谈话重点。"家访"的目的通常为:① 及时向家长反映学生在校情况;② 了解学生家庭情况、家庭教育状况和家庭环境对学生的影响以及学生在家庭中的表现;③ 和家长一起研究和改进学生的教育策略。以上三点就一次具体的"家访"来说不可能面面俱到,而应有所侧重。班主任的每次"家访"目的都有不同,侧重点也是不同的,或谈学习情况,或谈纪律情况,或谈劳动情况,因此在有限的"家访"时间内必须精心组织谈话内容,务求重点突出,达到"家访"的目的。

三是尊重家长,同时也善于把握谈话的主动权。"家访"谈话不是随意交谈。班主任是谈话的发起者,又是谈话中目的明确、预先有准备的一方,因此,在"家访"谈话中,班主任自然占主动地位。家长一方对谈话事先无准备,对班主任的具体来意不十分清楚,在谈话中,只是被动地接受班主任发出的信息,提供班主任指定的信息,承诺配合班主任协同教育孩子,因此,在"家访"中居于被动地位。认识到这一点,班主任在进行"家访"时,就应巧妙地控制整个谈话内容,有条不紊地转变话题。但要注意的是,教师在使用谈话"主导权"时,一定要表现出对家长的尊重。万一家长谈话离题,教师也不要生硬地拉回来,要耐心地先听他讲,从中捕捉拉回话题的时机。研究改进学生教育方法时,教师要用商量的口气与家长交流,切记颐指气使,下命令式地向家长提出要求。

案 例[①]

一位教师到学生家里去家访,该家长是一位局长。

师:"您好!我是魏文林同学的班主任老师,我叫程敏。你就是魏文林同学的父亲吧?"

父:"啊,是的,请坐。"

师:"谢谢!"

魏父倒水递给教师:"请喝水。"

师:"谢谢!事先没有跟你打招呼,突然来访不会影响你吧?我来是想跟你说说魏文林同学在学校的情况,不会占用你很多的时间。"

父:"没关系,一点儿不会打扰我。我正想了解一下文林在校的情况呢。"

师:"上初一的时候他在各方面都表现得不错。据他原来的班主任李老师告诉我,魏文林同学学习很认真,成绩也很好,也遵守纪律,团结同学,特别是很关心集

[①] 摘自汪缚天.教师的语言修养及训练[M].北京:高等教育出版社,1994.

体,参加班级组织的文体活动也很积极,还担任过我们班合唱队的指挥呢。上初二以后,我发现他上课注意力有时不大集中,作业交得不及时,做得也比较马虎,这一周有两个下午班里组织的集体活动,他都没有参加了……"

父:"这个情况,我可是一点也不知道。"

师:"最近一段时间你发现他的生活情况有什么变化?"

父:"别的倒是没有。最近家里买了个录像机,常见他不知从哪儿弄来几盘录像带,有几个晚上看录像带,好像睡得比较晚……"

师:"那么下午是不是也回家看录像?"

父:"我想起来了,听他妈妈说,这几天下午好像回来得很早……啊,这小东西,看来他是迷上了看录像了。明天,我就把录像机抱走。"

师:"现在事情还没有搞清楚。即使因为看录像影响了学习,也不必立即把录像机抱走。你看这样行不行:回校后我找魏文林同学谈一次,再了解一下情况。你是不是注意一下他看的都是些什么样的录像带,然后我们再来商议怎么解决,好不好?"

父:"可以,你看,我光想着自己的事,家里就不大问了。这孩子让老师操心了……"

师:"这主要是我的责任。要是早点了解情况,早点解决,就不会出现这个问题。你工作很忙,这我可以想象得到的。不过孩子平时的学习和生活情况,还是要注意尽可能了解,孩子年龄小,容易受到外界影响,情绪波动大……我们都得细心一点。你说是吗?"

父:"当然,当然了。真是太感谢你了,程老师。"

学生家长虽然是一位局长,但教师不卑不亢,坦诚与之平等交流。教师先对魏文林初一时做了充分的肯定,而不是一味批评学生不足,从而避免了为此产生的对家长的消极影响,觉得教师也在责备自己。接着轻描淡写地指出初二后学生的退步,实事求是地向家长反映了子女在学校的情况。然后向家长了解学生在家里的情况,充分显示出教师的敬业精神和较高的职业素质。对家长不了解子女在家里的不良变化,教师没有责备,而是表示理解,但同时也诚恳要求家长应关心子女的学习生活变化。整个家访谈话,教师一直以商量的口吻与家长交谈,显示出较高的素养。教师语言表达委婉谦虚,有礼有节,不卑不亢,知书达理,入情入理。

四是不卑不亢,保持教师的尊严。无论家长的社会地位如何高,他们在教师面前,都只是家长而已。教师和他们的关系也只是家长和班主任的关系,因此教师不要有自卑感。访问那些经济状况较差、社会地位不高、文化修养较低的家长时,教师则要努力表现出自己的真诚坦率和对家长的尊重。

案 例

　　一位班主任初访某学生家庭时,见客厅里有两位年纪相仿的成年男子,她凭借与学生容貌相似的程度,向其中一位说道:"我是某某的班主任老师。如果没猜错的话,你就是某某的父亲。"对方点头称是。另一位则指着学生父亲插言道:"他还是我们的 x 长。"班主任微微一笑,答"这个我早从'学生登记表'中知道了。不过,我这次来,可是找学生的父亲的。"巧妙的回答,把自己置于与学生家长平等的地位上。接下来,她侃侃而谈,毫不拘谨,博得了家长的敬意。

　　案例中教师在面对身居某种官职的学生家长时,不卑不亢,措辞巧妙,分寸得当,应对含蓄间接,体现出一位教师较高的职业素养。

　　五是强调在教育学生方面校方与家长无利害冲突。有些家长溺爱孩子,常为孩子护短。和这类家长谈及学生的过失时,很容易出现不和谐的气氛。这时,教师要强调在促使孩子进步方面,校方与家长无利害冲突。如果在对孩子的教育观点及对孩子某些言行的评价上存在分歧,教师应千方百计争取家长协同一致,争取学校教育和家庭教育紧密配合。对屡教不改、过失严重并触犯校纪的学生,也要预先使家长认识到,采取这种教育手段是不得已的,从学生成长角度看对学生也是有益的。

　　六是努力表现出自己对学生的了解和热爱,通过谈话使家长认识到这一点,他就会信任你。教师要抓住"家访"这个机会,表现出对学生的热爱,为他们哪怕是微小的进步而由衷喜悦,为他们的一时退步而痛心疾首。要表现出自己驾驭班级的能力,谈起班级情况来头头是道;要表现出对学生的熟悉,对学生的性格、德智体美发展水平、优缺点了如指掌,向家长介绍学生情况时不失实;要让家长感觉到教师是一位经验丰富的、负责任的老师。

　　切记不可借"家访"诉苦、告状,要家长"评理",那样你就等于承认自己的无能和软弱,势必使家长怀疑你的能力。家访时最好要当事学生在场,这不仅有利于统一认识,采取有效措施,更好地教育学生;也有利于学生更好地理解教师和家长的良苦用心,更好地认识自己。学生在场时,教师的言辞不要过激,要注意保护学生自尊心,防止家长粗暴对待学生。学生退步很大,尤其是犯了大的错误,家长很容易冲动,对学生责骂甚至动武,造成学生心理和生理上的更严重伤害。学生对教师"告状"也会产生敌对情绪,更不利于教育好学生。

　　七是把学生的进步归功于家长,后进归咎于自己。主动为学生的后进承担责任,这是教师职业道德的一种表现。诚然,学生的进步包含着教师辛勤的汗水,学生后进的原因也极为复杂,不一定都要由教师承担主要责任。对此,通情达理的家长心里也十分清楚。但教师勇于承担责任,就会使家长深感教师的为人谦虚和责任感强。相反,如果一旦学生有显著进步或获得特别荣誉,教师便炫耀自己的栽培之功,家长嘴上迎合教师,内心却可能是不快的。对后进学生一味强调其天赋差,甚至把责任全部推卸给家长,只能伤害家长的自尊心,损害教师的形象。

八是谈话要落实到研究和改进学生教育上。"家访"重要的不在于谈论学生的昨天和今天,而在于如何使他有一个灿烂的明天。在"家访"谈话中谈论学生在体育或艺术某方面表现出的特殊才能,是为了和家长一起谋求发展学生才能的条件;介绍学生最近以来令人忧虑的表现是为了使家长意识到问题的严重性,寻求促使学生转变的措施。所以任何一次"家访"都要落实到研究和改进学生的教育上。研究改进学生教育方法时,哪怕教师早已成竹在胸,也要以谦虚的态度先征求家长的意见,看家长是不是有更好的办法。若家长一时拿不出好的办法来时,教师才用商量的口气说出自己的主意,问家长这样好不好?一定不要用命令式的口气。

案 例

一位学生成绩很好,但与同学相处得不太好,经常与同学发生矛盾,有一次甚至动手打了同学,教师为此去学生家中访问。在与家长的交谈中,教师开始并没有提及学生与同学闹矛盾的事,而是对该生的学习成绩大大夸奖了一番,家长听了非常高兴,表示对教师的感谢,并说有什么需要家长配合教师工作的事情教师尽管讲。教师此时说:"感谢您这么配合我的工作,我就不客气了。今天来您家确实是想与您谈谈您孩子与其他同学相处的问题。"然后教师把学生在校与同学相处的情况告诉家长,并说改进这方面的欠缺对学生的健康成长大有裨益。家长觉得教师是真心为孩子,因此很爽快地表示一定要对孩子进行教育,教师家访取得成功。

案例中教师之所以能在学生犯了错误的情况之下家访取得成功,就是因为他注意了家访中尊重家长,与家长平等交流,先表扬、再就事论事等原则,所以获得了家长的认同和理解。

2. 家长会上的讲话

召开家长会,是目前最常用的家校联系渠道。一般在学期初、学期中和学期末,以及学校要组织重大活动时,学校或班主任都会组织一次家长会。家长会是学校、班主任与学生家长以集体工作方式进行的双方交换意见,互提合理化建议,寻求共同教育好学生的方法的一种重要形式。

教师是家长会上的主持人,所有学生家长的活动都需要教师来协调,要使家长会开得圆满成功,教师事先必须充分准备,精心组织。比如,确定会议主题;撰写发言稿;想好需要家长配合解决的问题有哪些,对家长关心的共性问题和个性问题做到心中有数;对家长有可能提出的问题,也要提前准备,以便应对自如。此外,还要布置好教室环境:第一,教室要清洁,窗户要明亮,桌面要整洁,最好摆一束鲜花,在黑板上书写"欢迎"等字样,这样的环境布置,给家长以清爽、亲切之感。第二,可以把学生各科作业本放在桌面上供家长翻阅。这样,家长就能深层次了解自己孩子的学习情况,也自会促使学生认真做作业。第三,可通过多媒体的形式,把学生平时的学习生活情况用图像生动地反映出来,使家长对学生的校园生活有一个形象的了解,也激发起参会家长心中的热情。

做好充分准备后,就是组织会议和在家长会上的讲话了。教师在家长会上的讲话须掌握以下方法技巧:

(1) 亲切热情,气氛和谐。教师对家长要态度热情,可以提前与家长私下沟通,聊些轻松的话题,拉近教师与家长的距离,缓解家长的紧张情绪。会议上,教师要用语言努力创造平等、和谐的气氛,以便让家长积极融入,充分发表意见。教师应多采用征询、商量的语气,主动、虚心地向家长们征求各种意见和建议,以便改进工作方法,提高办学质量。家长会切忌一言堂,应是多种角色的共同参与,可以请学生、任课老师一起汇报。凡是涉及少数同学的问题,对大多数家长来说不是热点,不能引发多数与会者的共鸣,就尽量不讲。有的班主任把家长会开成了训话会,借家长会向学生父母告状,这样做,会激化师生矛盾,产生对立情绪,工作更难开展。

(2) 实事求是,如实客观。教师在家长会上的讲话,宜从正面称赞入手,以积极向上的话语结尾。以表扬称赞开头,可以让家长产生兴奋感,以积极的话语结束,可以让家长在离开时,激情满怀。家长会开场之后,教师要实事求是地向家长介绍本班级的整体情况和家长普遍关心的共同问题,以及每个孩子的具体表现和存在的问题。班级的整体情况有好有坏,学生的表现也有优有劣,在介绍的时候尽可能都有所涉及。为照顾所有家长心里的感受,对学生的优点可适当放大,对学生的缺点则可稍微缩小,宜多赞扬、少批评。教师在谈话过程中,还要注意对学生的评价应该如实客观,不要显露出对个别学生的喜爱或厌恶,更不要当众指名道姓地数落有缺点的学生,否则会引起部分家长的反感,导致家长害怕开家长会,子女成绩不理想,颇难为情,仿佛低人一等;班主任在台上板着脸,宛若对学生做缺席审判,家长心里也在受煎熬,家长在某种程度上成了班主任对学生指责与训诫的替罪羊、出气筒。无论对哪种学生的称赞,都应把成绩主要归功于家长,不足之处主要归咎于自己,这样,家长才会心悦诚服地与教师积极配合。

(3) 语言平实,真诚沟通。在语言的使用方面,教师应遵循平实通俗的原则,尽量不讲专业术语。过多的教育教学术语可能会增加家长的无知自卑感,让家长不敢表达自己的意见,也可能导致家长不理解甚至误解教师的意思,从而无法正确配合教师的工作。在与家长们进行交流的时候,教师的态度要真诚,这可以缓解家长的紧张情绪和不自在的感觉,还能让家长对教师产生信任感,更愿意深入透彻地与教师进行探讨,同时教师也可以借此机会,和家长真诚沟通,及时了解学生在校外的其他情况,并据此对自己的教育方法做相应的调整。

家长会是形成学校、家庭教育合力的一种重要途径,只有正确引导、沟通、协调配合,学校、家庭目标一致,两种教育力量拧成一股绳,才能提高教育的效果,才能有利于素质教育,有利于老师与家长、学生的相互交流与协作,有利于孩子们身心健康发展,有利于学校、班级工作的开展。

案 例

尊敬的各位家长：

大家好！感谢各位对我班工作的大力支持，能从百忙中抽出时间来参加今天的家长会，说明大家对自己的孩子都十分关心。是啊，哪一位家长不望子成龙？哪一位家长不望女成凤？哪一位老师不希望自己的学生有出息呢？既然家长、老师、学校都有一个共同的愿望，教育好他们，让我们携起手来，同心协力把你们的孩子，我们的学生教育好。

对学生的教育由家庭教育、学校教育和社会教育三方面组成。但说真心话，目前我们的社会教育状况堪忧。有专家撰文说："五加二等于零。"什么意思呢？即学校、家庭花了五天进行正面教育，一个双休日，学生们回到社会，就什么都学会了。是啊，多少家电子游戏厅，多少家网吧，多少台球室，多少家麻将馆，还有不少负面的东西。作为学校又不能消除以上这些对教育孩子不利的事物，在我们别无他法的时候，只有学校家庭携手配合，共同创造良好的育人环境。

下面我想就各位家长关心和困惑的问题，与大家交流沟通，希望能对各位有所帮助。首先向大家汇报一下我们班孩子在校的学习情况。

……

很多家长都把教育孩子的希望全部寄托在教师的身上，认为孩子只听老师的不听自己的。但我不完全赞同这个看法，诚然，一个人的成长和知识积累最主要靠的是老师，但他更不能离开家庭，因为家庭是人们最初的生活环境，父母也是孩子最早的老师，父母的一言一行、一举一动对子女都有着言传身教、和潜移默化的作用。家庭氛围对孩子的身心发展具有重大的作用。苏联著名教育学家苏霍姆林斯基曾把儿童比作一块大理石，他说，把这块大理石塑造成一座雕像需要六位雕塑家：家庭、学校、儿童所在的集体、儿童本人、书籍、偶然出现的因素。从排列顺序上看，家庭被列在首位，可见，家庭在塑造儿童的过程中起到多么重要的作用！因此，为了孩子们的健康茁壮成长，希望家长们为你的孩子付出更多的时间和精力，希望家长朋友们更多地与我们沟通交流，对我们的工作付出更多的热情。谢谢大家！

3. 接待家长来访时的谈话

接待学生家长来访，是教师，特别是班主任工作的一项重要内容，也是实施学校、家庭、社会三结合教育的一个组成部分。接待家长来访，可分为家长主动来访和教师邀请家长来访两种。家长主动来访（包括电话来访）有时是一般性的，主要是询问孩子的情况或有问题希望获得指导；有时是质疑性的，可能对学校、老师的工作有不满，或认为孩子在校受到了不公正待遇。有时是为了请托，教师应坚持原则，一视同仁，不为利益所动。教师为了解情况或事务通报或者遇有紧急事件时,也可以常规性或应急性地邀请家长来访,如和家长共同对孩子的不良行为提出批评或给予处分等。

案 例

> 有位学生的家长常年在外地工作,有一次他来拜访老师,要求班主任对其子女严加管教,格外关照,并表示将一定重酬。教师回答说:"我们任何一个教师都有义务和责任耐心帮助每一位学生,使他不仅在文化上,而且更重要的是在思想上都有长足的进步,将来取得好成绩,为社会做出更大的贡献。至于你家里的情况,我们确实不太了解,这是我们的责任。不过,我们大家知道这一情况后,不仅是教师,就是学生也会给他更多的帮助,格外地关心他,这点请家长放心。我相信经过大家的努力,你的孩子一定会取得令你满意的成绩。"

工作中,教师可能会碰到一些家长送礼请托和致谢的情况,如何处理方能显示出教师职业素养的好坏呢?案例中教师的回答令人非常满意。在金钱诱惑下,他并没有为之所动,言辞中显露出高尚的人格。对家长的特殊要求,教师没有直接触及,而是明确表示,对每位学生的关心是每位教师的义务和责任。言外之意就是其子女自然会受到关照,无须回报。教师的措辞恰当,回答含蓄间接,符合教师职业特点的要求。教师的遣词造句极为准确,分寸得当,表述严密,语言有力。一个知书达理、正直廉洁的教师形象展示在家长面前。

在家长一般性来访或教师常规性邀请家长时,教师要对家长的到来表示感谢,尽可能简洁地回答、叙述,不做无关事情而占用家长时间。在家长质疑性来访或我们教师突发性邀请家长时,双方的关系容易紧张,如果处理不当,会发生矛盾甚至冲突,对工作造成不良影响,严重的还会影响到学校的声誉,因此,教师要慎重对待,首先要请家长充分表达,耐心倾听,用心揣摩家长的顾虑,就家长关心的核心问题有的放矢地进行下一步谈话;其次,就事论事,讲清学校的规定和孩子的行为对应的奖惩制度,向家长通告这些内容时态度要诚恳而坚决,遇有自己拿不准的事情一定要及时上报。然后,跳出具体事件,与家长探讨教育原则,努力说服家长。

不论是何种类型的家长来访,建议教师做到"六个一":

"一张笑脸"——微笑是人与人之间最短的距离,可化解敌意、消除紧张。即便家长在自己忙碌、劳累时未经邀请而来,也一定要笑脸相迎。

"一把椅子"——主动请家长就座,体现平等、尊重,消除敌意和紧张情绪。

"一杯水"——主动递上一杯水,让家长感到老师的关心。

"一双倾听的耳朵"——对家长的表达一定要耐心倾听,不随意打断、不过早表达自己的判断。这不仅让家长感到我们的尊重,而且可以了解很多信息,防止我们主观臆断。当然如果家长突然来访,您又马上有课,也可以客气地和家长说明,约定谈话时间。

那么下次大家见面的时候，一定别忘了"耐心倾听"。

"一条具体可行的建议"——"回去好好教育孩子"这样的话不会产生任何效果，给家长的建议必须具体可行，才能让家长明白我们的意图并采取行动。

"一纸记录"——每次与家长的谈话，包括电话往来，都必须留下工作记录。这不仅方便我们建立家校联系档案，很好地掌握对某个学生的教育过程，而且也保留了我们工作的第一手记录。有时我们很难预料一些事情。如果我们和家长就某件事发生了分歧，这些记录可以很好地帮助我们回忆细节、澄清事实。

案例

有位家长曾经向班主任赵老师抱怨说："赵老师，我非常重视孩子的学习，我还为孩子制定了一个学习计划，但是这个小家伙就是懒，做事特别慢，没有一次能够完成计划的内容，真是气死我了。"

赵老师："您这样教育孩子真是很尽心，但是尽心的教育不一定能开出美丽的花朵，您的计划虽然很完善但毕竟是您自己的想法，孩子完全是被动执行，自然就缺少了积极性。您可以尝试协助孩子自己去制定一个计划试试看，也许孩子制定的计划没有您的完美，但毕竟是他自己写出来的，是一种主动的行为，所谓敝帚自珍，他应该会珍惜自己的劳动成果。"

一个星期之后，家长再次找到赵老师，高兴地说："现在这个孩子执行计划可认真了，还经常向我炫耀他的成就呢！"

赵老师也高兴地说："这个小家伙，现在天天都在进步呢！"

在这个案例中，由于家长在家庭教育方面缺乏专业的知识，表现得心有余而力不足，教师则充分发挥自己在专业知识方面的优势，用科学的教育理论指导家庭教育，拿出切实可行的配合措施供家长参考使用，成为家长的参谋，起到了较好的效果。

（二）与上级的交谈

由于工作的需要，教师经常要接触各级领导，从教研组长、学科组长到年级组长、年级主任，再到学校校长以及教育管理部门的各级官员，等等。与上级的谈话，一定要把握好三个原则：其一，保持尊敬的原则，这是最基本的原则；其二，符合身份的原则；其三，适可而止的原则。

案例

一位教师接了一个关于小学生综合性学习的科研课题，学校校长专门拨款让他购买参考资料，又积极促成他到外市参加相关会议。该教师感动之余对校长说："您辛苦了,您的做法太让我感动了,我非常满意。"领导本来挺热心该教师的课题,听了他的这些话之后,反而不再过问他的课题了。

"我非常满意"一般是上级对下级、长辈对晚辈的表现表示肯定的言辞,案例中这位教师说"我非常满意",不符合自己的身份,校长难免不快。

教师与上级领导的谈话,主要有这样几种类型:

1. 接受型

教师在接受领导布置的任务时,语言上要干脆利索,要实事求是,客观地报告完成任务的可能性,任务过程中要及时介绍实施计划、汇报实施情况等。

2. 汇报型

教师在向领导汇报时,要语气平缓,避免慷慨激昂;宜紧扣中心,简洁明快,避免离题万里;多用请示语沟通,避免使用强硬语气;随时回答领导问题,避免置之不理或轻描淡写;一事一报,避免同时汇报几件重要的事情。

3. 建议型

教师在向领导提出建议时,应该从学校发展角度出发,不说取悦之言;不提过高或不切实际的要求,不说失度之言;多用征询语气,不说越权之言。

案 例

教师代表会议上,领导就教师工资方面的方案,让教师代表讨论。试比较下面两段话:

一位教师直接就说:"校长,您报告中的内容很不合理,我认为应该……"

另一位教师代表接着发言:"这个方案,我觉得可以从几个方面完善一下,我提出来,校长您考虑一下……"

很明显,前一位教师语气过于直接,领导心理上不容易接受;而后一位教师以征询的口气提出自己的建议,效果肯定要好一些。

4. 拒绝型

教师有时由于自身实际情况,难免不能同意领导对自己工作的安排,那么,可以委婉地表达意愿,避免语气生硬,充分陈述理由,求得理解、谅解,最好能提出替代方案。如领导坚持安排,则不要一再拒绝,应设法完成任务。

案 例

一位教师正忙于撰写一篇关于新课程改革的论文,领导突然安排他到很远的一个城市出差,而且一去要十几天。这位教师向领导客观讲述了自己的实际情况:

出版社正等着他这篇稿子,他去出差的话,会给出版社带来很大麻烦。此外,这篇论文对他本人来讲很重要,他马上就要评职称了,如果没有这篇论文,他很可能评不上职称。向领导讲明情况后,他又向领导推荐了另一位教师,并表示该位教师以后有类似情况,他愿意替这位教师上课。领导最后同意了这位教师的请求。

案例中的教师鉴于自身实际情况,不方便接受领导安排的出差。因此,他诚恳地向领导说明实际困难,并提出了替代方案,最终获得领导的同意。

(三) 与同事的交流

这里所说的"与同事的交流"主要是指教师与同事就教育、教学等工作上的事情的交谈,而不包括就生活中事情的闲聊交谈。教师在办公室里,和同事见面的时间最长,每天都要涉及教学、教育等工作方面的谈话,"讲错话"常常会带来不必要的麻烦。如何掌握同事间谈话的分寸,就成了人际沟通中不可忽视的一环。

教师与同事相处时的交际原则是平等、真诚。首先是平等的原则。作为同事,常年在一个单位共事,谈话态度上要互相尊重,平等待人,与人为善,积极合作。教师之间有着不同分工和不同年龄层次,还有着不同的学历水平,但大家都是平等的同事关系。如果态度傲慢,易引起反感;过于随便,又会让人觉得不持重;过于客套,则会使双方心理距离产生疏远感。其次是真诚的原则。教师在和同事交流时,任何时候都要以诚待人。同事相处时,不要总想着占人家便宜。要有"吃亏是福""得饶人处且饶人"的精神。谈话双方意见不合时,尽量不要言辞激烈地公开提出反对意见,更不要恶语伤人。听到别人议论他人飞短流长,要保持正常的微笑,不参与评论,"流言止于己",更不能成为流言蜚语的传播者。如果无意中冒犯到对方,要真诚地向对方说明并致歉,努力恢复良好的工作合作关系。尤其注意不要打听同事的隐私。如果喜欢探听,即使什么目的也没有,人家也会忌你三分。爱探听人家私事,是一种不好的行为。

三、小学教师运用交际口语的注意事项

教师交际口语不同于课堂教学口语和校园教育口语,其中既包含了一般口语交际的共性原则,又由于教师的特定身份等因素,体现出教师交际口语的个性原则。具体说来,教师工作交际口语要注意以下几个方面[①]:

(一) 转换话语角色

在教育教学环境下,教师接触的对象主要是学生,教师处在教育者的位置上。在这样的口语交际环境中,教师相对于学生来说,掌握着更大的话语权。由于长期处在权威性的主导地位上,很容易养成好为人师的"教育者"的口语表达习惯。而在教育教学以外的交际场合,教师就不再是施教者、教育者的角色,而变成了单纯的教师角色,交际对

---

① 杨亦鸣主编.语言能力训练——口语篇[M].北京:高等教育出版社,2013:282.

象也不再是教育对象,而是家长、上级或同事等学生以外的各种人,交际双方应处于平等的地位。因此,教师要具备"角色转换"意识,及时调整自己的语气、措辞、表情等,以适应不同的交际对象和交际场合。教师应针对不同的交际对象、不同的交际目的做好自己的角色转化,在不同的交际环境下说出适合教师角色的话,称谓应礼貌得体,语气应平和,态度要真诚,选词用语要因人、因时、因地、因事而异。既要在口语交际中体现出自己的学识修养,又不给别人留下"好为人师"的印象。

(二) 维护教师形象

教师在以上教育、教学之外的工作场合中,话语角色虽然转变了,但不论在何种场合的交际,仍是学校工作的延续,交际目的仍然是为了学校工作。因此,教师在这些交际场合中,要时刻意识到自己的教师身份,说话态度谦和有礼,端庄大方,既不盛气凌人,孤傲自负,又不妄自菲薄,唯诺自卑。要以得体的言谈,体现教师的职业修养和文化内涵,塑造庄重、文雅的教师形象。

(三) 营造和谐氛围

教师教育教学之外接触的对象众多而复杂,关系有亲疏不同,职位有上下之别,年龄有老幼之分,知识水平、思想觉悟有高低之分,处境、心情有好坏之分,脾气、性格也存在很大差异。这就要求教师在口语交际的过程中,充分考虑不同交际对象的特点和语言的可接受性,因人异地恰当组织话语,创设出融洽和谐的氛围,尽可能找出双方共同感兴趣的话题,在和谐的氛围中进行交流、工作,以达到交际的目的。

(四) 坚持以诚待人

俗语说:"敬人一尺,人敬一丈。"在任何交际场合中,真诚待人都是交际双方取得交际成功的重要保证,教师不论接触何种级别、何种类型的人,都要抱着真诚的目的与人交谈。只有这样,教师交际才能顺利进行,取得预期效果;否则就只会是"话不投机半句多",而导致交际没有什么效果,甚至不欢而散。

本章小结

小学教师在教书育人及其相关工作中用声音表达出来的语言,都属于小学教师口头语言的范畴。口头语言是教师工作中所采用的最主要的语言形式。根据小学教育教学活动的性质,教师所使用的口头语言,可以分为教学口语、教育口语和工作交际口语三种类型。教学口语主要是针对教师在课堂上传授科学文化知识所使用的语言形式而言。教学口语包括导入语、讲授语、过渡语、提问语、评价语、总结语等形式。教学口语有着规范性、知识性、情感性、启发性、反馈性的特点。教师应根据不同课程需要、围绕教学目标、遵循学生认知规律和适应不同教学环境有效调控教学口语。教育口语主要是针对教师在课堂外对学生进行思想品德教育所使用的语言。教育口语具有说理性、诱导性、情感性、客观性、平等性、激励性的特点。教育口语主要有沟通式、说服式、评价式、启发式、激励式几种类型，教育口语应内容纯净健康，教师要坦诚以待，要把握时机，要公正评价，要尊重隐私，要迂回委婉。教师运用教育口语要遵循积极引导，正面教育；平等尊重，力避语言伤害；循序渐进，耐心等待；因生而异，区别对待这四个原则。教师工作交际口语则是指教师在工作中，与领导和同事交流、与家长进行访谈所使用的语言。教师运用交际口语要注意转换话语角色、维护教师形象、营造和谐氛围、坚持以诚待人等几个方面。

思考训练

1. 简述小学教师口头语言的种类。
2. 简述小学教师教学口语的几种类型。
3. 简述小学教师教学口语的调控原则。
4. 简述小学教师教育口语的几种类型。
5. 简述小学教师运用教育口语的原则。
6. 简述小学教师交际口语的类型。
7. 简述小学教师运用交际口语的注意事项。

拓展阅读

1. 张锐,万里.教师口语[M].北京:北京师范大学出版社,1994.
2. 郭启明.教师语言艺术[M].北京:语文出版社,1992.
3. 杨亦鸣.语言能力训练[M].北京:高等教育出版社,2012.
4. [苏联]苏霍姆林斯基.和青年校长的谈话[M].上海:上海教育出版社,1983.
5. 许讯.教师语言实践教程[M].南京:南京师范大学出版社,2010.
6. 郑红梅,陈岩.口语实训教程[M].杭州:浙江大学出版社,2007.
7. 池玉明.如何设计生物课堂结束语[J].山东教育(中学版),2005(29).
8. 冯显灿.教学语言学[M].广州:广东教育出版社,1999.
9. 陈利平,王仲杰.新课堂背景下的教师课堂语言[M].北京:高等教育出版社,2005.
10. 陈之芥.论教学语言的调控艺术[J].修辞学习,2008(5)。
11. 谢文举.教师语言艺术手册[M].济南:山东大学出版社,2006.
12. 马显彬.教师语言学教程[M].广州:中山大学出版社,2000.
13. 王子木,黄培玲.富有魅力的教师语言艺术(小学篇)[M].沈阳:白山出版社,2012.
14. 汪缚天.教师的语言修养及训练[M].北京:高等教育出版社,1994.

第七章
小学教师书面语言

※ 章首语：

  教师一次详尽的作业批改，给学生写上几句热情洋溢的作业批改语，比起一个简单的分数，更能起到激励学生努力学习、奋发向上的作用。教师课上一次精心的板书设计，将教学内容化繁为简，可以使学生对本课的内容一目了然。教师学期末给学生认真地写几句客观中肯、苦口婆心的话语，或认可，或赞扬，或鼓励，或暗示，或提醒，都能让学生鼓舞振奋，铭记在心。

※ 情境导入：

  为了提高作业批改的反馈效果，我问同学们："大家喜欢老师用什么颜色来批改你们的作业？红色代表火焰和热烈，黄色代表宝贵和权力，黑色代表刚、坚强，蓝色代表大海、希望，绿色代表自然、生命……"同学们几乎异口同声地说："我们喜欢绿色！""老师，你用绿色给我们批改作业吧！""好！就这样决定了。那么，在作业批改中，你们喜不喜欢用打叉的符号？""最好不用！"于是，在高中三年中，我一直坚持用绿色来批改作业、改考卷。在批改中，我不用叉号，改用"？"和批语。绿色的批语起了不小的激励作用，同学们非常喜欢我批改的作业，学习的反馈效应很好。同学们不仅纠错能力得到了加强，学习成绩也有了显著的提高。

  教师除了主要采用口头语言作为主要表达形式外，还时常会用到书面语言，比如课后的作业批改语、课堂教学中的板书以及学期末或毕业时的学生操行鉴定语等。其中，作业批改语和教学板书，在教师工作中几乎天天要用到，在教师的教育教学活动中有着举足轻重的地位，学生操行鉴定语一般是在学期结束或学生毕业的时候才会用到。这些书面语言，也是教师育人过程中必须使用的语言形式，对教育教学活动有着不可替代的作用。

第一节　小学教师作业批改语的撰写

一、作业批改语的内涵

作业一直以来被视为"课堂教学的延伸和补充",起到巩固和强化课堂教学效果的作用。传统的作业评价作为教师的一项常规工作,发挥着基本的检查、甄别、反馈的作用。课改实施后,作业评价成为课程评价体系的一个有机组成部分,起到促进教师和学生情感交流的作用。作业不仅检验和反馈了学生对课堂知识的掌握程度,也显露着学生的个性和情感,因而作业评价在小学教学中有着举足轻重的地位。

作业批改语是指在教学活动中,教师以书面语言为载体对学生做出的评价,又叫作业评价语。它是教学评价中经常采用的评语形式,主要用于学生的作业,尤其是作文的批改中。相对口头评语来说,书面评语更郑重,更有分量,更能引发人的思考。

二、小学作业批改语的现状和问题分析

小学作业批改语是教师向学生反馈其学习情况的一种手段,目的是为了促进学生的全面发展。批改语缺失或形式单一、内容空洞,是当前小学教师使用批改语时经常出现的问题。这些问题尤其体现在作文的批改语当中。

(一)作业批改语缺失

目前,小学作业批改的突出问题首先是形式单一和批改语缺失。通常,学生作业本上的批改符号都只是"√"与"×"的正误符号,结尾处写上"优""良""合格""不合格"这样的等级评定,或者末尾写上"阅"字和日期,这种单一的作业批改形式已成为教师批改作业的常态[①]。这种作业批改的方法对教师来说,确实是省事了,但其后果却是:学生对教师批改后的作业,只看成绩,而不加反思。有的学生甚至认为写作业是自己的事,对错与否是教师的事,与自己不相干,这样明显不利于培养学生积极的学习态度,更不利于培养学生的自我评价和反思意识。久而久之,学生就会对完成作业马虎、敷衍了事。其实,小学作业的布置,不仅仅是知识点的检测和巩固,更应该是书写规范的培养和学习习惯的养成。张菊红调查了北京城区三所中学的作文评语写作情况,学生反映教师经常以"阅"取代评语的人数所占比例分别是34.5%、20.6%、19%;偶尔为之的占51.8%、29.1%、28.5%。这些数据一方面说明了作业批改语缺失在当前中小学作业批

---

① 蒋淼.小学作文书面评语优化研究[D].苏州大学硕士论文,2015.

改中并不是偶然现象,另一方面也反映了学生对教师作文评语的期待以及期待未得到满足后的失落、不满等情绪因素①。

(二) 作业批改语模式化

即便是在最能体现学生个性和发挥创造力的作文批改中,相当多教师的作文批改语也非常的公式化、模式化,常见的套话如"用词不当""语句不通""中心不突出""材料不典型""描写不具体""书写不工整""希望继续努力""有进步"等。这种模式化、内容空洞的作文批改语,对于小学生来说缺乏针对性和实际的指导意义。一句"描写不具体",到底哪里描写不具体?应如何写具体?学生还是一头雾水。小学生对于这样的评语,根本不"感冒",毫无感觉,更不用说产生思维的启迪、情感的交融和激发学生的写作兴趣了。批改语模式化带来的另一个问题,就是教师评语写作缺乏个性化色彩,文采贫乏,学生读起来干巴巴,味同嚼蜡,寡淡无味。我们要求学生将作文写得有个性、有文采,而教师自己却写出这样的内容空洞、模式化的评语,又怎能使学生信服呢?学生看多了这种雷同的评语,会觉得教师在敷衍,那学生对作文的态度和热情就可想而知了。

造成作业批改语形式单一、内容空洞的原因是复杂的,除了工作繁重之外,教师对评价语重视不够也是重要原因。一些教师认为评价语可有可无,认为作业就只是检查学生是否完成,所以写个"阅"就可以了,写上"优""良""中""及格"这类评价语已经是在评价学生了。缺乏相应的语言素养也是导致教师作业评价语出现上述问题的重要原因。尤其是作文评价语,写作是学生个性和情感的真实流露,具有强烈的个性化特征,作文评价语因此也应具有强烈的针对性。很多教师只是例行公事地写上一条条低效的、千篇一律的评语。

(三) 作业批改语书写不规范

教师的一言一行对小学生都具有示范性。《小学语文课程标准》对小学生的书写做出了明确规定,"规范地书写汉字",对小学生作文书写的要求是"卷面整洁,书写规范,行款整齐,标点符号使用规范"。当前很多教师在撰写作业批改语时习惯于龙飞凤舞,随意涂鸦,标点符号使用不规范,如句号往往就是笔尖一点了事,这对学生的影响很不好。刘明在对小学作文书面评语的调查研究中发现,60%的教师能够认真书写作文评语,而40%的教师认为"按照自己的书写习惯就好,学生会慢慢适应",或是"没有注意到这和学生的写作有关系"。这表明,教师对评语写作的书写规范意识很薄弱;有38%的小学生认为教师评语"书写潦草,密密麻麻,乱七八糟"②。小学阶段是学生识字、写字的关键时期,也是培养学生良好书写习惯的重要阶段。为此,教师应率先垂范,将作业批改语书写得工整清晰,给学生以良好的师范作用。否则,学生时常看到教师书写极不规范的作业批改语,他们很容易受到影响,或者是对教师提出的要求产生抵触情绪。

---

① 张菊红.新课程评价标准下的作文评语研究[D].首都师范大学硕士论文,2007.
② 刘明.小学作文书面评语研究[D].西南大学硕士论文,2010.

(四)作业批改语权威化

教师在撰写作业批改语时的语气、表达方式等,太过权威化,重否定性评价而轻肯定性评价。这是教师把平时教育教学过程中对学生的训斥口气不自觉地带入了作业批改语中的结果。由于小学的知识较为简单,作业也相对容易,学生作业的正确率很高,因此,有的教师认为,只要指出学生的不足或做错的地方即可。于是,在作业批改语中多使用一些否定性的词语和句子,诸如"作业不认真""不认真思考""描写欠佳""不太切题"等。学生对这种否定性评价语看多了,久而久之,就会丧失对作业的兴趣。尤其是对于小学生作文来说,小学生本来认认真真写下了一篇自我感觉良好的作文,满心希望得到老师几句表扬,可是教师一贯的否定性评价一次又一次地打击了他们,严重挫伤了学生自我表达的愿望,想写不敢写,想说不敢说。小学生本来就对作文怀有敬畏心理,如此一来,就更害怕写作文了。这样的作文批改语不仅于事无补,而且贻害无穷。

三、小学作业有效批改语的构建策略

小学作业有效批改语的构建策略主要包括以下几种:

(一)提高教师对作业批改语的认识

当前作业批改语出现的诸多问题,很大程度上都是由于教师对作业批改的不重视造成的,认为作业批改只是单纯地评判学生作业的对错而已,却忽视了教师批改语对学生心理和成长产生的影响。教师没有理由忽视对学生作业的评改工作。教师要充分运用自己科学判断和推理的能力、艺术感受力和高度的审美判断力,务实地评论学生的每一次作业,发挥作业批改语的作用。因此,教师必须充分认清作业评语与学生学习的关系,深刻认识作业批改语对学生学习的重要作用,才能发挥出作业批改语的功能。作业批改语应该是教师对学生作业从内容正确与否到卷面形式做出的整体性评价,是教师就一次作业与学生进行的书面交流和心理沟通。学生学习兴趣的培养、水平的提高和能力的发展,同教师准确、全面、公正的批改语密切相关。若批改语不能被学生理解,不能给学生以某种启发,则没有意义。只有能够被学生理解、接受,又能对学生的学习及思想、情感、个性等产生积极影响的作业批改语才是有效的。好的作业批改语要能够及时反馈作业的情况、激发学生学习动机、促进师生间情感交流、提供学生写作业的示范、引导学生培养良好学习习惯,是一种有效的教育手段。

(二)差异化策略

每一个学生都是独立的个体,每一份作业,都是学生个性的展现。因此,教师在撰写作业批改语时要针对每个学生,不可模式化、公式化。例如,对于一向爱动脑筋的学生的评语可以是:"你与众不同的见解,真让人耳目一新。你的头脑真灵活,这真是奇思妙想,棒极了!"对积极思考但未完整解答的学生可以这样评价:"你一直都在积极思考,努力地去寻找解题的方法,请找某某同学请教一下,也欢迎你来找我。"对解题正确,有独特见解但只用了一种解法的学生可以这样评价:"方法真好,如果你再仔细想想,可能还会有其他的方法。试试吧!"对男生的作业,可以使用洒脱大气、阳刚豪迈一些的语词;对女生的作业,可以更多使用一些真挚细腻、清新婉约的话语。总之,基于对每个学生的学习、个性的充分了解,配以富有个性的评价语,就可能产生特殊的评价效果,对学生的学习进步和良好个性的形成都将产生良好影响。

(三)情感化策略

作业批改语要能体现师生感情的交流,作业不仅是师生间教学信息的相互反馈,也是联系和沟通师生感情的桥梁。在作业中教师可以觉察到学生的思想和自主学习情况,从批改语中学生也能感悟教师对他是否关心、是否认可和是否有信心。因此我们要充分利用作业批改语来加深师生情感交流。评语言辞恳切,切中要害;或热情鼓励,或委婉告诫……始终使学生保持清醒的头脑、强烈的兴趣、昂扬的斗志,激励并坚定他们"青出于蓝而胜于蓝"的信念。通过评语,教师尽可把祝福、问候、关切、激励、真诚、信任之情化作甘甜的泉水,去滋润学生的心田,引起师生情感上的共鸣,达到教与学两者的和谐与统一。

案 例

一位二年级的学生在一篇题为《我的理想》的文章中写道:"阿爹还没有走的时候,他对我说,你要好好学习天天向上,长大做个科学家。阿妈却要我长大后做个公安战士,说这样啥都不怕。我不想当科学家,也不想当公安战士,我的理想是当一只狗,天天守在家门口,因为阿妈胆小、怕鬼,我也怕。但阿妈说,狗不怕鬼,所以我要做一只狗,这样阿妈和我都不怕了……"老师在这篇作文上打了一个大大的红叉,而且没有打分,估计是严重的不及格。

案例中这位小学生表达了最真挚、最纯朴的情感,却因为没有高远的立意和积极的情感被教师评判为不及格。其实,从本质上讲,写作是"写作主体的一种观念形态的活动"[①]。然而,中国传统的写作理论主张"文以载道""文以明道",因此,我们的作文教学便也负载起了道德教育的重任,小学生的作文教学也往往片面追求立意要高,要有闪光点,作文评价时过分强调思想性,而忽视学生表达的内容是否真实。学生作文中的思想性不是不重要,问题是必须建立在真实的基础之上。离开了儿童的生活真实,追求大而空的思想,往往使学生的写作落入胡编乱造或者套用别人文章的境地。长此以往,不仅会造成小学生在写作中无话可说、无话可写,更重要的是还会造成小学生严重的人格背离现象。相比之下,日本的生活作文却可以给我们很多启示。日本的生活作文主张教育同生活的紧密结合。"生活作文的特点是:扎根于现实生活之中,是以儿童自主的、能动的表达为出发点的。"生活作文教育的整个过程,无论是写作的出发点、写作的实际活

---

① 韦志成.作文教学论[M].南宁:广西教育出版社,1998:49.

动还是写作的结果,都强调自我,即强调写作的主体性。比如在日本的小学国语教科书"生活记录·作文文集"教材中,有多个单元的题目是"写自己的事"、"写最想写的事"。除此之外,有的单元还要求学生通过写作来"发现自己"。

(四)趣味化策略

小学生都喜欢生动活泼、趣味盎然的事物和形式,如果教师的作业批改语总是一种严肃刻板、批评人的言语形式,势必会让学生觉得面目可憎而敬而远之。所以教师的作业批改语应该讲究情趣化策略,可以恰当采用拟人、比喻、夸张等修辞格,语言形式可以是丰富多彩、千变万化的,既可以是一个词或一个短语,也可以是一句话、一个段落或一则格言。将对学生的评价、鼓励和真情以生动幽默的语言形式表达出来。这样学生一定会更感兴趣,作业批改语也会更有效。

> **案 例**
>
> 一位教师看到一篇错别字很多的作文时,评价道:"你这篇作文从内容到结构都很不错,可惜错别字太猖狂,害得那些本来正确的字个个唉声叹气,叫苦连天。为了伸张正义,老师已经把这些错别字揪出来示众,请你各打它们五十大板,然后关押起来,什么时候改造好了,再放它们出来。"

案例中的教师在进行作业评价时,运用了生动形象、富有趣味的语言表现手段,使学生既认识到自己的不足,又感受到教师语言表达的魅力,充分体现了有效评价语趣味化策略的应用。

四、小学作业批改语的撰写原则

新课程改革实施后,作业评价成为师生互动交流的有效平台,是提高学生学习效果,激发学生形成积极情感、态度和价值观的重要工具。因此,在课改理念下,小学教师在撰写作业批改语时应遵循以下一些原则。

(一)激励性原则

激励就是激发鼓励。小学作业批改语要有利于激发学生的学习热情,激励学生努力向上,奋发进取。学生有被尊重、被表扬、被认可的需要。在写作业时,希望得到教师的表扬和鼓励,这是学生精神上的需要。如果这种精神上的需要长久得不到满足,他们就会产生消极的思想。因此,激励是学生学习行为的动力之一。充分发挥学生的积极性,对学生进行有效的鼓励是教育的策略之一。一般说来,激励就是以某种刺激为引诱,调动人的主动性、积极性和创造性。教师的评语就是刺激学生的诱因。学生有不同的性格,有不同的需要,那么激励的方法也应不同。对优等生的作业,中肯的评价中要有指正;对中等生的作业,认可中要提出更高的要求;对后进生的作业,在提出希望中要热情鼓励。教师针对不同学生及其作业,在不同场合所做的评语,都可起到激发学生学习热情的作用,让优等生更上一层楼,使中等生改正缺点、发扬优点,使暂时落后的学生克服畏惧心理,树立信心。

案 例[①]

评价1:在你的笔下,秋天是多么美啊!老师从你的作文中看到了高远而深蓝的天空,看到了金黄的稻田、南飞的北雁和飘零的黄叶。这一切,无不让我感受到秋天的美丽与神奇。我多么想对秋天说:"秋天啊!化腐朽为神奇的秋天,你使学生的作文多么优美啊!"

案 例

评价2:看得出来,你非常喜欢踢足球。告诉你啊,老师也是个球迷。好吧,咱们来看你写的作文,说实在的,文章不够精彩,但你写比赛的方法是很好的:重点写一次攻防,其余进球一笔带过,且时不时运用"高吊球""越位陷阱""凌空抽射"等术语,使球赛与文章都显得好看。好好练吧,希望你脚下功夫与笔头功夫与日俱进!

评价1是教师对女同学文章的评价,情感丰富,言辞细腻;评价2则是教师对男同学文章的评价,评语干脆精练,表达直接。两则评语体现出各具针对性的评价。

(二)人文性原则[②]

小学教师作业批改语的人文性原则,是指在尊重学生主体和个性差异的基础上,作业评价从关注结果转变到关注学生本身上来,实现"以人为本"的教育理念。人性化的评价理念能帮助学生认识自我,树立自信,发展自我,充分发挥个性。目前,作业批改语普遍注重对结果本身的评价,而很少涉及对作业主体——学生的评价,更忽略了通过作业评价来引导学生做人。以作文评价语为例,大多数教师认为,作文教学的主要目的是提高学生的写作水平,所以他们在撰写学生作文评语时,往往只关注作文本身,而忽视了对写作主体的关注。这种教师给出的评语客观、公正,但缺少人文情感。教师的作文评价不能只关注对作文的文本的评价,也要看到文本背后的"人"。教师的作文批改语,不仅要评文,也要关注写作过程中小学生的态度,重视学生写作过程中的真实情感,注意激发学生创新的精神,为社会培养具有独立思考能力、情感和精神世界丰富、具有创新思维的人才。

[①] 崔梅.小学教师语言[M].北京:高等教育出版社,2015:154.
[②] 崔梅.小学教师语言[M].北京:高等教育出版社,2015:155.

> **案 例**
>
> 一位小学生在《我的妈妈》一文中,写到自己家庭困难,爸爸卧病在床,一家老小全靠妈妈支撑时,说:"面对逆境,妈妈咬紧牙关,硬是以瘦弱的身躯支撑起这个家。"其中流露出的是真实的感受和对妈妈真挚的情感。作为教师,就应该在评语中体现与学生心灵与情感上的互动。他的老师是这样评价的:"读了你的文章,我内心极不平静,你的生活令人同情,你的妈妈令人钦佩!都说母亲是伟大的,从你妈妈身上,我真正领悟到了这句话的含义。有这样一位坚强的好妈妈,还有什么逆境不可战胜?!真诚祝福你一家早日脱离困境,走向幸福!"这位教师用一颗敏感的心灵去感受学生的心灵世界,并在以后的学习和生活中都尽力给予这个学生帮助。后来,这个学生激动地对老师说:"老师,谢谢你,你的话增强了我对生活的信心,我会加倍努力学习,报答妈妈的养育之恩。"

在这篇作文评语中,教师积极回应学生的内心情感,表达对学生妈妈的敬佩之情,鼓励学生战胜逆境,并送上真挚的祝福。这样的评语触及了学生的内心情感,让他感悟到妈妈的坚强和伟大,增强了对生活的信心,也对教师更为亲近,这正是人文性原则在作文批改语中的体现。

(三) 形象性原则

小学作业批改语是给学生看的,因此要符合学生的实际理解水平。评语要用小学生能看得懂的语言来写,所使用的词汇和语法不能高于或过分低于学生的现有水平,而是要切合学生的实际水平和认知特点,符合学生的个性心理发展需要。当前小学作业批改语,脱离学生接受水平的问题较为突出,尤其表现在小学作文批改当中。翻开小学生作文本,满眼看到的教师评语都是关于中心是否明确、主旨是否突出、层次是否分明、条理是否清楚等诸如此类的批改语,而这样的评语对小学生而言,实在是不大能理解,也不感兴趣的。小学阶段的习作训练,能达到的目标恐怕并不是使每个孩子都达到多高的写作水平,而是培养孩子对写作的兴趣。这种抽象的、"高大上"的写作评价语对激发孩子的写作兴趣、提升孩子的写作水平而言,并没有什么作用,远不如来一个"你真棒!""你写得真美!""我都被你的写作感动了!"或再加画一个大拇指来得有效。显然,这种生动形象的、热情洋溢的、儿童化的语言,能够很好地激励孩子更努力地写作。

(四) 启发性原则

小学教师的作业批改语要具有启发性,使学生读了以后能有所感慨,深受老师的启发,学生会沿着老师指引的方向自己去完善作业和提升自我。如果教师写的作业批改语形式单调或抽象化、模式化,学生看了之后就会漠然或迷惘,这种批改语根本起不了作用,更不用说对学生有所启发了。教师要做的不是只给学生的作业一个定性,而是要运用启发式的语言让学生自己思考,给出一个改进的方向。

案 例

有一位学生在《第一次哄小弟弟》的作文中写道:"第一次哄小弟弟让我感觉到真够烦的,一会儿哭了,一会儿又笑了,搞得我手忙脚乱。"教师的评语写道:"是啊,因为第一次哄弟弟,就显得特别得忙乱,但老师感觉不到你的手忙脚乱。弟弟哭了,你怎么做?一会儿弟弟笑了,你又会怎么样做,怎么想?"通过回答这些具体问题,学生在他修改过的文章中写道:"我逗他玩,可他使劲地喊,小手指指着窗户那边。他要啥?我猜了很多,弟弟都摇头,我忙抱起他,他冲着我的脸狠挠几下,我痛得直叫。我多么委屈,在心里责备弟弟:要是你会说话,何必让我猜?"①

案例中的教师运用一些具有启发性的评价语言,启发学生的思维,启发学生学会具体的细节描写,写出自己的独特感受。相对于原来干瘪瘪的几句话,修改后的作文语言生动活泼,富有童趣,精彩多了。作文评价语就是一种写作示范,语言生动优美、笔法灵活、寓意深刻,评价态度中肯。可以说,好的作文批改语本身就是一篇优秀的习作。

(五) 沟通性原则

要使教师批改语对学生心理和成长产生正面影响,需要教师在撰写作业批改语时,加强与学生的情感交流和沟通。而要在作业批改语中达到师生之间情感的交融和心灵的沟通,需要做到以下几点②:

首先,在写作业批改语时,应充分理解、尊重学生的个性及思维的多元化,认识到每个学生都是鲜活独立的个人,他们的个性在作业中会很自然地表现出来。特别是作文的评语,教师要善于从作文中体会学生的心情、感受,掌握学生的感情脉络、心理需要、思想动态等,然后找出自己的最佳位置,承担最适合的角色,写出充满人文关怀的评语。

案 例

一个学生在《自卑的我》中写道:"我是一位来自农村的女孩,父母每个星期给我三十块钱,我的吃穿用行都在里面了。可是,一些有钱的女同学个个穿得那么漂亮,吃着花花绿绿的零食,甚至开玩笑时用蛋糕抹花脸。她们在我面前趾高气扬。在她们中间,我像一只无地自容的丑小鸭!老师,为什么人和人之间的差别那么大?凭什么有的人天生可以享福,有的人却要辛苦一辈子还在社会底层?"面对学生的自卑和诘问,教师不仅要允许学生情绪的宣泄,更要对学生的诘问做出一番积极的解释。于是,教师写道:"你对老师敞开心扉说心里话,我很感动。的确,在物质上我们也许

---

① 刘明.小学作文书面评语研究[D].西南大学硕士论文,2010.
② 崔梅主编.小学教师语言[M].北京:高等教育出版社,2015:158-159.

暂时是弱者、是穷人,但是我们完全可以用坚强的意志、不屈的精神和丰富的知识内涵做精神上的富人。不要为贫穷而自卑。记住,苦难是人生一笔难得的财富。我们不能选择出身,但可以选择自己的人生道路和奋斗目标!经过奋斗,就会走出窘境,重新创造自己的生活!"

案例中的教师以鼓励性的话语和教师的爱与责任为基调,及时抚慰学生纠结的情绪,拨正学生的思想认识偏差,启发学生正确认识社会现实,获得前进的信心和力量。

案例中学生作文流露的情绪和个性可能并不为教师所认可,但这篇文章无疑是真实的,在学生稚嫩的心灵里,渴望有人能给她精神的慰藉。教师首先使用了移情策略,欣赏学生的坦诚,但另一方面及时地指出这种不满、怨天尤人的危害,鼓励学生努力创造自己的生活。

其次,在作业评价时,教师应关注学习出现了困难,或处于弱势群体的学生,让每个学生都能感受到来自教师真心的关怀,从而主动接近老师,在老师的帮助下,克服困难,走出困境。而不是从此陷于困境,学习越来越下滑。

案 例

一位学习困难的学生写《成长的烦恼》一文这样说:"在成长的过程中,我遇到过许多烦恼,可是最大的烦恼就是见到作文就头大,我该怎么办呀?"面对学生的坦率,教师写下了这样的评语:"真实情感的流露,它是作文起步的良好开端。我很喜欢你的真诚和内心渴望把作文写好的想法。人最大的弱点莫过于自己打倒自己。战胜这心魔吧!这是老师的渴望。请用朴实的语言、真诚的心灵把见到作文头大的原因写出来,或与我交流,我将真诚为你服务。"

教师不仅指明了写作提高的方向,还用自己的真情和关怀鼓励学生,相信在教师春风拂面的温暖中,这个学生会消除写作的烦恼。

最后,作业批改中,加强与学生的情感沟通和交流,还应体现在对学生思想境界和心灵的提升上。比如有些学生在作文中流露出悲观、冷漠、自私和情绪低落、思想封闭的倾向,面对这样的情形,作为教师,应给予婉言批评和循循善诱的心理疏导式的作文批语,以利于学生个人思想健康的发展和思想境界的提升,达到作文与思想共同进步的目的。例如,在写《自我小像》这篇作文时,有位性格内向的学生写到自己与父母、老师、同学没有太多的话可说,经常独来独往,感到很孤独时,教师给她的评语是:"走出自我的小天地,方见天地宽阔,生活多彩!同学们和老师愿与你手牵手,心连心,共创美好生活!请把你热情的手放在我们的手上。"之后教师还利用课余时间多次与她交谈,慢慢地,她脸上露出了笑容,走出了封闭的自我。

第二节　小学教师教学板书的设计

板书作为一种教学手段,一直被各学科教师在课堂教学中使用,是教师和学生在课堂上利用视觉进行交流的重要渠道。好的板书能够提炼出一堂课的精华所在,可以突出教学重点,加深印象,增强效果。新颖别致的板书可以引起学生浓厚的学习兴趣,可以唤起学生形象思维,激励学习热情。因此,教学板书也是教师书面语言的重要组成部分。

一、教学板书的界定

所谓教学板书,是指教师为全面、综合呈现课堂讲授的重点、难点内容,用粉笔在黑板上或借助电教媒体,采用文字、符号、表格、线条、图形等板书构件所设计构成的版面总体。教学板书是书面化呈现课堂教学内容的重要方式,是教师书面语言的重要范畴。

二、影响教学板书效果的因素

教学板书是课堂教学的重要辅助手段,教学板书的合理科学使用,可以很好地提高课堂教学效果的作用。由于教学板书是教师用粉笔写在黑板上的书面语言,所以板书的位置、字体、形式、内容、构件、颜色以及书写与讲解的配合等都会影响到教学板书的效果。下面就这些影响教学板书效果的因素分别作阐述[1]。

(一) 板书的位置

板书在教学中所起的作用受到板书位置的影响。学生观察板书的次数越多,对板书的印象就会越深刻。合理安排板书在黑板上的位置,可以最大限度地发挥板书在课堂教学中的作用。据有关资料表明:位于黑板左上的板书,学生的观察次数最多;位于黑板右下位置的板书,学生的观察次数最少。因此,板书不是太多的情况下,最好把板书安排在黑板左上的位置[2]。

一般情况下,课堂板书时应从黑板的左侧开始,整个板书大约占黑板的1/2或者2/3的面积。黑板右侧的位置,是教师根据需要写一些重要的字词、句子或者是容易写错的字词等内容的位置,写在此位置的板书我们通常称之为副板书。为了强调主板书的完整性、系统性,在一节课结束前应把副板书擦去。

---

[1] 参王霞.小学语文课堂教学板书现状及对策研究[D].辽宁师范大学硕士论文,2014.
[2] 崔允漷.有效教学[M].上海:华东师范大学出版社,2009:146.

(二) 字体是否匀称、工整

文字是黑板板书的主要构件,课文的内容、教师的主要意图都通过这一构件向学生传达出来。教师板书除了呈现课堂重点、难点教学内容外,也会对学生起到一种很好的示范作用。首先,教师的板书不能有错别字,尤其是对于小学生来说,更是如此。小学阶段正是学生识字的阶段,如果教师板书出现错别字,学生分辨不清,自然也会写错。因此,把字写正确,是对小学教师最基本的要求之一。其次,板书的文字必须是匀称、工整的。教师板书时龙飞凤舞、随手涂抹,既为难了学生,也有损教师在学生心中的形象,甚至会产生负面作用。如果教师板书的字体匀称、工整,就会给学生一种美感,也体现出教师的认真和严谨,对学生无疑有着潜移默化的作用。

(三) 板书与讲解的配合时机

板书与讲解的配合时机一般分为:先讲后书、先书后讲、边讲边书。对于比较难的概念、公式等一般采用先书后讲的方式。如果要引入新课,让学生从不知不觉中获得新知识,一般采用先讲后书,总结之后再出示课题,起到画龙点睛的效果。小学课堂上常用到的板书与讲解的配合时机为边讲边书的方式,这种方式方便教师时刻驾驭课堂,可以吸引小学生的注意力、激发小学生的学习兴趣。

(四) 板书的形式

课堂教学板书设计受到年级、课文、课型等多种因素的制约,其形式多种多样。从语言运用方面可分为:提纲式、词语式;从表现形式方面可以分为:文字式、图文式、表格式;从内容方面可以分为:综合式、简画式;从结构方面可以分为:总分式、对比式、分列式等。恰当的板书形式是增强教学效果的重要一环。教师在设计课堂教学板书时一定要根据具体情况选择最佳的板书形式。

下面列出几种常见形式的教学板书:

(1) 文字式:某教师对《谈骨气》一文的设计[①]:

谈骨气

一、提出论点:
  我们中国人是有骨气的
二、举例论证:
  1. 富贵不能淫(文天祥例)
  2. 贫贱不能移(穷人例)
  3. 威武不能屈(闻一多例)
三、总结全文:
  发出号召

[①] 赵文生.语文板书设计类型例谈[J].河南教育(基础版),2003(12).

(2) 图文式:某教师对《田忌赛马》一文的设计①:

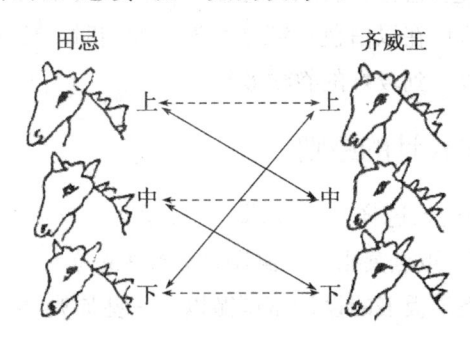

田忌　　　　　齐威王

上 ⇢ 上
中 ⇢ 中
下 ⇢ 下

(3) 简画式:一位教师设计的《东郭先生和狼》一文的板书设计②:

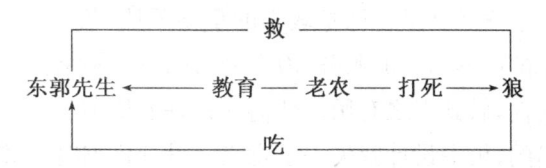

```
           ┌─────── 救 ───────┐
   东郭先生 ← 教育 ── 老农 ── 打死 → 狼
           └─────── 吃 ───────┘
```

(4) 词语式:某教师为《农夫和金鱼的故事》一文所设计的板书设计③:

木盆　　木房子　　贵妇人　　女皇　　海上女霸王

贪 ── 贪 ── 贪 ── 贪 ── 贪

该板书设计紧紧抓住了课文所要反映的主旨思想——"贪",生动有趣地描绘了老太婆的本性,可谓板书艺术的传神之作。

(五) 板书构件

教育心理学研究表明:大脑所记住的信息,5%来自嗅觉和触觉,10%来自听觉,85%来自视觉④。教学板书是教学中提供视听信息最简单、最基本的媒体。要发挥教学板书的巨大作用,只靠单一的文字表达是不够的,我们必须利用板书的其他构件:符号、线条、图表、图画等,通过这些构件的勾连组合成完整系统的教学板书,以此向学生呈现教学内容,帮助学生正确理解重难点知识,增强记忆,提高教学质量。

(六) 粉笔颜色

学者们发现,一定的颜色对人的思维方式、行为习惯及性格情趣等有重大的影响,这一现象被称为颜色效应。颜色具有一种物理特性,当它作用于人时,不同的颜色就会产生不同的心理作用,并影响人的态度和行为。例如,红色、橙色、黄色能使人产生温暖

---

① 吴阳.语文板书设计例谈[J].陕西教育,1999(02).
② 李如密.教学艺术论[M].济南:山东教育出版社,1995:326.
③ 吴阳.语文板书设计例谈[J].陕西教育,1999(02).
④ 王唏等.课堂教学技能[M].福州:福建教育出版社,2008:125.

的心理感受,而绿色、青色、蓝色、白色、紫色会使人产生冷的心理感受①。所以,教师在设计板书时要注意到这点,在以白色粉笔书写为主的同时,合理恰当地运用一些其他颜色的粉笔进行书写,可以收到较好的教学效果。

三、小学教师板书设计的原则

小学教学板书必须达到这样一些要求:书写规范——示范性;语言准确——启发性;层次分明——条理性;重点突出——鲜明性;合理布局——计划性;形式多样——趣味性。一般来说,小学教学板书的设计需遵循以下一些原则②:

(一) 目的性原则

小学教学板书是小学教师进行课堂教学的重要手段,板书反映课堂教学的中心内容。教学板书为教学的内容与目的服务,教学的目的也是板书设计的目的。所以,教师板书要有明确的目的性,做到书之有用。任何一则好的板书,都是为一定的教学目的服务的。离开了教学目的,板书设计就失去了意义。设计板书时,一定要在吃透教材的基础上,本着形式为内容服务的原则,有的放矢地进行设计。应突出重点,体现难点,防止方向不明的形式主义倾向和随心所欲的自由主义倾向。板书上的一笔一画、一字一词都不是教师随心所欲的信笔挥洒,而是以反映教学中心内容为目的,深刻准确地反映重难点,积极促进教学目标的实现,从而达到为教学服务的要求。

(二) 条理性原则

板书是课堂教学的辅助手段,板书在课堂中只起到"服务教学"的作用,而且,课堂时间有限,教师不能把讲课的内容或备课讲义的内容完全照搬到黑板上。所以板书的内容必须是经过教师精心选择和加工提炼的,呈现出来必须是提纲挈领,简明清晰、重点突出,能够有条理地反映出教学内容的。就是说,板书思路要条理清楚,能把文章的内容以板书的形式直观化展现出来;板书语言应概括精炼,不拖泥带水、不啰嗦重复;板书要呈现整个知识体系的精髓部分、学生必须理解和掌握的重点内容。这就要求教师选择最佳的板书形式,精心设计,将板书浓缩成小学生易于接受的知识精华,让学生一目了然。只有这样,学生才能更快、更牢固地掌握重点内容,达到教学的目的。

(三) 科学性原则

小学教学板书的科学性是板书设计最基本的要求,板书的科学性是板书存在的基本条件。板书的科学性,首先要做到无知识性的错误,板书内容要做到准确无偏差。一则错误百出的板书,不但不能为小学生的学习提供榜样,还会误导他们,造成不良后果。教师需要做到板书的制作与书写准确无误,尤其在小学教学中,小学生对于很多事物还缺乏判断与批判能力,对教师的模仿与信赖使得小学生似乎相信黑板上出现的一切,所

---

① 刘显国. 板书艺术[M]. 北京:中国林业出版社,1999:22.
② 艾雪. 小学语文教学板书研究[D]. 东北师范大学硕士论文,2010:9-11.

以一定要保证小学教学板书的准确无误。其次,要有周密的计划性,做到书之有时。设计时对板书内容出现的先后、内容间的联系和呼应、位置的安排和调整、文字的大小去留、虚实的配合、符号的选用、板书与讲述及其他教学活动的配合等,都要周密计划,力求科学有序,顺理成章,水到渠成。

(四) 针对性原则

小学教学板书是为小学教学内容服务的,这就决定了教学板书设计的针对性。板书要有较强的针对性,做到书之有据。应针对不同教材的文体特点及内容特点、不同学生的特点、不同课型的特点,从实际出发,因文制宜、因人制宜、因课制宜。首先,吃透教材是设计好板书的基础。其次,要针对小学阶段学生的年龄特点与认知特点来设计,比如要善于运用小学生喜闻乐见的图形、线条来表达知识信息。最后,小学教学板书的设计还要顾及课程的学科特点,比如语文课的板书就可以多些艺术性,数学课的板书则可以更体现条理性。教师针对学生、教学内容、课程特点等具体情况设计出有针对性的板书,才能起到满意的教学效果。

此外,板书语言要与口头语言相配合使用。在课堂上既要有教师热情洋溢、妙趣横生的讲授,又要有赏心悦目的变化多样的板书展示。要使板书语言和口头语言和谐融洽、配合默契,必须认真备课和精心设计。要有高度的应变能力,能够根据学生实际,刹那间改变自己预先设计好的蓝图,确立更符合学生实际的新方案。

第三节 小学生操行评语的撰写

一、小学生操行评语的内涵及其作用

学生操行评语是班主任教师对一学期以来学生的思想品德、学习、劳动、健康状况等情况做出的综合性描述和评价,是对学生进行教育的重要手段。好的评语是学生的一面镜子,是学生上进的动力,是师生沟通的桥梁,是家校联系的纽带,是学校向家长、社会展示良好形象的契机。好的评语能帮助学生和家长了解真实的情况,学生明确努力的方面,家长不断调整教育行为,从而更有利于学生的发展。

案 例

有一位学生在课堂上总是默默无言,学期末老师为他写操行评语:"在老师的眼里,你是一个聪明文静的孩子。每一次作业,你总是那么认真,每一节课上,你是那

么专心！希望什么时候，能让老师听到你甜美的声音。"亲切的话语像漫漫春风，不仅让老师和学生之间不可逾越的鸿沟消失了，而且激励了孩子的自信心。果然，接下来的一个学期里，这个学生变得爱说话了，也敢于在课堂上发言了，性格也开朗多了。

评语，虽然只是短短几行，寥寥数语，但是它对学生的影响却非常深远。可见，写好学生评语是一件十分有意义的工作。因此，教师应该重视学生操行评语的撰写工作。

学生操行评语是代表老师对学生学习的一个倾向性的评价，针对性地做出对学生客观的评价是一件不容易的事情：首先，是对教师素质的考验。针对每一个学生的个性写作评语，让学生感受到老师的爱，这不仅是对学生的尊重，也是不可缺少的教师素质。其次，评语应该是用心写的，班主任要根据学生的个性、气质、爱好、特长等心理特点，在平时对学生细心观察、全面了解的基础上，力求把评语写得准确鲜明，富有针对性，充分发挥评语的评价、反馈、校正与激励作用，使学生既能从老师的评语中看到自己的优点、成绩与进步，又能从中看到自己的不足，并受到教育和启迪。

可是，长期以来，教师写的操行评语却存在颇多问题，如：内容笼统空泛，套话连篇，古板生硬等。这些评语或大同小异，反映不出学生的个性，或训斥性话语太多，有损学生的自尊心，或用语贫乏，枯燥乏味，等等。这样的一些内容空洞、千人一面的操行评定语，使得评语失去了本来应有的教育作用。

二、小学生操行评语的撰写内容

小学生操行评语的撰写大体可以从以下几个方面去撰写：

第一，思想品德方面：遵纪守法，遵守学校的一切规章制度；关心热爱集体；团结互助；言谈举止文明；尊敬师长；热爱劳动；艰苦朴素，勤俭节约；有理想、有追求。

第二，学习方面：① 学习态度：自觉学习、认真听课，完成作业，珍惜学习时间，讲究学习方法及效率。② 学习方法：新旧知识的联系，预习与复习，理论联系实际，理解与消化。识记与综合运用，知识的比较鉴别、分析和归纳，独立思考等。③ 学习能力：自学能力，分析能力，综合能力，理解能力，接受能力，逻辑思维能力，形象思维能力，运用知识解决问题的能力，运算能力，解题能力，表达能力，观察能力，记忆能力，应变能力，创新能力等。

第三，体育方面：能否积极参加体育活动，如晨练、课外活动等，是否达到体育锻炼标准，体质状况等。

其他方面：艺术特长，获得的各种荣誉称号等。

以上操行评语内容仅供班主任参考，具体落实在每个学生身上，具备哪些方面，哪些方面不具备，需要班主任实事求是地写，不能千人一面，要写出每个学生的特点，不能图方便到网上下载，拿来应付了事。

> **案 例**
> 　　某校班主任在每个期末都会用充满感情的话语为每一位学生写评语,她给班上一位学习中等、性格内向的女生这样写道:"你文静内向,思想纯洁朴实;写一手漂亮的钢笔字,出黑板报的水平很高;与同学相处和睦,对老师有礼貌;懂事,体贴父母,能自觉帮父母做家务;做事认真负责。希望多与同学交流,多向老师请教,培养开朗的性格,主动钻研,刻苦学习,争取更大进步。"
> 　　教师给班上一位学习中等、性格内向的女生这样写道:"你为人正直诚恳,尊敬老师,团结同学,关心班集体,待人有礼,能认真听从老师的教导,自觉遵守学校的各项规章制度;你工作负责,计划性较强,有始有终,令人放心;你学习认真,成绩优秀。希望你在以后的学习中,鼓足干劲,继续奋斗,创造佳绩!"

　　此例中教师在评语中用自己的真情实感拨动着学生情感的心弦,委婉地提出了对学生的希望和要求,让学生在充分感受到教师对她的无比关爱中,意识到今后努力的方向。整个评语将"教师情"与"学生情"合而为一,融为一体,弹奏出优美的情感乐章。

三、小学生操行评语的撰写要求

　　(1) 成绩报告单上写给学生及家长看的评语应采用第二人称写法(如"你是一个……"),尽量水笔誊写。让家长读了有一种亲切感,有一种"自己人"的感觉。用作留档的评语(学籍卡、学生操行评定及评语汇总表)就应以第三人称写(如该生……),留档评语还需打印后班主任用黑色水笔签字。

　　(2) 学生操行评语要有一定的篇幅(100字左右),成绩报告单上的评语应书写工整,格式规范,切忌草率应付。不要使用过高和绝对化的语言,如立场坚定,爱憎分明,思想不健康,屡教不改,品质恶劣等。

　　(3) 评语应语言简练,措辞准确,字句严谨,语句通顺,注意不出现错别字。注意评语前后不矛盾,评语与学生操行不要矛盾,如:操行不及格,但评语中却出现了褒扬的评价语。

　　(4) 学生操行评语要体现出个性化特点。班主任要根据学生在德、智、体、美、劳诸方面的一贯表现,认真分析学生的思想发展动态,依据平日里每个学生的表现,充分征求班干部和任课教师意见后,经过分析、综合,班主任亲自执笔给每个学生写出恰如其分的、个性化的操行评语。

　　(5) 全面得体。学生操行评语要力求全面又重点突出,真实准确、客观具体地反映学生的各方面表现,优点、缺点都要如实写出来,不过还是要以鼓励、激励为主,找出学生身上的闪光点加以赞扬,批评可以少一点,并且须委婉地提出。评语内容要合乎《教育法》《教师法》《未成年人保护法》等有关法律法规的要求。

四、小学生操行评语的撰写原则

教师在为学生撰写操行评语前,须做好以下三项工作:

第一,全面了解学生的成长过程、家庭环境、心理特点和个性特长等情况。评语是一种特殊的写作,它的素材来源于教师平时对学生的了解。

第二,对反映学生个性发展特点的事例平时要加以记录,认真分析,从细微处发现闪光点。

第三,要听取其他各科教师对学生的反映。

教师在为学生撰写操行评语时,应坚持以下几个原则:

(1) 针对性原则。评语应写具体,并有典型事例。如针对学生的年龄、性别、个性等特点,充分体现学生的特长,防止千篇一律。

(2) 全面性原则。避免将好的学生写成英雄式人物,差生写得一无是处。要从素质教育的高度出发,从德、智、体等各个方面评价学生,防止以偏概全片面评价。评语中应包括优点,也要委婉指出缺点,以及为学生指出今后努力的方向等。

(3) 发展性原则。要以动态的眼光来看待学生,充分肯定学生的成长与进步,防止一成不变。

(4) 鼓励性原则。要满腔热情地反映学生的优点,避免采用法官宣判式的严肃冷峻、古板生硬的语言,防止挫伤学生的自尊心和自信心。

本章小结

本章主要阐述了小学教师运用的书面语言形式,比如课后的作业批改语、课堂教学中的板书以及学期末或毕业时的学生操行鉴定语等。其中,作业批改语和教学板书,在教师工作中几乎天天要用到,在教师的教育教学活动中有着举足轻重的地位,学生操行鉴定语一般是在学期结束或学生毕业的时候才会用到。这些书面语言,也是教师育人过程中必须使用的语言形式,对教育教学活动有着不可替代的作用。作业批改语缺失或形式单一、内容空洞,是当前小学教师使用批改语时经常出现的问题。因此,在课改理念下,小学教师在撰写作业批改语时应遵循针对性、人文性、启发性、联系性几个原则。教学板书是课堂教学的重要辅助手段,板书的位置、字体、形式、内容、构件、颜色以及书写与讲解的配合等都会影响到教学板书的效果。小学教师在设计教学板书时应遵循目的性、简明性、科学性和针对性几个原则。学生操行评语是对学生进行教育的重要手段。小学生操行评语的撰写可以主要从德、智、体三个方面进行全面评价,操行评语应有一定的篇幅(100字左右),宜用语简练,措辞准确,更要有个性化的特点。

思考训练

1. 小学教师要用到哪些书面语言形式？
2. 目前小学作业批改语主要存在什么问题？
3. 小学作业批改语的撰写须遵循什么原则？
4. 简述影响教师板书设计效果的因素。
5. 试述小学教师板书设计的原则。
6. 试述小学生操行评定语的撰写内容和要求。
7. 试述小学生操行评定语的撰写原则。

扩展阅读

1. 蒋淼.小学作文书面评语优化研究[D].苏州大学硕士论文,2015.
2. 张菊红.新课程评价标准下的作文评语研究[D].首都师范大学硕士论文,2007.
3. 刘明.小学作文书面评语研究[D].西南大学硕士论文,2010.
4. 崔梅.小学教师语言[M].北京:高等教育出版社,2015.
5. 韦志成.作文教学论[M].南宁:广西教育出版社,1998.
6. 王霞.小学语文课堂教学板书现状及对策研究[D].辽宁师范大学硕士论文,2014.
7. 崔允漷.有效教学[M].上海:华东师范大学出版社,2009.
8. 赵文生.语文板书设计类型例谈[J].河南教育(基础版),2003(12).
9. 吴阳.语文板书设计例谈[J].陕西教育,1999(2).
10. 李如密.教学艺术论[M].济南:山东教育出版社,1995.
11. 吴阳.语文板书设计例谈[J].陕西教育,1999(2).
12. 王啸.课堂教学技能[M].福州:福建教育出版社,2008.
13. 刘显国.板书艺术[M].北京:中国林业出版社,1999.
14. 艾雪.小学语文教学板书研究[D],东北师范大学硕士论文,2010.

第八章
小学教师体势语言

※ 章首语：

美国著名作家威廉·丹福思说："我相信一个站立很直的人，他的思想也同样是正直的。"芬夫·瓦多·爱默生说："人的眼睛和舌头所说的话一样多，不需要查字典，却能够从眼睛的语言中了解整个世界。"这说明体势语言的影响力是很大的。怎样发挥体势语言的功能，也是教师应关注的细节问题。无论是在课堂上，还是在办公室，教师的体势语言都已经悄然地在和学生交流。教师的一颦一笑、一举手一投足，都会以无声的形式向学生传达不同的信息。教师的体势语言本身就是一种有效的教学方法和情感表达方式。

※ 情境导入：

一名学生因为学习成绩特别差，喜欢破坏纪律，被老师安排在特殊座位：一排一座。于是他也破罐子破摔，更加调皮。后来来了一位教数学的新班主任，他对这个"调皮大王"特别关爱，每次上课都喜欢对他笑一笑，摸一摸这个学生的头。老师这不经意的一笑一摸，却给这个学生带来了自豪感、荣誉感。从此，他就对这位老师颇有好感，并爱屋及乌地喜欢上了数学，这个学生就是后来成为大数学家的陈景润。功成名就的他总会记起那温柔的微笑、欣赏的目光和那份特殊的关爱。

所谓体势语言，是指人在交际过程中，用来传递信息、表达感情、表明态度的非言语特定身体态势[1]。体势语言有动态和静态两种，如姿态为静态，手势为动态，体为静，势为动，所以称之为体势语言，又称体态语言、人体语言、态势语言等。这种特定的身体态

---

[1] 李振村. 教师的体态语言[M]. 北京：教育科学出版社，2011：5.

势既可以支持、修饰或者否定言语行为,又可以部分地代替言语行为,发挥独立的表达功能;同时又能表达言语行为难以表达的感情和态度。

例如,一位语文教师朗读课文时,读到悲愤处,他满面悲戚,眼含泪花;读到激昂处,他神采飞扬,有力地挥动手臂——这些体势语无疑大大强化、支持了他的口头朗读,增强了感染力。

再比如,当一个学生说谎话时,他的脸会不由自主地红了,甚至还会出汗——这些体态特征,实际上是否定了他的言语行为。

有时候,某些情感单凭言语难以充分表达出来,如当一个人愤怒到极点时,常常会怒目圆睁猛拍桌子,因为这时仅靠言语已无法将情绪淋漓尽致地宣泄出来,只能借助体势语言,才能较好地表达情感。

体势语言具有以下一般特征[①]:

1. 民族性

语言具有民族性差异,如果把体势语言也纳入到广义语言界域内,那么它自然具有民族性的特点。事实上,不同的民族在表达情感时所采用的体势语言是有所不同的。比如表示亲热、喜爱,甚至祝贺,西洋民族用吻礼,而汉民族因男女授受不亲的观念而多用握手礼;表示不同的观点,对对方的观点持反对的态度,世界上绝大多数民族都用摇头表示,而保加利亚、尼泊尔却用点头表示,这都显示出民族的差异。

2. 时代性

体势语言同有声语言一样也会随着时代的变化而出现相应的变化,只不过这种变化是缓慢的,不是突变的。只有那些带有政治色彩的体势语言才会随着政治制度的更迭而迅速地做出反应。比如纳粹德国的单臂向上致敬礼,随纳粹时代的产生而产生,也随着纳粹时代的结束而消失。再如中国,从古至今,汉民族的体势语言也在发生巨大的变化,这种变化尤其表现在男女之间,从男女之间授受不亲,到男女大胆自然地并肩站在一起,手拉着手,变化很大。特别是今天,随着改革开放的深入,男女之间体势语言的交流更加普遍而自然,异性握手已成为人们交往普遍的规定动作。

3. 模糊性

民族性、时代性都是体势语言的外部特征,而从其内部特征来看,它在传递信息,交流感情的表意功能形式上与有声语言不同,它具有模糊性。它的模糊性,一是指表义界限不具体。比如,双手上举可表示欢庆胜利,但手要举多高才显示出这种含义或者胜利的程度,也就无法量化了,因而给我们学习和运用带来了困难。二是表达的多义性,就是同一个动作可以表示多种含义。比如双手上举既可以表示欢庆胜利,也可以表示一种祈求,甚至在某种情况下还可以表达一种绝望、悲哀。当然,这种多义可以通过具体的语境而单一化,但不管怎样,它都为我们理解带来了不便,因而我们要善于从具体的语言环境中去正确分析理解其意义。

[①] 马显彬.教师语言学教程[M].广州:中山大学出版社,2000.

第一节　小学教师体势语言概说

那么,什么是教师体势语言?教师体势语言是指教师为了提高有声语言的表达效果,在教育教学中有意识使用的表情、动作和姿态等。它是教师的一种重要的职业语言。

一、小学教师体势语言的特殊性

教师体势语言跟一般体势语言有联系,也有区别,它是一般体势语言的一种类型,因而具有一般体势语言所共有的特性,这是二者的联系。然而并不是所有的一般体势语言都能进入教学教育活动中,就是某些进入教学教育活动中的体势语言,在要求上与一般体势语言也有所不同,二者有着差异性。

(一)规范性

规范性是指教师体势动作的表达标准,到位、到家,一招一式给人以明确具体的信息,表义清晰。只有规范的体势语言学生才能够看懂,反之就会给学生造成理解的障碍,影响相互的交流。教师要言传身教,言传包括有声语言,身教包括体势语言。教师的一举一动都会对学生产生潜移默化的作用,必须起到好的示范作用。所以,教师的体势语言必须规范,给学生以积极的影响。

(二)学科性

不同性质的学科,不同的教学内容,需要运用各不相同的体势语言,因此,教师的体势语言又具有较突出的学科性。一般说来,语文、德育等文科类课程,所使用的体势语言多用来模拟形象、再现情境、演示情节。数学、物理、化学等理科类课程,所使用的体势语言有较突出的说明色彩,以展示原理、说明事物为主,其主要作用是化抽象为形象、化概括为具体,为学生理解枯燥的知识铺路架桥。体育、舞蹈等技巧性或艺术性的科目,体势语言的使用频率最高。在这类科目的教学中,口头语言有时仅起提示、说明作用,而主要靠教师运用体势语言进行示范,以供学生模仿、学习。这类体势语言已形成固定的模式,有专门的含义。

(三)灵活性

小学教师体势语言又是灵活多变的。例如,教师用手势或眼神示意不注意听讲的学生,可以制止学生的分心现象,使学生认真听课。再如,老师在讲课时发现有一个学生在做小动作,老师并未停止授课,而是边讲边走到这个同学身边,轻轻地拍了拍他的肩膀。在这里拍肩膀有批评的意味,而在一些情况下却表示关心和鼓励。

(四) 控制性

日常生活中,体势语言具有相当大的随意性,教师在校园里始终处于众多学生视线的聚焦之下,他的一举一动、一颦一笑,都影响着学生的情绪,给教学带来或积极或消极的影响,因此教师体势语言应表现出一定的"控制性"。首先,教师在备课时须结合课程内容确定自己的体势语言基调,并对一些重要的体态预先进行设计或练习,保证课堂教学中口授与体态的最佳结合。其次,教师在课堂教学活动中需要根据教育教学内容或情境,有意识地对自己的表情适度调控,比如,鲁迅先生在《从百草园到三味书屋》中曾这样描述他的先生:"后来,我们的声音便低下去,静下去了,只有他还大声朗读着:'铁如意,指挥倜傥,一座皆惊呢;金叵罗,颠倒淋漓噫,千杯未醉嚼……'我疑心这是极好的文章,因为读到这里,他总是微笑起来,而且将头仰起,摇着,向后面拗过去,拗过去。"可见,小学语文老师在课上范读课文,读到高兴的内容时要喜笑颜开,读到悲伤的内容时要眼中隐隐含泪,读到沮丧的内容时要表现得垂头丧气,等等。再比如,小学教师在教育活动中,面对犯了错误的学生或者有意顶撞自己的学生,教师即便生气,也不能肆意发作,而应压制怒气,控制自己的情绪和表现,强迫自己冷静处理。

> **案 例**
>
> 一位经验丰富的小学语文老师要教《十里长街送总理》这篇感情悲伤、沉痛的课文,走进课堂时不可能满面春风、笑逐颜开,而需要在课前在体态和面部表情上做些调整,以便与课文内容相适应。山东省特级教师宋君在教这一课时,甚至连服装都进行了精心设计:她穿了一身洁白的纱裙,表情肃穆地登上讲台,然后打开收录机播放悲伤的音乐……[①]

案例中教师精心设计了与课文内容契合无间的体势语言,恰如其分地渲染出一种悲哀的气氛,生动再现了人们送别总理的悲伤情境,为成功讲授课文做了很好的感情铺垫。

二、小学教师体势语言对教育教学的作用

教师的体势语言是教师语言的重要组成部分。汪缚天指出:"无论在课内,还是在课外,教师在口语表达过程中,决不会始终使用单一的有声的口语方式表述思想,传递信息。教师在运用有声语言表达思想和传递信息时,总是伴随着相应的眼神、动作等,借以加强表达的效果、加深听众的印象,或者弥补口头语言的某些不足。"[②]张锐、万里则说:"一堂优秀的课堂教学次成功的口语交际,不仅得力于好的有声语言,也必然伴随

[①] 李振村.教师的体势语言[M].北京:教育科学出版社,2011:26.
[②] 汪缚天.教师的语言修养及训练[M].北京:高等教育出版社,1994.

着自然、得体的势态语。态势语运用的能力,既是一般口语交际的基本功,更是职业口语的基本功。"① 可见,教师体势语言是一种特殊的语言,它能使教学教育更加艺术化,增强有声语言表达的感染力,丰富有声语言的表达层次,更好地为教育教学服务。概括说来,教师体势语言主要有以下几个方面的作用:

(一) 辅助有声语言,增强情感表达效果

教师在课堂上恰当运用体势语言,可以在有限的时空里,传递更丰富的信息,从而有效提高课堂教学效果。因此,教师要善于利用体势语言这一特点来增强教学教育中情感表达的效果,使情感表达更充分、更完善。例如,"让我们团结起来,共建辉煌!"第一句右握拳有力上举,可强化团结的决心和力量;第二句双臂张开向前面高举,可增强对美好未来的渴望之情。体势语言有辅助有声语言表达的作用,在某些方面还可以弥补有声语言的不足。比如,当某个学生上课不认真学习时,教师为了不影响其他学生的学习,往往用目光注视他,提醒他认真学习。如果此时教师用有声语言表达相同的含义,势必会中止正常的教学活动,分散其他学生的注意力,造成不良后果,这就是体势语言的弥补作用。

(二) 代替有声语言表情达意

体势语言除了辅助有声语言表达外,在不便用有声语言表达或者用有声语言不足以表达的时候还可以单独表情达意。例如,向远处的人挥手致意,没有说半个字,却饱含浓浓情谊。有时体势语言甚至可以表达一种强烈的感情色彩。例如,教师的教育教学是一个连续的不间断过程,不宜随意中断,但有时学生课堂纪律不好,教师不得不中断教育教学活动,用有声语言提醒学生注意纪律,如果还没有效果,教师只好停下来,一言不发,神情严肃,盯着学生,以表情语言表达自己强烈的不满。

案 例

一次重感冒,我的嗓子疼痛难忍,不能说话。但为了不落下课程,便坚持上了一堂课——讲授第八册第九课《古诗三首》。

开始上课,我在黑板的最上边写下这样一行字:请原谅,今天我嗓子疼,无法说话,请大家理解配合。同学们见了都自觉地端坐好,教室里出奇的安静。

我板书课题后,便伸出手示意一名学生站起来。他马上站起,"背吗,老师?"我会意地点点头(凡讲古诗,我必先在讲解前检查背诵)。他很快背了下来,我满意地点头让他坐下。接着我又朝大家举起了手,很快地,能背诵的同学都举起了手。

我把诗的头两句"移舟泊烟渚,日暮客愁新"工整地板书下来,右手食指点住"舟"字,左手指一名基础较好的同学,他马上站起来回答:"舟,船的意思。"于是,我

---

① 张锐,万里.教师口语[M].北京:北京师范大学出版社,1994.

在"舟"的下面写了个"船"字,用箭头连接起来……就这样,诗句中逐个字的意思解释通了,我便在诗句下面画了一道曲线,冲着大家举了举手。静了一会儿马上有学生站起来,边思考,边总结,解释了整句话的意思。在这个过程中,我时而侧首倾听,时而点头微笑。之后,我把补充完整的诗意写在黑板上……一首诗就这样顺利地讲完了,我感到无比高兴,领首向同学们感谢,教室里响起一片热烈的掌声。同学们很兴奋,纷纷要求继续"讲授"下一首。可是,下课铃声响了,同学们都望着我,不无惋惜。

过后,学生对我说,在这堂课上,大家精力集中,想得快,记得也牢。虽然隔了一段时间了,他们连老师的很多细微动作和表情都记忆犹新。[1]

案例中张富英老师没说一句话就顺利完成了课堂教学任务,这当然应该归功于他的体势语言,他用"会意地点点头"表示应答,用"满意地点点头"表示肯定与赞扬,用"侧首倾听"表示关注,用"领首"(实际上是浅鞠躬)表达对学生感谢之意等等,把体势语言在课堂教学中的作用发挥得淋漓尽致。

(三)吸引学生注意,防止或抵制外在因素对学生的干扰

教师在讲解例题时,解题过程书写在黑板上,教师结合口授,不断用手指点板书,就能起到引起学生注意的作用。教师体势语言是对有声语言所传递信息的重复或扩展,而且这种重复或扩展是直观的、形象的,因此,它能够防止或抵制外在因素对学生的干扰,吸引学生的注意。如果教师在一节课中一次手势也不用,那么,学生的大脑很快就会因声音的单调而出现疲倦,此时,某个同学的小动作、教室外的一点小响动,也会分散他们的注意力。恰当运用说明性手势对口头语言进行强化、重复,给学生的是一种新异刺激,容易使他们保持大脑的兴奋,自然也就提高了学生对有效信息的摄取量。

(四)增强所讲内容的形象性

使学生在接受言语信息的同时,还看到生动的形象,便于理解和记忆。有时候,在语文教学中为辨析描写人体动作的不同词语,借助体态语言会收到事半功倍之效。全国著名小学语文教师朱雪丹为引导小学生辨别"披""盖""穿"的含义,便运用了动作演示。

案 例

(老师用卡片出示"披"字)

生:披着的"披"。

师:什么意思?

---

[1] 张富英.一堂"哑巴课"的启示[J].山东教育,1990(1):54.

> 生:盖在身上。
> 师:(用双手模拟盖的动作)这是"披"吗?
> 生:不对。"披"就是放在身上。
> 师:放?(用一只手模拟把物体放在身上的动作)
> 生:就是穿在身上。
> 师:谁能做个"披"的动作给大家看看?(一个学生做"披"的动作)
> 师:嗯,对了,盖呢?(教师重做"盖"的动作)
> 生:"盖"就是把全身都盖住了,只露个头。(一片笑声)
> 师:"披""盖""穿"的意思是不同的,所以我们要学会正确用词。你看,书上用的词,多么准确,多么恰当!①

小学生抽象思维能力较差,教师借助于形象生动的说明性手势语,则使他们通过直观感知与理性思维的结合,搞清了词义之间的区别,而且还活跃了课堂气氛,可谓一举多得。

(五)活跃课堂学习气氛,激发学生的积极性

教师生动的体势语言使整个课堂教学由静到动,克服了单纯口授造成的沉闷、单调的教学气氛。教师讲课的热情和兴奋,固然可以在言语中为学生所接受,但更多的是通过举止、神态而传递。这种通过体势语言传达出的热情和兴奋对学生的感染力量尤为显著。同时,教师的体态语言能够改变、扩展、加强、否定或增进课堂口头语言的信息量,能把学生的视听有机结合起来,用视听两个方面的刺激作用于学生的感觉,从而引起学生的注意,调动学生的学习积极性。

(六)调控课堂教学气氛,增进师生之间感情

良好的课堂教学气氛是有效进行课堂教学管理、顺利完成课堂教学任务的基本保证。在课堂上,如果教师只是干巴巴地讲解、无表情地说教,很难想象会形成令人满意的课堂气氛。而如果教师能将体态语言引入课堂,在教学中灵活、机智地运用各种必要的体态语言,就可能创造出一种轻松活泼、昂扬振奋的课堂气氛。此外,课堂上师生之间的情感交流也是创造和谐的课堂气氛和良好的智力环境的重要因素。通常在师生之间的情感交流中,教师的表情对激发学生的情感有特殊的作用,同时教师的情感也会激发学生相应的情感。学生可以从教师的微笑里感受到老师对他们的关心、爱护、理解和友谊,因而他们会喜爱老师,又会从喜爱老师这个人进而延伸到爱听老师的课,再到欣然接受老师的要求和教育,从而营造一个令人满意的课堂气氛。

---

① 朱雪丹. 词语教学示例[J]. 小学语文教师,1999(3):32.

第二节　小学教师体势语言的种类及表现

一、小学教师体势语言的种类

教师体势语言的构成跟一般体势语言基本相同。体势语言一般分为表情语言、动作语言、姿态语言,其中表情语言又含眼神语言、嘴态语言、面部语言,动作语言分为手势语言、头势语言,姿势语言又分为站姿语言、坐姿语言、走姿语言、身姿语言。分类如下图8-1所示:

```
                    ┌ 眼神语言
           ┌ 表情语言 ┤ 嘴态语言
           │         └ 面部语言
           │         ┌ 头势语言
体势语言 ──┤ 动作语言 ┤
           │         └ 手势语言
           │         ┌ 站姿语言
           │         │ 坐姿语言
           └ 姿势语言 ┤
                     │ 走姿语言
                     └ 身姿语言
```

图8-1　体势语言分类

教师体势语言也是由这些类型构成,只不过运用的范围、侧重点有所不同而已。我们根据教师体势语言的表现规律,结合教师职业要求,重点选取眼神、微笑、手势、身姿、服饰这几种教师在教育教学活动中最常用到的体势语进行介绍。

二、小学教师体势语言的表现

(一)眼神是心灵的语言

爱迪生说:"人的眼睛传递的信息和所说的话一样多,不需要字典就能从眼睛的语言中了解心灵世界。"首先,眼神表现了教师自身的精神状态,自我意识,自我情怀;其次,教师凭借敏锐的目光,观察学生的行为,观察学生的表情,获取从学生行为、表情中反馈过来的信息,一方面及时地调节教学内容、教学手段;另外一方面,又通过眼神调控学生的行为和情绪。譬如,当少数学生交头接耳、窃窃私语时,教师丢去一个眼色,这是制止这种行为的继续发生;在期待学生回答问题时,有的学生,嘴唇嗫嚅,想说却又没有勇气站起来,教师投去赞许的目光,这是一种鼓励;当学生出现了偶尔的失误、暂时的失败,教师亲切的目光,包含了无尽的鞭策与信任。

案 例

期中考试成绩公布,我的总分在全班42名同学中倒数第一。老师刚念完成绩,我的眼泪止不住直往外涌,接着就呜呜咽咽地哭起来。老师把我叫到她宿舍里,让我洗了脸,又说了很多勉励我的话。临送我回家时,还深深地望着我说:"我相信你是会进步的!"她那信任、慈祥的目光给我增添了向上的勇气。不久的一次语文测验,我得了73分,虽然在班上才考个中上等,可老师却当众表扬了我。领考卷时,接触到她那充满母爱的柔和的目光,顿觉一股暖流涌遍全身。我情不自禁地毕恭毕敬地向她深深鞠了一躬①。

教师的目光多么神奇!一个眼神,替代了教师的千言万语;一抹眼色,包含了教师多少教化!教师的目光,应该亲切自然,和善友好。教师应该看着学生讲课,形成交流,切不可眼光无神,目中无人。而且还要善于变化,以亲切自然为主,但也不排除严肃甚至冷峻的眼光。既有不断的全场巡视,又有局部的个别关注。前者使用的是虚眼,似看非看;后者使用的是实眼,看清看透。虚实结合,交替使用,通观全局,洞察入微,传情自然,调控灵活。一个教师,口才再好,没有眼神的辅助和配合,也达不到及时有效的表达。

案 例

下面这篇小学生作文,生动描述了课上和课下师生的目光交流。

朱老师的眼睛

朱老师的眼睛是双眼皮儿,乌黑的眼珠儿又圆又大。初看好像没有什么特别,可是你仔细一瞧啊,嘿,朱老师的眼睛会说话!

我懂得朱老师眼睛讲的话,小朋友们也懂得朱老师眼睛讲的话。一天自修课上,朱老师站在教室门口和家长谈话,小朋友们便随便地讲起话来。这时朱老师回过头来,用眼睛盯着我们看了一下,仿佛在批评我们:"怎么讲话了!"小朋友们马上静下来,教室里顿时鸦雀无声。

有一次,朱老师在礼堂里给我们上《乌鸦喝水》这一课,有三百多位老师听课呢!朱老师提问:"乌鸦为什么能喝到水?"我马上把手举得高高的,朱老师请我发言。我看有这么多老师看着我,心里很慌,那颗心啊,怦怦直跳,声音很小。朱老师的眼睛马上向我投来鼓励的目光,似乎在说:"声音再响亮点儿!"看着朱老师的眼睛,我胆子大了,声音也响亮起来。这时朱老师向我投来赞许的目光,好像在说:"讲得真好!"

---

① 王子木,黄培玲.富有魅力的教师语言艺术[M].沈阳:白山出版社,2012:126.

> 记得有一回,我生病住院了,过了一个多星期才上学。上课时,朱老师不时用眼睛看着我,仿佛对我说:"顾宇,吃得消吗？身体舒服吗？"我的病刚好,精神还不太好,但一看到朱老师的眼睛,精神又提起来了。
>
> 下课,朱老师和我们一起玩的时候,她的眼睛也会说话。一次,我们玩"老鹰抓小鸡",朱老师当"老鹰",她一下子跑到东,一下子跑到西,眼睛呢,挣得大大的,好像在提醒我们:"哎——当心！我要捉住你们啦！"真糟糕,末尾一只"小鸡"跑得太慢,被捉住了。这时候呀,朱老师笑得可真欢,眼睛似乎在说:"哈哈,可被我捉住了！"
>
> 现在朱老师虽然不教我们了,但每当我看到朱老师时,还总是先要看看她的眼睛,看看她要对我说些什么。[①]

案例中的朱老师对眼神语言的运用,可以说已达到了一种艺术境界。她用目光表示批评、表示鼓励、表示关怀、表示提醒、表示愉悦和欢乐。这种无声的语言具有神奇的魅力,不守纪律的小朋友,在这种目光里"马上静下来",教室里鸦雀无声；……这神奇的目光给学生留下了深刻的印象,以至于朱老师不教他们了,再见到她时,学生还总是要先看看她的眼睛,看看眼睛里"说"些什么。

眼睛具有出色的表情达意的功能,教师和学生可以通过目光进行心灵的沟通。对许多教师来说,需要了解和训练一下自己的眼神,让自己的目光再灵动一些,影响力也再大一些。为此,教师应讲究注视学生的艺术。通常正视表示肯定、鼓励或期望；斜视表示景仰或思虑；俯视表示羞愧或内疚。工作中,教师应用眼睛正视学生,这既表现了对学生的尊重,又可以引起学生的注意。在课堂上,教师要注意使自己的目光与全班学生的目光保持交流,既不要长时间直视某个同学,也不要使任何一个学生有被忽视、被冷落的感觉。同时还要用眼神的变化,以目光语言随时对学生施加影响,从而维持有序的课堂教学过程。讲课前,教师以炯炯有神的目光扫视全班一周,可以振奋学生精神,稳定教学秩序；讲课时,教师"眼观六路",以柔和、热诚的目光表示对学生的热情、赞许、鼓励和喜爱,以严厉、责备的目光表示对学生的不满、气恼、批评和制止。此外教师的目光一定要充满自信,不能东张西望,游离不定。

教师对学生的注视一般可分为以下几种：

(1) 严肃注视。这种注视的眼神集中在对方脸上以双眼为底线、上顶为前额的三角部位,视线一般要直,不能眼珠乱转,面部表情要严肃认真,目光要带有锐利感而不僵直。想让学生认识自己的错误行为时,严肃注视可能让学生心灵震撼,吐露真情。从犯错误学生的角度看来,教师的眼神往往包括威严、信任、诚意、希望等诸多信息,使他们不得不承认错误。

(2) 关注注视。这种注视的眼神集中在对方脸上以两眼为底线、嘴为下顶角的倒

[①] 陈刚,刘桂松.中国小学生作文大全[M].上海：上海翻译出版公司,1991：132.

三角部位。目光以亲切、柔和、自然为主,表情不能过于严肃或随便,目的是让学生感觉到被注意或得到鼓励、接受良性暗示等,从而让学生能积极地思考,认真地与教师沟通。

(3) 亲密注视。这种注视的眼神集中在以对方两眼为底线、下顶角为胸部的倒三角形部位。教师在与个别学生谈话时,除了以批评为目的以外,一般都可以使用这类注视,这样会使学生感到关心、体贴,产生巨大的温暖效应。运用亲密注视必须真正发自内心,出乎真情,不能矫揉造作,故作亲密,还必须注意学生的年龄和性别差异。

总而言之,在教师的身体语言中,眼神是非常重要的。眼睛是心灵的窗户,眼神是心灵的无言之音。学生在学习过程中,能够从教师的眼神中读懂多样的信息:喜爱或讨厌、表扬或批评、信任或怀疑、亲近或疏远等。教师的眼神透露出对学生的所有态度。一个成功的教师,一定要善于运用眼神。

(二) 微笑是最美的语言

微笑是一种面部表情,是积极心态的反映。微笑不但能够保持自己良好的外在形象,而且也影响着自己和别人的情绪体验。由于中国的教育传统强调"师道尊严",因此有些教师喜欢板着面孔、不苟言笑,以显示自己的权威和尊严。事实上,过于严肃的教师即便得到学生的尊重,也是一种"敬畏",而非"敬爱"。教师应当依赖高尚的品格、渊博的学识、精妙的教学艺术赢得学生的敬服和信赖;应当以和蔼的态度、亲切的面容来缩短师生距离,融洽师生感情,因为"你面对的是儿童极易受到伤害的、极其脆弱的心灵,学校里的学习不是毫无热情地把知识从一个头脑里装进另一个头脑里,而是师生之间每时每刻都在进行的心灵的接触。"[①]

作为教师,他的微笑拥有着无穷的教育魅力。教师微笑着面对学生,能给学生一种宽松的师生交往环境,能使学生感受到教师的理解、关心、宽容和鼓励。教师的微笑是腼腆学生的兴奋剂,使他们得到鼓励,敢于大胆地去表达自己;教师的微笑是外向好动学生的镇静剂,教师的微笑使他们得到及时的提醒,意识到自己的言行需要控制和自律。教学工作中教师的微笑能够活跃课堂气氛,让学生的思维活跃,情绪也活跃;德育工作中教师的微笑是对不良行为的理解和宽容,引起学生的自我反思和觉醒;是对良好行为的鼓励和赞扬,激励学生不断努力和进步。教师的微笑和严厉都同样重要,但相比之下,微笑更平和、温和,更可亲、可爱。严厉的教师令学生敬畏,微笑的教师令学生喜爱。善于在严厉中时时渗透温暖微笑的教师,就会令学生敬爱。

1. 微笑的作用

(1) 提高教学效果。用亲切、微笑的表情模拟教学内容,能收到较好的效果。请看下面有关全国著名小学教育家斯霞老师教学字词的描述。

---

① [苏联]苏霍姆林斯基. 给教师的建议[M]. 杜殿坤,编译. 北京:教育科学出版社,1984:315.

> **案 例**
>
> 有一次斯霞老师讲"笑嘻嘻"这个词。
> 她笑嘻嘻地对学生说:"你们看老师的脸上怎么样?"
> 学生回答:"老师脸上笑嘻嘻的。"
> 由于老师生动的表情,学生脸上个个自然地露出笑嘻嘻的样子。她又问:"除了笑嘻嘻,还有什么词是表示笑的呢?"
> 学生说,笑眯眯,笑哈哈,笑呵呵……
> 她问:"笑哈哈和笑呵呵有什么不同呢?"
> 学生争先恐后地回答:"笑哈哈,张开嘴;笑呵呵,嘴张得更大。"
> 她问:"那么和笑嘻嘻又有什么不同呢?"
> 学生说:"笑哈哈、笑呵呵都有声音,笑嘻嘻没有声音。"她微笑着说:"你们能模仿一下这三种笑吗?"
> 学生纷纷模仿。

斯霞老师在教学中把抽象的词语演化为自己生动的面部表情,如此一来,学生对词语的感受就从理性走向感性,从概念走向形象,理解就会更加深刻,记忆也会更加牢固。

(2) 促进师生交往。微笑在师生交往中同样发挥着重要的作用。首先,教师一脸微笑,表明教师心境良好。教师面露平和欢愉的微笑,说明心情愉快,充实满足,乐观向上,善待人生,这样的教师才会产生吸引学生的魅力。其次,表明教师充满自信。教师面带微笑,表明对自己的能力有充分的信心,使学生产生信任感,从内心里接受教师。再次,表明教师真诚友善。面露微笑表示自己心底坦荡,善良友好,待人真心实意,而非虚情假意。在课堂上,教师满脸微笑,可以创造一种和谐融洽的气氛,让学生感到愉快和温暖,师生不知不觉间缩短了心理距离。最后,表明教师乐岗敬业。教师在工作岗位上保持微笑,说明热爱本职工作,恪尽职守。

(3) 和谐教师人际交往。微笑不仅对师生的关系起着重要的作用,而且在教师的人际交往中也是必不可少的。教师微笑着面对同事,校长微笑着面对教师,有利于构建合作性的同事关系,有利于营造一种积极向上、追求卓越、合作团结的发展型组织。用微笑去赞美同事和领导,用微笑去化解误会和冲突,用微笑去谋求合作和互助,用微笑去交流思想和灵感,你会体会到教育的巨大幸福,你会少许多焦虑、困惑和无助,多许多理解、支持和帮助。

2. 微笑的训练

(1) 微笑训练的基本方法。先要放松自己的面部肌肉,然后使自己的嘴角微微向上,让嘴唇略呈弧形;然后,在不牵动鼻子、不发出笑声、不露出牙齿的前提下,轻轻一笑。

微笑除了要注意口形之外,还需要注意与面部其他各部位的相互配合,尤其是眼神中的笑意,整体协调才会形成甜美的微笑。

(2)微笑的日常练习方法。① 对镜练习。使眉、眼、面部肌肉、口形在笑时和谐统一。不妨按照以下3个步骤练习:第一步,对镜子摆好姿势,说:"E——",让嘴的两端后缩,微张双唇;第二步,轻轻地浅笑,减弱"E——"的程度,这时可感觉到颧骨被提向后上方;第三步,相同的动作反复几次,直到感觉自然为止。② 诱导练习。调动感情,发挥想象力,或回忆美好的过去、愉快的经历,或展望美好的未来,使微笑源自内心,有感而发。

3. 教师运用微笑的注意事项

微笑要注意三个结合:一是与眼睛的结合。当你微笑的时候,你的眼睛也要"微笑",否则,给人感觉是"皮笑肉不笑"。眼睛是心灵的窗户,眼睛会说话,也会笑。如果内心充满温和、善良和关爱时,那眼睛的笑容一定非常动人。二是与语言的结合。平时工作中我们不要光笑不说,或者是光说不笑。教师面对学生时,应微笑着说"请""你好""继续努力"等礼貌用语。三是与身体的结合。人们常说,肢体语言也是传递信息的一个重要方面。微笑与正确的身体语言相配合时,才会相得益彰,给学生以最佳影响。

(三)手势是辅助的语言

人的手是能说话的。手势语言是指利用手的不同动作来表情达意的一种体势语言形式。手势在教师的体势语言中占有很重要的地位。尤其是小学教师的手势语,更具有"形象鲜明、醒目和动作大"的特点①,它在课堂教学中是辅助教师有声语言表情达意的重要方式。手势语言的动感很强,而手势则更加突出,它的变化能够引起学生的高度注意。手势的表意作用非常明显,有时可以独立表义,例如在对低年级儿童的教学中表扬学生,教师最爱竖起大拇指,因为这个动作可以表示对人的赞扬、鼓励。手势的表意作用更多的是与有声语言配合使用,辅助有声语言表达。教师的手势作为讲课的辅助手段,是在讲出某句话,而这句话又需要增强表现力的一瞬间做出来的,是与语言同步进行的。

1. 手势的类型

教师的手势语言主要是通过手掌、手指、拳头、手臂以及手与其他官能和部位的配合运用来完成的。教师常用的手势语言主要有三种:第一,情感型手势。如赞许用大拇指,鼓掌表示欢迎或鼓励,在适当场合轻拍学生肩部表示对学生的信任与关怀。第二,模拟型手势。教师可用手势模拟出事物的形状和大小,以加深学生的印象。第三,指示型手势。用于指示具体对象,引起听话人的直接感知和注意,如讲课时手指板书、挂图或实物、模型的有关部分进行说明。教师在运用手势语时应注意手势与表达内容的有机结合,一定要做到大方、潇洒、稳健、自如,要轻松自然,不要给人以做作的感觉。

---

① 黄中建编著.教学语言艺术[M].成都:四川大学出版社,1991:40.

2. 教师运用手势语的要求

手势是最有表现力的一种"体势语言"。教师恰当地运用手势，能够起到良好的沟通作用，也会使自己的形象更美、更有风度。教师运用手势的礼仪需满足以下要求：

（1）动作幅度大小适度。在课堂上，教师手势动作幅度不宜过大，次数不宜过多，不宜重复。教师手势的运用要规范和适度，给人一种优雅、含蓄和彬彬有礼的感觉。谈到自己的时候，不要用大拇指指自己的鼻尖，应用右手掌轻按自己的左胸，那样会显得端庄、大方、可信；谈及别人、介绍他人、指示方向、请对方做某事时，应掌心向上，手指自然并拢，以肘关节为轴指向目标，同时上身稍向前倾，以示敬重，切忌伸出食指来指点。掌心向上的手势有着诚恳、恭敬的含义；而掌心向下则意味着不够坦率、缺乏诚意。招手、鼓掌等都属于手势的范围，应根据不同场合和目的恰当运用，不可过度。教师要掌握增强语言表现力的有意识的手势，并使之优雅自然。

（2）动作自然恰当。教师讲课伴以恰当的、准确得体的手势，可加强表达效果，并激发学生的听课情绪。切忌手势过多过杂，更不要用过分夸张或含义模糊的手势，这样会分散学生的注意力或使学生摸不着头脑。也不要不停地挥舞双手或胡乱地摆动，或将手插入衣兜，或按住讲桌不动。手舞足蹈会令人感到轻浮不稳重，过于死板又会使学生感到压抑，总之应以自然恰当为宜。

（3）动作简洁利落。手势是教师最明显、最丰富，也是使用最频繁的教具之一。在讲课讲话时，手势要适度舒展，既不要过分单调，也不要过分繁杂。一般说，向上、向前、向内的手势表示成功、肯定、赞赏；而向下、向后、向外的手势表示失败、悲伤、惋惜等。

此外，教师要注意手势的文明，背手、双臂交叉于胸前、用手指直指学生的鼻子、讽刺性地鼓倒掌、宣泄怒气地拍桌子等消极性的体势语言都应该避免。

案 例[①]

陈晓梅老师在讲授《望庐山瀑布》时，她用抑扬顿挫、起伏有致的音调朗读着："日照香炉生紫烟，遥看瀑布挂前川。"她的目光随着"遥看"二字远望，同时手向前伸出，学生的目光也不由跟着老师的眼睛向远处眺望，好像真的看到了壮观的瀑布。"飞流直下三千尺，疑是银河落九天。"读到"直下"二字时，陈老师的目光从上往下收回，手掌向下有力地一挥。"遥看"与"直下"，学生通过老师一放一收的目光便心领神会了。

这首诗，磅礴有气势，教师给学生讲气势，学生不一定能很快明白，但案例中的教师巧用眼神，结合朗读，辅以手势，使学生很快体味到了诗中恢宏豪放的气势。

---

① 李振村.教师的体态语言[M].北京：教育科学出版社，2011：109.

(四) 身姿是整体的语言

身姿语言指各种不同的身体姿势。身姿在当今社会，不仅是"修身养性"的基本要求，还是用来表现仪表、传递信息的重要体态语言。人的身姿与人的相貌有同等的重要性，并共同显示一个人的气质和风度。如果"站无站相""坐无坐相"，即使相貌再漂亮也会大打折扣。外表相貌是天生的，而身姿是可以通过后天的训练向理想姿态转变的。在教学过程中，不光要有准确流畅的语言，教师的身体语言同样可以传达出不同的信息，产生不同的教学效果。

在积年累月的教育生涯中，每一位老师都会形成自己独特的身体动作风格，我们要尽可能地让这种习惯性的身体动作文质彬彬、优雅从容。教师良好的身姿要求是举止得体，庄重潇洒，不卑不亢，落落大方。教师的身姿语言主要有站姿和走姿两种：第一，站姿。"站有站相，坐有坐相"。教师在学生面前应表现出优美、自然的站姿，给学生一种正直挺拔的感受。第二，走姿。在讲课过程中，教师不可避免地要进行走动。这时要做到步速适中，步履以慢、轻、静为宜，以免分散学生的注意力。教师的不同姿势会向学生发出不同的信号，无论是站着还是走动，教师的姿势都应表现得精神饱满。在目前课堂教学过程中，有关身势语言有下列"八忌"需要我们克服。所谓"八忌"，即一忌手插口袋、二忌双足交叉、三忌身体过分前倾、四忌肘倚讲台、五忌频繁走动、六忌足尖着地、七忌身体摇晃、八忌两眼望天花板。这些都是教师在教学过程中较易出现的不当体态语言，需要每位教师在平时多加注意，尽量避免这种不恰当体态语言的出现。

此外，教师在教学中和学生还有一个身体空间的问题。心理学研究表明，人际距离是人际关系亲疏程度的一个重要标志。人们之间的关系与人在空间位置上保持的距离有着一定联系。爱德华·蒂·霍尔教授在其研究中把人际距离分为四个区域：亲密区、个人区、社交区和公共区，随着人际关系的逐步疏远，一般可接受的人际距离由50厘米以内、50～125厘米、125～350厘米、350～750厘米递增①。在课堂教学中，教师主要可在个人区和公共区域内与学生接触。为了达到不同的目的，教师在课堂中也可不断变换空间位置。例如，为了造成正式、严肃的课堂气氛，教师可站在离学生较远的讲台上，以树立教师的威信；为了提醒那些课堂上的"捣蛋鬼"，教师则可以走近他们，以提醒他们注意和自觉；而对于那些表现较好的学生，教师有时也可出现在他们身边，以示对他们的关心和欣赏。

教师在教学中和学生的身体空间问题，还包括教师面对学生时的身体指向和身体姿势。① 教师和学生身体的指向可分为面对面、肩并肩、V字形和背对背等几种类型②。面对面的指向通常表示一种使正在进行的交流不被打断的愿望，交流双方的关系要么亲密、要么严肃或敌对，这是教育教学活动中采用较多的身体指向；教师和学生肩并肩的身体指向，多出现在师生共同娱乐、游戏，或者在课堂上一起观察黑板时，这种

---

① 李振村，庄锦英著. 教师体态语言艺术[M]. 济南：山东教育出版社，1993.
② 王子木，黄培玲. 富有魅力的教师语言艺术[M]. 沈阳：白山出版社，2012：133-134.

肩并肩的身体指向,师生互相转头对视,可造成一种"促膝谈心"的良好氛围。V字形的指向最为灵活也最常用,可表达多种意义;当老师在进行板书或布置黑板上的挂图等工作时,和学生是背对背的指向,这种身体指向时间不能过长,因为背对学生无法控制课堂,学生易出现分心走神的现象。② 身体的倾斜度。在与学生面对面谈话时,教师的身体适当向学生,可以使谈话变得更融洽。但如果倾斜的角度在75度以上,则会演变成一种压力。因为这样已侵犯了学生的个人空间。如果要让学生减轻压力,使他们能放松地与教师交谈,教师可向后倾斜一点,但不能向后倾斜太多,因为太向后倾,会给人对谈话不感兴趣的印象。

由此看来,身姿语言在教育和教学过程中也是十分重要的,所以教师要善于发挥身姿的形象功能和情意功能,配合有声语言以更好地传授知识,表达感情。

案 例

山东潍坊广文中学的一个学生,她的母亲不幸因病逝世。当她办完母亲的丧事重新回到学校时,见到了自己的班主任宫述娟老师——

她失声痛哭,扑向宫老师。宫老师张开双臂,紧紧地拥抱着她,任孩子肆意地趴在老师怀里大哭……孩子一边哭,一边一遍一遍地问:"老师,我没有妈妈了!怎么办啊?"宫老师陪她一起哭,紧紧地抱着她。①

刚刚失去亲人的孩子,多么需要老师来抚慰心灵创伤啊! 案例中的宫老师此时运用大面积的身体接触,给予孩子极大的关怀和安慰。这种接触所表达的感情信息胜过千言万语,对帮助学生消除悲痛、低沉等消极情绪,起到很大的抚慰作用。

(五) 仪表是聚焦的语言

仪表,就是人的外表,主要包括一个人的相貌、衣着、发式、装饰等,同时还与人的风度,即人的性格、气质、品质、文化修养等有着密切关系。"教师是学生的一面镜子",教师的仪表是自身综合素质与个性情感的外在表现,是外表和内涵的统一,它对学生有较强的示范作用。教学中教师的仪表要整洁大方、庄重典雅,给学生以朴素自然之美。过于花哨的打扮会分散学生的注意力,引起学生视觉疲劳,导致教学任务难以完成。所以教师不要过分追求衣着的华丽和装饰的新奇,穿着打扮应该符合年龄、性别、性格、气质、体态等特点,力求做到活泼而不失庄重、清新而不失淡雅、时尚而不张扬、简约而不奢华。总之,令学生感到既满意又容易接受的仪表,就是最得体、最优美的打扮。风度上教师应当尽量做到:稳健、大方、优雅、亲切、正直,既要有学者的风范又要有师长的气质,给学生以信赖和爱戴感。

教师的衣着、体貌等仪表特征总是不断地传播着他的种种信息。我们可以通过阅

① 赵燕燕.我们永远的宫老师[N].山东教育报,2010-05-07.

读著名作家刘心武的成名作《班主任》来理解这一观点。

  张老师是个什么样的人呢？
  趁他顶着春天的风沙，骑车去公安局了解宋宝琦情况的当日，我们可以仔细观察他一番。
  张老师实在太平凡了。他今年三十六岁，中等身材，稍微有点发胖。他的衣裤都明显地旧了，但非常整洁，每一个纽扣都扣得规规矩矩，连制服外套的风纪扣，也一丝不苟地扣着。他脸庞长圆，额上有三条挺深的抬头纹，眼睛不算大，但能闪闪发光地看人，撒谎的学生最怕他这目光；不过，更让学生敬畏的是张老师的那张嘴，人们都说薄嘴唇的人能说会道，张老师却是一副厚嘴唇，冬春常被风吹得爆出干皮儿；从这对厚嘴唇迸出的话语，总是那么热情、生动、流利，像一架永不生锈的播种机，不断在学生的心田上播下革命思想和知识的种子，又像一把大笤帚，不停息地把学生心田上的灰尘无情地扫去……①

  文中所描述的张老师的相貌特征，向我们传递了这样的信息：这位老师憨厚、沉稳，思想深刻。而对他衣着的描写，则很明确地向读者暗示：张老师是一个对生活、工作执着严谨、一丝不苟的人。
  服饰是构成一个人仪表的重要因素。那么，作为承担着教书育人这一特殊职责的教师，应该怎样注意自己的服饰，以塑造教师的良好形象呢？教师着装的基本要求是朴素、简洁、干净。具体说来，要注意以下几个方面：
  1. 教师服装上的文字和图案信息
  衣着传递的信息应该是积极的，且与自己的风格相统一。所谓文化衫，就是在服装上设计一些具有特定意义的文字或图案。服装上的文字和图案对服装具有装饰作用。一般来说，人们对服装上的汉字意义是比较注意的，但时下越来越多的外文词语出现在服装上，我们千万要弄懂其含义，否则会很尴尬。尤其是年轻教师在服装的购买上一定要注意，一定不要忽视这一细节。
  2. 教师服装的款式
  教师的服装切忌太露、太前卫。因为这不符合教师的职业角色。露脐装、性感装都不适合在学校穿着。男教师夏天不应穿西装短裤上课。
  3. 教师服装的干净整洁
  教师的服饰不能有结构上的破损、纽扣的缺少、内衣外露等情况。教师在着装时要及时更换破损衣服，要检查纽扣是否完整，要保证衬衣或内衣不暴露在外套之外。
  4. 服装的洁净
  明显的油污，如衣服上有块状的黑点、领带上有明显的污渍、领袖和袖口的污点和

---

① 刘心武. 班主任[M]. 北京：中国青年出版社，1979：2.

破损等,这些都有损教师的外在形象。教师要体现为人师表,既要注意知识上的扩充与更新,也得讲究上课时的穿着和打扮。

5. 服饰的得体

教师的服饰仪表应当适合自身条件,做到大方得体。教师应根据自己的条件选择服饰衣着,有时须弥补体形上的某些不足,以更好地展现自己的身姿美和审美情趣。

此外,教师还要根据自己的教育对象来选择衣着。如小学低年级和幼儿教师在衣着上,款式线条要明快、色彩要鲜艳,有利于启迪少年儿童爱美的天性。教师穿出来的服装在学生眼里既有长者的风范,又要和蔼可亲、平易近人。小学高年级和初中阶段的教师,面对模仿性极强的学生,教师穿衣戴帽更要慎之又慎。教师的着装是一门学问,自觉或不自觉地对学生和社会中的人们起着示范作用。因此,教师的衣着应于朴实大方中见高雅的情趣,于整洁得体中见丰富的涵养。

第三节 小学教师体势语言的运用要求

体态语言是教师在教学活动中经常使用的一种手段。体态语言运用得当,能让有声语言增色生辉,但运用不当,也会削弱或破坏有声语言的表达效果。因此,在教学活动中,教师体势语言的运用应该讲究策略。在教育教学中体势语的恰当运用,可以表现一个人的成熟、自信、涵养、气质和风度。如果不从艺术上过分要求,那么教师体势语至少也要做到五个要求:一是得体,即要符合教师的身份、性别、职业、体貌等;二是自然,教师体势语是内容、情感的自然表达,是教师个性风格的自然流露;三是适度,即教师体势语的运用,要和讲授的内容协调一致,要受有声语言、语境等因素的制约;四是和谐,指的是教师体势语的运用要同有声语言的内容、语调、响度、节奏等协调,要同说话或听话者的心态、情感吻合,体势语本身各构成要素(如身姿、手势、微笑、目光等)之间都要做到局部与整体的和谐;五是杜绝不良习惯动作,即为了不分散学生注意力,教师应力避在教学中出现一些不良习惯动作。

一、得体

教师体势语的得体,是指在课堂上,教师仪表服饰朴素大方,气质风度儒雅洒脱,面部表情自然得体,动作手势优美适度,身体姿态端庄稳重,以此来树立自身良好形象,并吸引学生的注意力,激发其学习兴趣,取得最佳的教学效果。

作为有声语言的辅助手段,教师的课堂体态语,还必须服从教学内容、教学情境的表达需要,并与教学内容融为一体,不可不用,更不可滥用,要本着少而精的适度原则,精心设计,做到恰如其分。如果运用不当,必定会削弱或破坏有声语言的表达效果。

"你这个调皮的小家伙呀!""你这个小胖墩呀!"教师在说这些表示喜爱或亲密的话时,常伴有食指轻点学生额头的动作,这种"点"可能是实点——食指与额头接触,也可能是虚点——食指并未接触额头。但这一动作的运用有着年级限制,一般在幼儿园或小学阶段使用,初、高中则不太适宜了。

二、自然

运用教师体态语言,应体现出教师内心情感的自然流露,做到体态语言与口头语言的自然结合,融而为一,从而提高语言的表达力量。反之,如果使用手势、表情带有盲目性,则会给人以矫揉造作的感受,不能提高表达效果。无论是从审美的角度还是从表达的角度,既要符合美的原则,给学生以美的享受,又要是内心情感的真实流露。教师应当加强美学修养。确立高雅的审美情趣,力求美的心灵和美的体态语言和谐统一,使学生产生尊敬和模仿的心理倾向,从而引发学生积极而愉快的情绪体验。教师体势语的运用应当是随情所致、自然大方的,要以所要表达的思想感情为根据。体势语不应限定于僵化的、同一的模式,也不能矫揉造作。但自然并不等于随意,教师体势语要受教学目的和教学情境的制约。

案 例

一位老师在执教《我的战友邱少云》时,一个学生提问:"邱少云带着炸药,潜伏在前沿阵地上,为什么他被烈火活活烧死了,而易燃易爆的炸药却没有爆炸呢?"这个问题大大出乎老师的预料,老师一下子愣住了,张口结舌:"这个,这……我想大概是邱少云……"他的脸很快变得通红,他挠挠头,又用手拍拍脑门:"这个问题,我还真不知道,我们课下查资料来解决吧!"

案例中的老师猝不及防,回答不出学生的问题,显得语无伦次,伴随着出现了挠头、拍脑门等调节性动作。这样的动作显示出老师神态的不自然和内心的慌张。

三、适度

教师体态语言是有声语言的辅助手段,是受制于有声语言的,这就需要教师体势语的运用应规范和适度,应根据不同场合、目的及不同表达内容,恰如其分地运用体态语言,做到适度,把握分寸,力求给人一种优雅、含蓄和彬彬有礼的感觉。如果过度滥用就会喧宾夺主,削弱有声语言的表达效果。教师体势语运用的动作幅度不宜过分夸张,形式不宜复杂;力度和频率要适中,要有助于口语表达,而不要喧宾夺主、哗众取宠。一般来讲,教师体态语言大多出现在表达意义或情感过程中最主要、最关键的部分,并不要求每一句话、每一个词语都要配以体势语。

四、和谐

教师体势语的和谐，首先是教师体态语言与教学内容表达的协调，两者必须融为一体，切忌生搬硬套，矫揉造作。教师应加强知识修养，只有具备精深的专业知识。广博的文化素养、系统的教育理论三方面的知识修养，才能构成教师完整的知识体系，教师在课堂上才能挥洒自如，才能将体势语和教学内容有机地结合起来。所以，教师在课堂上运用体态语言必须注意协调问题，否则就难以发挥体态语言应有的效果。

其次，教师体态语言的运用必须调动身体各部位的协力配合。体态语言的表达，可以调动、发挥身体各部分的功能，诸如头、脸、手、臂、腿、脚等等，都可协调、配合地来表情达意。在人体各部位中，脸部是传情达意的主要部分，其中眼睛是最为重要的，一个人的神态、情感、内心活动，常从眼色、眼神中显示出来。教学过程中，如能发挥眼睛的作用，让眼睛说话，再与身体其他部位协调配合，就能很好地传情达意，提高教学效果。所以，体态语功能的发挥有其整体性，要提高表达效果，就需身体各部位活动的协力配合，以获取相得益彰的表达效果。

五、纠正不良习惯动作

教师在教学中的多余动作，会干扰和分散学生的注意力，不利于教学活动的开展，有时一些不良习惯动作，还会破坏教师在学生心目中的形象，而举止得体、气质儒雅的教师则会令学生敬慕、尊重，产生良好的体态效应。

下面列举一些教师应纠正的不良习惯动作：

（1）矫揉造作、装腔作势、粗野放肆，不根据实际需要做动作。

（2）抓耳挠腮，挖鼻揉眼、剔牙、抓痒、咬指甲、拉袖子等，这些动作会令学生极为反感，严重影响教师形象与风度。

（3）惊慌不安，六神无主，莫名其妙地傻笑，眼睛望着天花板，死盯着讲稿或地下，不时地眼看着窗外或是眼光不停地从一处扫到另一处。

（4）身子斜靠讲台，耸肩膀，东摇西晃，两腿交叉站立，腿与腿之间的距离太近或太远，把脚踩在椅子上等。

（5）手臂交叉分开，手放在背后或伸进衣袋里，让钱币和钥匙之类的东西叮当作响。

（6）用手指指点学生。用手指指点他人的手势是非常不礼貌的，含有教训人、轻视人的意味。教师应力避对学生使用这个动作。

（7）拇指插进裤腰带中，或不时解开又扣上纽扣，揉搓衣角，玩弄和卷起讲稿等。

教师体势语中的不良习惯动作还不止这些，这些动作如果出现在教育教学中是不好的，因为会破坏整个教育教学效果。比如，教师将双手背在身后，会给学生以威严、高高在上、盛气凌人的感觉，给学生在心理上形成一种压力，妨碍师生间情感交流；教师双臂交叉于胸前，显得神气十足，给人一种目中无人、唯我独尊的感觉，这一动作也会影响师生间的情感沟通；双手叉腰在腰胯部位，呈现出一种咄咄逼人的气势，这种体态让学生感觉有威胁，容易对其造成心理伤害；教师双手撑在讲台上，捆绑了教师的双手，形象呆板，给人以高高在上之感；教师单手或双手插入口袋内，捆绑了教师的双手，影响做配合教学的动作，还给人以随便、松懈的感觉。

总之，教师体势语言是教师语言的重要组成部分。体势语言和口头语言，都是教师传授新知识、培育人才的手段。言语传授是课堂教学中的主导手段，而体态语言则是教师日常工作不可缺少的辅助手段，二者相辅相成，互为补充，共同构成了教师的教育教学能力。从事基础教育的教师尤其要重视加强体态语言的运用技巧，使自己的教育教学活动符合新世纪教育发展要求，符合学生学习的需求，从而更好地为培养面向新世纪的高素质人才而做出贡献。

本章小结

本章主要阐述了教师的体势语言。教师体势语言是指教师为了提高有声语言的表达效果，在教育教学中有意识使用的表情、动作和姿态等。它是教师的一种重要的职业语言。教师体势语言具有一般体势语言所共有的特性，同时又有着规范性、学科性和控制性等特殊属性。小学教师体势语言对教育教学的作用主要体现在：辅助有声语言、代替有声语言表情达意、防止或抵制外在因素对学生的干扰、增强所讲内容的形象性、活跃课堂学习气氛等几个方面。结合教师职业要求，本章重点选取眼神、微笑、手势、身姿、仪表这几种教师在教育教学活动中最常用到的体势语进行了介绍。小学教师运用体势语言要遵循得体、自然、适度、和谐的要求，同时要注意纠正不良习惯动作。

思考训练

1. 试述体势语言的一般特征。
2. 教师体势语言跟一般体势语言相比较，有何特殊性？
3. 简析小学教师体势语言对教育教学的作用。
4. 试述小学教师体势语言的种类。
5. 试述教师应怎样运用眼神和学生交流？
6. 阐述教师微笑在教育教学中的作用。
7. 简述小学教师手势语的运用要求。
8. 试述小学教师体势语言的运用要求。

扩展阅读

1. 王子木,黄培玲.富有魅力的教师语言艺术[M].沈阳：白山出版社,2012.

2. 李振村.教师的体态语言[M].北京:教育科学出版社,2011.

3. 马显彬.教师语言学教程[M].广州:中山大学出版社,2000.

4. 李振村.教师的体势语言[M].北京:教育科学出版社,2011.

5. 张富英.一堂"哑巴课"的启示[J].山东教育,1990(1).

6. 朱雪丹.词语教学示例[J].小学语文教师,1999(3).

7. 陈刚,刘桂松.中国小学生作文大全[M].上海:上海翻译出版公司,1991.

8. [苏联]苏霍姆林斯基著.杜殿坤编译.给教师的建议[M].北京:教育科学出版社,1984.

9. 赵燕燕.我们永远的宫老师[N].山东教育报,2010-05-07.

10. 王子木.课堂教学中的语言与仪表美[M].沈阳:白山出版社,2012.

参考文献[①]

标准：

[1] 梁忠义. 实用教育词典[Z]. 长春：吉林教育出版社，1989.
[2] 现代汉语词典[Z]. 北京：商务印书馆，2002.

专著类：

[1] 陈刚，刘桂松. 中国小学生作文大全[M]. 上海：上海翻译出版公司，1991.
[2] 陈利平，王仲杰. 新课堂背景下的教师课堂语言[M]. 北京：高等教育出版社，2005.
[3] 陈汝东. 语言伦理学[M]. 北京：北京大学出版社，2001.
[4] 崔梅，周芸. 小学教师语言[M]. 北京：高等教育出版社，2015.
[5] 崔允漷. 有效教学[M]. 上海：华东师范大学出版社，2009.
[6] 方亮辉. 小学语文名师教例赏析[M]. 宁波：宁波出版社，2008.
[7] 冯显灿. 教学语言学[M]. 广州：广东教育出版社，1999.
[8] 郭启明. 教师语言艺术[M]. 北京：语文出版社，1992.
[9] 胡东芳. 谁来塑造"人类灵魂的工程师"[M]. 福州：福建教育出版社，2000.
[10] 黄伯荣，廖序东. 现代汉语（上册）[M]. 北京：高等教育出版社，1991.
[11] 黄中建. 教学语言艺术[M]. 成都：四川大学出版社，1991.
[12] 金生鈜. 规训与教化[M]. 北京：教育科学出版社，2004.
[13] 李如密. 教学艺术论[M]. 济南：山东教育出版社，1995.
[14] 李振村. 教师的体势语言[M]. 北京：教育科学出版社，2011.
[15] 李振村、庄锦英著. 教师体态语言艺术[M]. 济南：山东教育出版社，1993.
[16] 刘金花. 儿童发展心理学（修订版）[M]. 上海：华东师范大学出版社，2008.
[17] 刘令军，方庆. 中学班主任的72个临场应变技巧[M]. 北京：中国轻工业出版社，2012.
[18] 刘显国. 板书艺术[M]. 北京：中国林业出版社，1999.
[19] 刘心武. 班主任[M]. 北京：中国青年出版社，1979.

---

① 各类参考文献依作者姓氏拼音为序。

[20] 马显彬.教师语言学教程[M].广州:中山大学出版社,2000.

[21] 苏霍姆林斯基.和青年校长的谈话[M].上海:上海教育出版社,1983.

[22] 苏霍姆林斯基著,杜殿坤译.给教师的建议[M].北京:教育科学出版社,1984.

[23] 汪缚天.教师的语言修养及训练[M].北京:高等教育出版社,1994.

[24] 万里,赵立泰.汉语口语表达学教程[M].北京:北京师范大学出版社,1990.

[25] 王唏等.课堂教学技能[M].福州:福建教育出版社,2008.

[26] 王子木.富有魅力的教师语言艺术(小学篇)[M].沈阳:白山出版社,2012.

[27] 王子木.课堂教学中的教师语言与仪表美[M].沈阳:白山出版社,2012.

[28] 韦志成.作文教学论[M].南宁:广西教育出版社,1998.

[29] 谢文举.教师语言艺术手册[M].济南:山东大学出版社,2003.

[30] 徐恒.播音发声学[M].北京:北京广播学院出版社,1985.

[31] 许讯.教师语言实践教程[M].南京:南京师范大学出版社,2010.

[32] 杨亦鸣.语言能力训练——口语篇[M].北京:高等教育出版社,2012.

[33] 于永正.于永正课堂教学教例与经验[M].北京:人民日报出版社,1995.

[34] 张鸿苓,张锐.中学语文教学[M].北京:光明日报出版社,1987.

[35] 张锐,万里.教师口语[M].北京:北京师范大学出版社,1994.

[36] 郑红梅,陈岩.口语实训教程[M].杭州:浙江大学出版社,2007.

[37] 张君达,刘以林主编,《教学基本功——教师体态交流技巧》,北京燕山出版社,1997.

[38] 周新干.艺术发声与朗读训练[M].成都:四川科学技术出版社,1988.

期刊论文：

[1] 陈烨.浅谈数学教学中的语言艺术[J].学校教育,2009.

[2] 陈之芥.论教学语言的调控艺术[J].修辞学习,2008(5).

[3] 池玉明.如何设计生物课堂结束语[J].山东教育(中学版),2005(29).

[4] 邓宏宝.教师体态语言在课堂教学中的运用[J].现代教育论丛,1994(6).

[5] 黄健.把"语言暴力"逐出校园[N].中国青年报,2004-11-30.

[6] 洪兰.抛开语言暴力,孩子聪明情绪稳[J].学前教育杂志,2007(6).

[7] 江结宝.高校教师忌语刍议[J].修辞学习,2004(5).

[8] 梁相明.浅谈教师的语言对学生学习的影响[J].文理导航(教育研究与实践),2015(6).

[9] 吴阳.语文板书设计例谈[J].陕西教育,1999(2).

[10] 翟应增.论教师语言的韵律美[J].文教资料,2013(19).

[11] 张富英.一堂"哑巴课"的启示[J].山东教育,1990(1).

[12] 张雪梅.教师语言暴力调研报告[J].中国教师,2006(6).

[13] 郑旭.对语文课堂上教学语言速度的几点看法[J].学周刊,2016(9).

[14] 周喜来.浅谈小学中低年级语文教学对教师语言的要求[J].剑南文学,2013(3).

[15] 朱雪丹.词语教学示例[J].小学语文教师,1999(3).

[16] 赵文生.语文板书设计类型例谈[J].河南教育(基础版),2003(12).

[17] 赵燕燕.我们永远的宫老师[N].山东教育报,2010-05-07.

学位论文：

[1] 艾雪.小学语文教学板书研究[D].东北师范大学硕士论文,2010.

[2] 蒋淼.小学作文书面评语优化研究[D].苏州大学硕士论文,2015.

[3] 刘明.小学作文书面评语研究[D].西南大学硕士论文,2010.

[4] 孙彩霞.中小学教师语言暴力问题研究[D].河南大学硕士学位论文,2008.

[5] 王霞.小学语文课堂教学板书现状及对策研究[D].辽宁师范大学硕士论文,2014.